王威尔 —— 著

郑午昌传

上海书画出版社

弘扬"郑"道，别开生面（代序）

郑孝同

威尔写的《郑午昌传》，经过数年的精雕细琢终于要搁笔了。

他嘱我写篇序，我当仁不让，答应了。这是我期盼多年，也是我为第一部详述郑午昌人生及艺术经历的传记作序。作为传记主人翁的儿子，此番心情难以表述。兴奋与自责，无奈与责任交织着。兴奋的是终于要看到传记即将由上海书画出版社出版了；自责的是，我已是八一老叟，没能早些了却此愿；无奈的是……不提也罢，向前看"湖海放怀犹有酒"，郑午昌的艺术一定会被后人发扬光大，待看"春风第一枝"。

大约是五六年前的事了。在上海州桥画院送旧迎新的一次雅集上，我对曾任嘉定一中美术教师时教导过的学生、现已是知名作家的王威尔说："你不妨写写郑午昌，我可以提供相关资料。"他眼睛一亮，说："好啊。"我当时只是随口一说，哪料越年的雅集上，他拿了几册有关郑午昌内容的杂志给我看，说已经为写《郑午昌传》做准备了，给了我一个不小的惊喜。我说，写传记可是个工程啊！他自信地点了点头，问我有何要求。我告诉他，你可以先查查当年《蜜蜂画集》人物小传对郑午昌评价的四个字，"亲和质直"。我的要求只有一个，就是要展现一个真实的郑午昌。

一、我为什么选择威尔给郑午昌写传？

最近十数年来，关注郑午昌、研究郑午昌的人慢慢多了起来，尤其是大学的教授和博士生、硕士生，出版了一些专著或者是博士、硕士论文。但是，他们的研究大多集中在对郑午昌《中国画学全史》《中国美术史》及书画艺术等方面的学术性研究。而从全面还原一个真实的、整体的、有血有肉的郑午昌人生经历的角度来看，特别是以传记体裁来写郑午昌的著作，我目前似乎还没有看到过。

我选择威尔写这本书，首先不仅仅因为他是我的学生，也不仅仅因为他是一个作家。主要的原因是要写好郑午昌有一个难点：郑午昌是一个具有多重身份的人，譬如社会活动家、美术史学者、收藏家、诗人、美术教育家，素有"郑虔三绝"的美誉。威尔是一个博览群书的人，朋友称他是一个杂家。在中学的时候，威尔就雅好丹青，对中国历代诗论、中国绘画史等用功甚勤。后来在教师进修学院的时候，我们成为了同事，我是美术教研员，他负责教育系统的教育科研管理、指导工作，现在仍然是《嘉定教育》的主编。威尔出版过散文集、诗歌集、论文集，并为多位书画家写过鉴赏评论，为多位特级教师写过人物传记。因此，在威尔身上兼具理性、感性与学术性。我尤其看中的是，他身上浓浓的文人气质和侠义的为人，他的书斋取名"侠客居"，而郑午昌就曾经治有一方"好读书学击剑"的印，气息颇合。

当然，要完成这部传记，我知道对威尔来说肯定是有难度的，因为民国离他们那代人还是有点远的。他戏称这次写作是"沉浸式"写作。为了写好这部书，他在办公室的老式唱机唱盘上，播放百代公司的老上海黑胶唱片，甚至在两面片墙壁上，挂了许多老上海的照片以及《申报》，营造了一种旧时光的"现场感"。当然，他在材料收集方面的工作肯定是面广量大，花了很多时间和心血的。威尔甚至三次到嵊州，到郑午昌长桥老宅寻故，感受当地风土人情，获得了宝贵的第一手资料。书中围绕郑午昌出现的人物很多，为了写活郑午昌的"朋友圈"，威尔还为他们写了人物小传，有朋友看了初稿后戏称这是"半部民国美术史"了。

这部传记，是别出心裁之作。

二、写作手法，自成体系

威尔的写作，参考了郑午昌写《中国画学全史》"将艺术风格的演进置入社会、政治历史变迁中去考察"的手法，这自然是很好的。这样的写法在历史的厚度与纵深感上可以让人身临其境，也可以更有说服力地告诉人们郑午昌为什么能够成为独一无二的郑午昌。

因为，郑午昌绘画思想的本源、艺术风格的演进，往往与他所处时代的思想、文艺、政教及社会环境密切关联。无疑，这一写作手法是最科学的，合理的。威尔在体例上，通过时代背景与"朋友圈"的互为因果，以主要事件为章节，并借用了中国画散点透视的方法，以及江南苏州评话未来先说、过去重提之手法，辅以具有生活细节、通俗有趣的小故事，让这部十七万字的作品能够时时观照、前后呼应。威尔还在每一章的开头，用郑午昌的一句诗句来领起，这种"致敬"式的安排，让读者感到更加亲切、自然。至于文字的风格，威尔借鉴的是古龙带点西化的写法，尤其是短句的运用，颇有电影分镜头的感觉，精简爽利，给人留下了一定的审美空间。全书轻松畅达的文字，有效增强了可读性，迎合读者，特别是年轻读者的口味。我认为，一部好的传记必定要有历史观，要有专业性，也要贴近生活，要通俗易懂。如此俨然自成体系，实开写作中国美术家传记的新风。

三、弘扬"郑"道，推波助澜

2023年，适逢郑午昌诞辰一百三十周年，题为"归来"的郑午昌书画艺术大展，在他的出生地浙江嵊州市展出。我的另一位学生天扬，在展览的序中指出，"百幅作品带着郑午昌对家乡的挚爱，归来了"，"更要呼唤另一种午昌归来"，"不妨称之为'午昌精神'——艺术精神、学术精神、士人精神"。他又指出："如果只是把郑午昌看作一位杰出的画家和美术史论家，那是不够的。他还是一位在多难的动荡年代里心系天下的大知识分子，卓越的社会活动家。""他生动实践着'士不可以不弘毅'的古训。"是啊，午昌归来了。但，他的这些功绩，因为他的早逝或是其他原因，随着时间的推移，渐渐地被淡忘了。不过，近十年来，对郑午昌的研究已经逐步得到学界的关注，研究者渐众，题材也颇丰，正在逐步回归到学界。

在这时候出版《郑午昌传》就很有必要，很及时。目标是给广大非专业群众传扬郑午昌精神，扩大受众群体，尤其是大中小学的学生。这样，郑午昌的艺术思想、奋斗精神、社会责任、家国情怀等，才能作为一种宝贵的精神财富被传承发扬，并对大中小学的人文教育、艺术教育起到推波助澜的作用。郑午昌不仅归来到家乡，归来到学界，更有必要，更应该归来到全社会。

那么，就让我们一起来打开这本书吧。

癸卯重阳于三真书屋

自 序

20世纪60年代末，我就读于上海郊县的一所重点中学。我们那代人，是不用考试（按地段划分）就可以进入重点中学的。每天从温宿路经过热闹的菜市场，跨过小石桥，或是沿着曲曲弯弯的田埂小道，或是踏着北大街窄窄长长的弹格路上学。在那幢青砖红瓦坡顶的"和平楼"里，我读完了中学。如今在我梦里经常出现的，是老校门口越墙而出的玉兰树枝上白白紫紫的繁花。那堵矮墙上，至今定格着我黑白照片里的影像。

那时的服装色彩，亦仿佛是国家标配色，满街满眼的灰色调流动成暮色。教学楼里，唯使人眼前稍亮的，是楼梯过道高挂的伟人画像。马克斯、恩格斯，精心修剪的大胡子令中学生感到新奇。少年的我寻思着，两位伟人若天天打理拾掇大胡子，想必花的工夫不会少。斯大林元帅则一身戎装金光熠熠，片尘不染斯大林格勒保卫战卷起的漫天硝烟。我们伟大领袖的灰色中山装犹是当年延安窑洞的本色。上楼，下楼。下楼，上楼。日复一日地瞻仰。突然某天，竟被列宁同志的领带聚焦：咖啡色。细碎暗花。如此色彩，给那个秋风萧瑟的年代带来了一丝温暖。洋气的咖啡色，可算是我最初的审美启蒙，今时依然情有独钟。

解放楼。学校教学辅助楼。底层摆放的几张乒乓桌，是男生尽情释放荷尔蒙的最好去处。进门，出门，进进出出。也记不得是哪天，甫推开门，顿时被墙上的新画夺目。远远望去，大片墨色沉郁，其上赫然一点别样红。近观，白也似素宣纸上，墨色淋漓写意大片荷叶，焦墨写就荷梗，荷花红艳欲滴。更觉诧异的，竟然满幅不着片水而满眼尽是水波明。花非花，叶非叶，水非水。似与不似。同学告诉说："我们新来了美术课先生，部队复员的，《墨叶红花图》就是他的手笔。"未见其人，先被红与黑震慑。懵懵懂懂的中学生就在那一刻，不知不觉地接受了中国画的美学启蒙。

美术课先生郑孝同，那时英姿正勃发。后来才晓得，先生幼承家学，复得陈佩秋先生指点。1962年，挟宣纸笔墨慨然从戎，六年军旅生涯以笔墨壮吴钩。退伍后，执教鞭二十余年，门下桃李芳菲，至今仍坚持每天挥毫画案五个小时，用功甚勤。徐邦达先生赞其"意境清旷，不愧名父之后"。

先生郑孝同的父亲，郑午昌（郑昶）。

郑午昌是谁？

那个年代，无网络、无档案，教人如何众里寻他。先生自不会说家事，学生亦不敢提及。其实，在很长的一段时间里，我也只隐隐约约听得几位前辈闲谈中偶尔提及郑午昌其名：民国上海滩大佬。七岁能写李白诗意的神童。和徐志摩、郁达夫是同学。人称"郑白菜""郑杨柳"。山水画得过"世界艺术博览会"金质奖章。如此而已。

郑午昌之于我，一直是一个如米家山水般烟云迷蒙的存在。记得是20世纪90年代，先生执掌嘉定区艺术教育办公室兼教师进修学校美术教研员，我们成为了同事，我的工作是出版教育杂志。一日，先生拿一叠诗稿，说是请谢稚柳先生为封面题的字，想给父亲出本诗词集，过来咨询一些出版方面的事。才翻过一页，立刻被那张黑白照片所感染：平头短发。中式布袄衣领。开怀畅笑的中年男子，笑声顿觉盈耳。眼神慈祥、和蔼，眼角皱纹隐现，额边一根青筋微微凸起。尽管素昧平生、天人已隔，却仿佛老友重逢，如沐春风。目光再也离不开它。

郑午昌像

　　后来才晓得，七岁的嵊县神童幼时得过一场天花。《申报》记者晚苹在《现代书画家史乘》栏目写郑午昌："他有最大的遗憾，就是幼年出过天花，把他的脸也艺术化了。'满面文章都加圈'，真是老天和他'大打棚'。数月前，他画了幅《密梅》挂在某画厅，友人吃他'豆腐'，作四字评：'画如其面。'他也不愠，付之一笑。"

　　当年甚至传言，上海滩有三位画坛大佬身材、面部轮廓很像。《新希望》的《艺人趣闻》栏写道："画人郑午昌不留发而面麻，张石园却光头面麻而留长胡子，张大千短发而留长胡子。是以午昌加大千的胡子便成石园，石园去胡子便是午昌，大千加午昌的麻子是石园，石园除麻子是大千，午昌去麻子加石园的胡子是大千。他们三人所区分的只是麻子与胡子而已。"那是民国的文人轶事了，透着英式的幽默。

　　六年前，上海州桥画院迎春雅集，先生嘱我："威尔，你应该写写郑午昌，资料我会提供给你。"又缓缓道："父亲说过几句话，国画具有引领民族的精神，国画具有缔造世界和平感化力，基因传播。坚持传统文化，我们要像前线打仗的战士，要有责任心和民族精神。他的这些精神，对我影响特别大。"

　　逆着光阴转身踏入民国。

何处下脚？

寻思着，郑午昌的文化生命必然牵连着上海滩喧闹的背景。那么，不妨先在老上海的报海书山里爬梳钩沉一番。发黄的旧报纸、电脑屏幕，虽然没有霓虹灯迷离暧昧的媚眼，然乱花迷眼般的广告扑面而来。好不容易从"美华粤菜烤乳猪""老正兴苏锡馆红烧圈子""会宾楼京帮烤鸭""梅龙镇川扬菜干烧明虾""小常州排骨冷面"的美食诱惑中闯将出来。惊魂甫定，鸾铃响处，"福的赐保命丸""百万金红香烟""增你智最新式无线电""新式吉利剃须刀片""葛兰素养儿珍品奶粉""爱儿康宝塔糖""明星香水皂""嚎伐？姚周双档"，正列阵排开扰人心神。

待稍稍收回心猿意马，抖擞精神与郑午昌厮磨，但见得一部民国上海滩的美术史，字里行间处处可见郑午昌布衣青衫，衣袂一飘尽是风景。书画家、收藏家、诗人、社会活动家、实业家、教育家、美术史学者？究竟哪一个才是郑午昌的真身，竟有如此标签、如此能量、如此的感召力？

记不得谁说过，有限的社会空间内涵无限的风景。爱多亚路春耕里石库门更其逼仄的阁楼空间，郑午昌以其超拔的精神收纵开阖，辐射能量，吐纳上海艺坛的风云。"于无人处绿登台"是郑午昌的诗句。最终，他自己也登上了中国近代文化艺术最高的那一层楼台。

读画读人。如果把郑午昌作为一幅山水画来读，那么不妨就先来读读这幅画上，那个时代、那些人、那些题识：

蔡元培称郑午昌创汉文正楷字模为"中国文化事业之大贡献"；《中国画学全史》为"中国有画史以来集大成之巨著"。

张大千评说郑午昌的山水"明丽软美，吾仰郑午昌"。

王西神评郑午昌画风"富有艺术天才。造诣之深，一时无两"。

黄宾虹说郑午昌"工诗文，善绘画，方闻博雅，踔古逴今"。

马公愚在《郑午昌山水十二幅》序中道："师古能新，世推为画苑宗匠岂偶然哉……识者当能概见郑子之学之博，功之深及其胸襟气概之非常焉。"

郑定裕论说："剡溪郑午昌氏，为当代画坛宗匠，门墙桃李，亦皆一时俊秀。"

陆丹林评价："他生平是富于创造性的，什么事都不肯人为亦为，尤其是学术方面，他有敏锐的见解，高玄的思想，下刻苦的工夫，上新颖的前途。"

知止老人说郑午昌："抗战八年来，坚贞自守，兴到吟诗，生活艰辛，不以为苦。"

吴湖帆悼郑午昌词有云："怅三绝才华，悄随流水。"（按：唐代郑虔诗、书、画"三绝"，老杜送以诗云："郑公樗散鬓成丝。"郑午昌别号丝鬓散人，时人悉称其诗、书、画"三绝"。）

另外诸如："在民国的传统型画家中，郑午昌的学历最高，英语水平少人能及"；"郑午昌史学研究的最大贡献就是在史学研究的转型时期，在史学界诋毁传统成为风气的时空下，依然坚守传统学术之道，努力保全传统文化的自身价值，并试图找寻学术振兴的突破口"。

"前人之述备矣。"

范文正公《岳阳楼记》的句子。

一

然则考察郑午昌，应该绕不开两个景深，一是历史的景深，二是民族意识的景深。

郑午昌出生那年，中日甲午战争结束，清政府被迫和日本签订《马关条约》。山河破碎。郑午昌那代人生命线上的每一个长亭短亭，蒙上的是重重叠叠感时恨别，花溅泪鸟惊心的黑白色滤镜：八国联军侵华战争、九一八事变、七七事变、"一·二八"淞沪抗战、八一三淞沪会战……上海外滩，租界使馆洋楼林立错落的大理石建筑勒勾出的天际轮廓线，仿佛是洋人用那管羽毛笔肆意画出的强硬线条。海关大楼上，每时每刻随风传来的威斯敏斯特洪亮钟声，一遍遍敲打着远东不夜城半殖民的无眠。日复一日，郑午昌哪里消受得这样的敲打。

"孔曰成仁，孟曰取义。"

郑午昌，从小启蒙的是儒家的教义。深深植入的，是武穆岳飞驾长车踏破贺兰山缺收拾旧山河；是忠烈公文天祥于义当死留取丹心照汗青；是壮节公邓世昌立志杀敌报国"今死于海，义也，何求生"的民族英雄壮怀激烈的气节风骨。

五十年后，郑午昌、吴湖帆、梅兰芳等人慨然发起，倡导成立了"甲午同庚千龄会"，用特殊的形式激励国人抗战意志，在全国产生了广泛的影响。梅兰芳蓄须明志息影舞台；周信芳不惧敌伪子弹恐吓威胁，策演《文天祥》《史可法》；郑午昌因题赵叔孺画马诗，遭日寇数次搜捕避难郊外……追根溯源，都源自"孔仁孟义""家国情怀"的逻辑起点。

在郑午昌心里，是有一个桃花源的。

《剡溪帆影图》《剡源垂钓图》《柳隐图》（见彩图14）。在《溪边杨柳齐头绿》的野人家赏心；在《青山淡淡水盈盈》的春日里西去板桥听莺啼；在一面青山三面水中悠然自得的《柳荫泛舟》，闲看多少烟雨《酒旗风》。"愿凭墨缘造三万六千寺庙"，我的心思我的生活都刻了闲章里，而你的箭却已射进了我的桃花源，蹂躏着我的《知足居》《桃花源》；"多少心情多少事，江湖壮志世难酬"，岳武穆壮志踏平贺兰山缺还我河山，我犹誓言到你的琵琶湖边洗战马。

《剡溪帆影图》 1946年   《剡源垂钓图》 1939年

国可破，志不可夺。

书生仗剑，笔下有剑。先生告诉我："抗战上海沦陷，他确曾见过父亲挑灯看剑。"郑午昌赠刘季平《黄叶楼图》，钤的闲章正是"好读书学击剑"。刘季平其人，《南社点将录》中位列第七，人称"天雄星豹子头林冲"，平生"尚气谊，重然诺，与人肝胆相照"。刘季平后因"清末仗义营葬邹容之事"而义声布天下。郑午昌写《黄叶楼图》并题识赠以绝句："黄叶萧萧万木稠，纸窗一疏认防秋。归来湖海犹豪气，人物江南数此楼。"

爬梳钩沉至今，心中尚有一个疑团未解。中国文人历来有写日记的习惯，后人亦可从中了解当事人的内心世界及当时的社会形态。郑午昌"午社"师长夏承焘有《天风阁学词日记》，杭州府中同学徐志摩有《府中日记》《留美日记》，郁达夫有《郁达夫日记》，独不见有郑午昌日记。其中原因，当然可以揣测梳理出若干合理的解释。还是留给考据家们去做研究选题吧。

20世纪40年代，上海美术界曾发起过一个记录"美术界一日"的活动，海上画家纷纷响应，刘海粟有《巴城一日》，美术教育家汪声远有《增一美谈》，史学家童书业有《二十八年七月十四日》。郑午昌亦写下了自己的一日《作画与填词》。这，应该是我们拂去历史烟尘进入郑午昌生活日常的最好窗口。

　　三月十二日晴。晨七时起，临戴本孝画册一页。此册纸本，水墨极精，仅六页。拟以十日之工临毕。九时至望平楼。复香港梁君、北平李君、重庆赵君等函，皆系印刷营业往来文件。本埠何君函。以林半樱先生作古，嘱挽以词。拟填《瑞鹤仙》一阕应之。画松亭款泉山水立轴一帧。

　　十二时。至天衣午餐，老同学吕素先亦在座。吕系经营煤铁，获利甚厚。但布衣粗食，不改书生本色，亦可佩也。一时郑梅清来索画，坐谈片刻去。叶葵持程庭鹭、李涵美画册求售，以索价太昂作罢。陈子善以李善长山水长卷嘱题，为署观款而去。李画极少见，曾在征白处见一立轴，价四百元，视此卷较精。

　　四时。娄咏芬来。观其创作《竹趣图》，笔致松秀，较前进步，可喜。嘱其仍临查梅壑山水册。六时，至同春坊郑家晚饭。在座有名票包小蝶。包系吾师蝶仙之长

公子，丰采俊爽，与谈甚快。九时回寓。读梦窗词。十
时睡。

短短四百余字。由此观之，临画，作画，鉴画；课徒，填词，
读典籍，是郑午昌的日常，也是其能够被陈小蝶列为文人画派的缘
由，更或能为其身上多元的"标签"提供解读的注解。弥足珍贵。

二

郑午昌别号双柳外史、丝鬓散人、墨鸳鸯楼主。丝鬓散人，前
文所述意为步"郑公樗散鬓成丝"的诗、书、画三绝的郑虔，有名有
实。郑午昌多藏明清书画名家及文人名士对联（楹联），"联者，无论
长短，皆如鸳鸯成双成对"，且以流动千年的墨色写就，"墨鸳鸯楼"
之斋名有形有色。

那么，"双柳外史"又有何出处？

往事并非如烟。话说郑午昌民国初年就读于杭州府中，曾与居
西湖上之陆蕙倩女史以艺相知。白衣少年。诗情美人。两人的初恋，
是走得进《诗经》里"在河之洲"的那一声鸟鸣里去的。应该是在山
色空蒙雨亦奇的天气里吧，应该是走过断桥折过柳枝的吧，掷却风
光忆少年的朦胧悲情，是否天意早已注定？他们哪里晓得，尽自醉
在拂堤的杨柳春烟里，踏雪孤山寻古梅，诗词唱和往来。陆蕙倩写
梅诗相赠："春风依旧到侬家，此是人间第一花。正月孤山山下路，
何当踏雪看横斜。"郑午昌亦投桃报李以美人，故有"十篇诗句定梅
缘"之句。

无奈相恋五年，陆蕙倩因暴雨得疾不治而卒。天人永隔，郑午
昌常以梅画梅诗怀故人，《写美人寄怀蕙倩》《步梦窗韵怀蕙倩》……

心生"烟云两袖对横流""记圣湖回缆""隽怀不减"之喟叹。《待约佳人图》题识中,郑午昌集宋代词人陈允平《少年游》词句抒己心意:曾经誓约,比翼合欢,曾经携手少年游。何曾想"如今已误梨花约",更那堪西厢秋冷小屏山,"帘幕护轻寒"。几回梦里约青鸾,伴彩云到长安。

陆蘅倩去世后第八年的浴佛节(农历四月初八),郑午昌感怀故人作《双柳簃图》。但见得柳荫轩窗下,竹帘轻卷,黄花梨刀牙板圆腿画桌,置歙石小圆砚,一页松花笺。端坐之女史,黛眉樱唇,薄衫轻盈,清秀雅丽,握管凝思之情态怡然。郑午昌的题识更是痛彻心腑:

> 蘅倩陆氏喜为诗,学梅圣俞,寓湖上,所居曰"双柳簃",丙辰(1916)大暑,送余渡泉唐,遇暴雨,得疾,卒不起。比余返杭南屏,抔土已埋玉人。初为生离,竟成死别,俯仰人天,心伤何如。既别,图悼尔志怅万一,乃复作此,永对夕晨。甲子浴佛节,剡溪郑昶。

丁丑年(1937)郑午昌摹写陆蘅倩梅画,书其梅诗以怀故人。

画中老梅粗干,细枝挺立,数朵红梅点缀其间。整幅画面极其典丽清雅。款识:"东风依然到侬家,此是人间第一花。正月孤山山下路,何当踏雪看横斜。"其后的数行小记为:"此系亡友蘅倩女史写梅寄余津门所题诗也。流光如电,忽忽十余年,东风依然,孤山在望,踏雪看花,谁复与共?兹摹其画并书其句,仿佛置身'双柳簃'间。丁丑春正月午昌。"钤印:"郑昶之印""午昌习苦""鹿胎仙馆画记"。

一句"午昌习苦",便令人泪目。

在陆蘅倩赠诗三十年后,郑午昌赠友人森斋先生《此是人间第一花》的题跋中，引用了陆蘅倩此诗并感怀道："忆卅年前蘅倩写梅寄余津门诗也，事如昨，世已换，安得情魂雅结，化为连理梅相映山林耶。"情思之深凝于笔端。

1945年，抗战胜利。郑午昌《一夜梅花疑是君》绿梅图怀故人，录宋代诗人"贺梅子"贺铸伤古怀今之词《小梅花》于其上。1949年，中华人民共和国成立。郑午昌客西湖孤山，忆及昔年与陆蘅倩踏寻梅往事，写《倚翠香影图》，题识中道："未许吴江愁冷落，添香人袖隔窗纱。一抹红楼灯影乱，不教结子也相思。"

奈何，奈何。梅柳情殇。一梦若此。

三

郑午昌墓，在上海嘉定钱门塘。

那日，天气阴冷灰暗。先生和我，两位朋友。踩着落了一地的蜡梅树叶，怅"三绝"才华。上坟去。

空园寂寂。鸟声细细。

剡溪曾经无恙的秋帆早已远去，然游子可以安慰的是，老家才通的高铁一日便可以穿过归程客船夜半的钟声；然钱门塘绿杨树下何处寻见当年牧童人牛共眠的诗意，数帆楼里亦再也不闻平生不改的绍兴乡音；然你亲手植下的檀香蜡梅，历经百年沧桑矗立空中，老干虬劲枯藤垂垂，枝头梅英暗香不绝满衣襟。

一围梅林，庇荫墓地。

一抔黄土，尽敛精魂。

敬上两支香烟。点燃。只不过是当年熏陶出"鹿胎仙馆"门下弟子才华与气节的三炮台烟换成了中华牌。

烟头很短。缅思很长。

是为序。

目 录

第一章
家在剡中

天上人间付梦游，一身出处足千秋。

——郑午昌题画诗

长桥村

浙江。

嵊县三界。长桥村。

清光绪二十年（甲午）正月初十日。

公历1894年2月15日。

子时。郑午昌生。

是夜。碧宇光澄，风来韶合。

屋内，灯花摇红。

灯盏新添了桐油，烛台燃起了红烛。

一声清亮的啼音，打破了长桥村子夜时分的宁静。

"儿仔，是个儿仔！"随即是接生婆的声音。

从村里这头那头，仍不时传来零零星星的贺岁爆竹声。须臾，场院上"百子鞭炮"骤然响起，细碎的红纸由空中纷纷扬扬落洒地面。黑漆门上，那副何绍基体的大红洒金春联"隔岸春云邀翰墨，傍檐垂柳报芳菲"尤觉喜气盈门。

剡中旧俗，家里"添丁"放鞭炮以"驱鬼神"。正月初十，元宵始闹，正月十四夜餐多吃"亮眼汤"，嵊县今时仍然保存着这个风俗，想必襁褓中的郑午昌应该也喝过这碗"亮眼汤"的吧。元宵灯节，大人小孩扎灯"闹元宵"，有大刀灯、兔灯、蝴蝶灯、走马灯、鲤鱼灯、龙灯等，一直要闹到正月十七夜；正月十八夜称"打灯夜"，即将灯互相扑打、收灯，待来年元宵重燃万点灯光。四十年后，郑午昌在上海怀念起剡中春事风俗，曾画有一幅《三月船里图》。题识为："正月灯，二月鹞，三月上坟船里看娇娇。此吾郡春事也。衣食奔走五年，不曾归去。剡溪郑午昌时客海上。"

郑午昌出生之后，未曾批过八字。

然而可以确定的是，清光绪二十年注定是一个极不寻常的"甲午"年。这一年，中日甲午战争全面爆发。甲午战争之后，中国加速了半殖民地化的进程。还可以确定的是，丧权辱国的《马关条约》，致远舰管带邓世昌以及全舰官兵二百五十余人一同壮烈殉国的故事，都会在郑午昌的心里留下不可磨灭的烙印。或许，这一滴砚中浓黑的宿墨，正是五十年后上海滩"千龄马会"爱国义士高举醒世精神的滥觞。

郑午昌祖上的台门称为"文元台门"。

"台门"是绍兴人对房屋的一种旧称呼。如今游人穿行在绍兴的一些古村落，仍然可以见到冠以某某"台门"的大户人家老宅。所谓"台门"，起初是对有身份之人住宅的一种尊称，有的以姓氏命名、有的以官职命名，还有以开过的店号命名的。后来，绍兴人把具有一定规模、封闭独立的院落也都统称为台门。郑午昌祖上的祠堂宗族，有一个庵堂仍然留存至今，应该是长桥村家谱中记载里的唯一古迹了。

郑午昌父亲谱名爻钧，名金苔，字信一，号钧台，生于同治八年（1869）己巳四月十三日午时。光绪年间贡生，曾为"儒学训导"。母杜氏，杜家堡仓富公之女，生于同治六年（1867）丁卯正月初二日丑时。据说郑信一的祖父曾在当年绍兴府院试时考得第一名，即古人所说的"案首"。

郑午昌出生后，父亲以唐诗"中尉传闻三日宴，翰林当撰洗儿文"之意，取名为"翰中"。至郑午昌上学始以昶名，字午昌。昶，有白日时长与舒畅畅通之意。午者，"日之中天，奕奕烨烨，蒸蒸皇皇之象也"。

嵊县，先后有剡、尽忠、嵊等称呼。

剡县县名的来历，据旧志记载，县北有一座星子山，秦始皇东游会稽，断山之南，以泄王气，坑深千余丈，曰"剡坑"，县名由此而得。至于"尽忠"的说法，是由于王莽认为以"两火一刀"的"剡"为县名，易生变乱，因此改为"尽忠"。唐初升县为州，析置剡城。宋宣宗年间，亦认为"剡"字有兵火象，遂用从山从乘的"嵊"字为县名。但是，不管县名如何变换，此地民风刚烈，兵灾不断，土匪时常出没其间倒也是事实。

三界，即三界镇，始称于清康熙年间。

三界位于嵊州市北部，剡溪下游。三界东傍下王镇，南临仙岩镇，西与绍兴王坛镇毗邻，北与上虞章镇接壤。因地处绍兴、上虞、嵊州三地交界而得名"三界"。

三界古时是东晋谢氏家族封地。《嵊县志》记载："南朝宋景平元

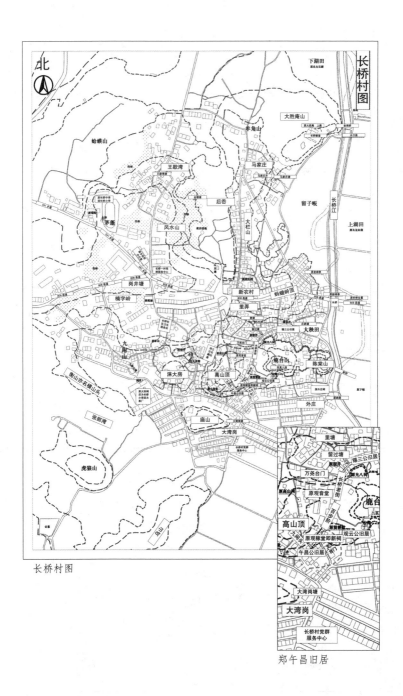

长桥村图

郑午昌旧居

年（423），谢灵运辞官归隐始宁墅（今三界嵊山东北剡溪口）其间撰《山居赋》。"明代邑人周汝登在《剡溪游居》写道："过仙岩，陆行五里，谒仙君庙，土人称仙君者为谢康乐灵运。"

那天，我站在剡溪口，绍兴文联画家裘高太指着对岸的山头，打开微信里的一幅山水画说："那头就是南北朝诗人谢灵运谢家居住处。郑午昌有一幅剡溪的画，就是在我们现在这个位置画的。"裘高太指认的这座山叫覆卮山，因谢灵运"登此山饮酒赋诗，饮罢覆卮"而得名。

长桥村，因村头有一座不算长的石桥而得名。

郑氏，是长桥村的大姓。

据家谱记载，长桥郑氏系出唐代广文馆博士郑虔一脉。郑虔的名气当然是来自其诗、书、画的才情，至于"郑虔三绝"之名，则出于唐玄宗之纶音，而郑虔不为人熟知的却是其在军事、医学和博物等方面的建树。尤其令人感动的是，郑虔在六十六岁时，前往当时地处荒僻，文风未开的台州任职。由于他的衣冠言行不同时俗，遂有"一州人怪郑若齐，郑若齐怪一州人"的说法。于是，郑虔以地方官员的身份首办官学，各种礼仪礼节无不以身作则，遂使台州的民俗日趋淳朴，士风亦逐渐奋起。走笔至此，不禁使人联想起日后郑午昌落脚上海滩，因诗、书、画的卓然素养而被人誉为"郑虔三绝"；开设"鹿胎仙馆"招收有志青年才俊，研习画艺，赓续文脉的故事。

长桥郑氏是敦仁公的后裔，观稼堂允四房。这位敦仁公是北宋末年人，因为仰慕六朝王谢世家文采风流、高洁门风而迁至长桥村，郑氏应该是到了举一公那代开始兴盛。郑举一素有仁德之名，是载入县志的乡贤。

翻开民国《嵊县志》人物志，所载郑氏数十人，长桥郑氏功名累世不断，实属剡北望族。

其中有一位郑化麟的事迹，就记录在福建东山县千禧年初出土的那块石碑上。此碑额篆体横书为"邑侯郑公封沙惠农功德颂碑"，立碑年代为明万历三十八年（1610）秋，由当地知名官绅赞助资金，东山湖塘村人蔡保祯主持建成。这位蔡保祯是个颇有来头之人，其父蔡方平为明代廉吏，政声远播。蔡保祯自己则曾获朝廷赐"钦旌孝子""孝重闽山"等荣誉嘉奖。

一千多字的碑文，详细记述的感人事迹说的是，明代福建诏安县东山岛碧浦民环海而居，由于海滨多风沙，百姓深受其害。当时管辖东山岛的郑化麟巡视至此，见百姓生存之艰，怆然泪下，心生"风沙之下，民何以生，民何以赋"的感叹，发动民众植草封沙，治理东山岛的风沙灾害。

据《民国嵊县志》记载，郑化麟自幼聪慧好学，由拔贡登万历癸卯顺天乡试，以父老思禄养而乞职，授弋阳县令（今江西），后补诏安县令（今福建漳州）。查清雍正《浙江通志》，郑化麟有《山居吟》《南北游诗集》等著作存世。其父郑双山、其子郑自强亦是为官清正之人。

长桥村是一个规模很大的村落。

黄泥土上，是一幢又一幢火成岩垒成的屋子。

村里，竟然还有一条依山而建，长约百米许的老街。

窄街，深巷，卵石、石板铺就的地面。这条街，是典型的上屋下铺的商业街规制。排门板外面的石台，其实是店铺的柜台，江浙一带商铺常见的风格。可以想见，当年这里沿街石台上，陈列着烟纸烛箔、豆腐板、鱼肉、酱酒、糟货、腌鲜、藤竹、茶叶、五金等，地铺、摊贩的土特产更是琳琅满目。

市声喧哗，逛街的远近村民穿梭其间，紫铜色皮肤油光可鉴，原是栉风沐雨的农家本色。这条街，是郑午昌去上私塾的必经之路，重重叠叠的足迹踩踏的却是平平仄仄的韵脚。

此次郑午昌老宅寻故，老街两旁的老屋山墙犹在，墙面糊着的灰石灰，已经脱落了许多，露出墙壁的碎砖。墙体上布满片片的青苔，残留着的水渍远远看去，仿佛是远年的山水画卷。木门颜色沉着。铁环已黯然无光。凝固了的旧时空弥漫四周，隐隐然将人笼罩了。不由得心生感慨，有时候不"保护"，或倒是最大的保护……

画家裘高太对我说，他常来这里写生，那些老宅门厅、照壁上的砖雕最有特色，雕工精美，在本地也很少见到。他曾经在郑午昌故居的院子里，问了郑氏堂侄一些事，但有许多事情老人也不了解，毕竟郑午昌离开家乡也太久了。想想也是，上海的事，当然只能到黄浦江的涛声里去寻了。

老街尽头不远，有一条通向曹娥江的河流，当地人唤作范洋浦。

河水清澈，有青石阶伸向水面。晨光暮色里，今日依然会响起农妇的捣衣声。我眼中出现的，倒不是七龄童写"布帆无恙挂秋风"诗意的《剡溪秋泛图》，而是那个剡溪少年，在私塾下课的回家路上，赤膊跃入河水畅泳，得范洋河洗礼的画面。

你只有到了此地，身处老墙、老藤、老河氛围中，方能感知郑午昌终身的成就，亦不过是范洋浦流水的回声。郑午昌，就是从这条河出发，去上的浙江最难考的杭州府中。在那个庭院里，他与徐志摩、郁达夫成为了同窗。新文化运动思想影响，遂使三人终成中国新文化的新标杆：新国画派郑午昌、新月诗人徐志摩、新文学作家郁达夫。此为后话。

剡溪诗流

　　剡溪，是嵊县境内主河。

　　《嵊县志》载："在县城附近汇南溪（澄潭江）、西溪（长乐江）折转向北，至三界与曹娥江相接。"曹娥江，也叫曹江。据传，这条江原来叫舜江，因孝女曹娥而改名为曹娥江。茶圣陆羽《会稽东小山》心生怀古之思，"月色寒潮入剡溪，青猿叫断绿林西。昔人已逐东流去，空见年年江草齐"。

　　那天，我站在剡溪口。

　　已是仲秋时节，秋风吹来颇有些凉意。

　　一位当地老人对我说道："实哦（方言）三界地方小，名气大。实侬（方言）望那头的石头上写的啥？"我顺着老人的指认望过去，公路边的崖壁赫然七个金色大字"自爱名山入剡中"。我当然记得这是李白《秋下荆门》的诗句，郑午昌七岁的《剡溪秋泛图》写的正是这首七绝中的"布帆无恙挂秋风"。一生好游好酒好美食的谪仙人，千里迢迢来到这里居然"此行不为鲈鱼鲙"，而是为了"名山"可餐的秀色。思之可亲。

　　老人继续告诉我，谢灵运在剡溪口钓过鱼，谢灵运名气大，李白和末几介（方言，意为许多）唐朝诗人读了谢灵运的诗，肯定是要过来看一看的。当年此地"交关闹猛"（方言，意为非常热闹），大大小小的竹排、木船从下游的曹娥江上来，岸边望得着不少拉纤客，着实吃力。到了此地，船上不去了，要望山只好走上去了。

　　那就来看看这条剡溪吧。

　　夹岸青山。草木葱茏。

　　上游有诸多山溪涧流，其势或奔或汇，或急或缓，浅而为滩，

《剡溪口》

深而为潭，一路溪声山色，松涛竹音，美不胜赏，素有"越地山水剡为最"之誉。杜甫在《壮游》诗中赞叹："越女天下白，鉴湖五月凉。剡溪蕴秀异，欲罢不能忘。"

南宋状元名臣王十朋在此地的"渊源堂"义塾讲学经年，曾留下一首《剡溪》："千古剡溪水，无穷名利舟。闲乘雪中兴，惟有一王猷。"这条江水，也因晋代王子猷的一次雪夜访友成为充满人文气息的名胜。王十朋每次从家乡外出，几乎都会经过剡溪。

近代胡兰成在《今生今世》里写道："胡村出来十里，有紫大山，传说山上有兵书宝剑，要真命天子才能取得。我虽幼小无知，听了亦觉天下世界真有王气与兵气。紫大山我只能望见，去要隔条江，这江水即剡溪，晋人王子猷访戴安道来过，李太白亦来过。"

著名的《王子猷雪夜访戴》故事，出自《世说新语》。这篇不到八十字的小品，却仿佛是电影导演上虞谢晋的分镜头手稿：

> 王子猷居山阴，夜大雪，眠觉，开室，命酌酒，四望皎然。因起彷徨，咏左思《招隐》诗，忽忆戴安道。时戴在剡，即便夜乘小船就之。经宿方至，造门不前而返。人问其故，王曰："吾本乘兴而行，兴尽而返，何必见戴？"

王子猷，即王羲之之子。戴，是戴逵。戴逵学问广博，隐居不仕，其时正隐于剡中。这段晋人名士潇洒性情的故事，郑午昌应该

《雪夜访戴图》 1941年

是欣赏的。那年，也就是1945年元旦，正值上海大雪初霁，窗外银装素裹。郑午昌兴致勃发写就《雪后溪山图》，描写的正是王子猷雪夜顺溪访戴乘兴而行，兴尽而返的故事。郑午昌公子郑孝同告诉我，父亲其实还画过好几幅《雪夜访戴图》。

再来说剡溪诗话。

剡溪堪称是一条流淌着千年唐诗韵律的河流。

郑午昌，也就是被这条唐诗的河流滋润长大的。

一部《全唐诗》，记载有李白、杜甫、孟浩然、王维等六百多位诗人都曾到过剡溪，留下不少咏剡的诗篇：

借问剡中道，东南指越乡。（李白）

鸣棹下东阳，回舟入剡乡。（崔颢）

截湾冲濑片帆通，高枕微吟到剡中。（方干）

……

这条以剡溪为主干的唐代诗人行吟线路，后人称之为"唐诗之路"。

而入剡，必先经三界。

故人称三界为唐诗之路的起点。

剡溪两岸的风光，催生出中国第一位山水诗人谢灵运。

谢灵运即使是被朝廷贬谪外放，也依然钟情于山水之乐，吟诗作赋"览明达之抚运……指岁暮而归休……选自然之神丽，尽高栖之意得"。如果说，名山大川赋予其开放的胸襟与超拔自我的能量，那么剡溪的山水则加持以身心安顿的精神抚慰。

然而，谢灵运一定不会晓得，在一千五百年之后，有一位小老乡郑午昌，也是从剡溪出发，船头马背，策杖寻幽，遍历近乡名山天台、雁荡、普陀、天目，远及江淮河岳和齐、鲁、晋、皖诸名山，经莒雪山而还浙。成稿七百五十多幅游历画作，经友人精编而成《山水画十二幅》，一时上海、重庆纸贵。此为后话。

少年郑午昌，就是在如此这般"气聚山川之秀，景开图画之齐""一十八里春风，城郭触处争新；二十七乡暮雨，溪山望中发秀"的剡溪山水间清发，在水湄感知世事无常，在山间领悟天地恒昌。

大美剡溪的真山真水，旷古至今就是一首大自然的哲理诗，酝酿了郑午昌一生的浩然之气。

始宁古街

位于曹娥江畔西侧的三界镇上，有一条东临剡溪，南北贯通，街长约一千米的始宁古街。

始宁，曾是此地的县治名。史料记载，东汉开国皇帝刘秀为维护帝制集权，将地势险要、素为兵家必争之地的三界以及上虞南乡，重新设置了始宁县。取为"始宁"，意在期望这块被称为"强盗窠"的嘈杂之地从此步入宁静。

始宁古街，岸边设有大埠头渡口。

渡江而来的人流每天络绎不绝。

想当年，鹅卵石铺就的古始宁街，分为上街与下街。从清晨开始，街上全是挨挨挤挤的人群。上街以卖豆制品、小猪、南货、肉类、水产、水果及蔬菜为主，下街则以琳琅满目的小百货和杂货吸引着顾客。其中，就有郑午昌的身影。当年，郑午昌曾写下《望三界》一诗，赞叹三界集市：

> 莼鲈何日此重过，风物江乡念钓蓑。
> 两岸人家黄叶市，卖鱼声里夕阳多。

1926年，镇上发生了火灾，始宁街数百家店铺焚毁殆尽。郑午昌在《画余百绝》中有诗曰：

> 焦头烂额已成灾，八百人家付劫灰。
> 闲煞一江墙外水，只教春涨上街来。

火灾后，一位金姓乡绅出资重建始宁街。重建后的始宁街，房屋均系砖木结构楼房，高低一致，格式统一，南北贯通，街北连接建于东汉顺帝时的始宁城隍庙。1942年，日军流窜浙东扫荡三界，一把大火烧毁了城隍庙与钟鼓楼，楼内悬挂的一口重达千余斤的大铜钟亦被抢走。四年后，当地士绅向旅沪同乡及本镇富户募资重修。

"隔岸黄鹂语，当轩白鸟斜。"

始宁古街由于地处三界，自然也就吸引了曹娥江对岸上虞的村民从三界渡船埠头过江，到古街来赶集。历经沧桑，有人在《一座远去的城邑》笔记中这样描述："原先铺了一层薄水泥的路面上，已不是那么平滑和规则，隐隐约约透出原先古色古香的鹅卵石。这里的建筑多为两层砖木结构，脊檐青绿，路面镶苔，行走其间，怀旧的感觉扑面而来。"

然而我这次去寻访始宁古街，街道犹在，却哪里见得到什么

"脊檐青绿，路面镶苔"。远年幽长斑驳的老街两边，排开的是金银加工、服装批发、美容美发、杂货小五金等店铺。乱草丛生的场院墙脚边，堆满了空洞的绍兴黄酒坛，买一送一的广告随处可见，就连20世纪60年代所建的小镇电影院也变成了轻纺服装超市。钢筋水泥的厂房与仓库，如何寄托得旅人一丝一缕的怀旧心绪。街头的城隍庙倒是还在，然经多次修缮的画栋彩椽、翠瓦朱檐色彩黯淡，就连庙门上的红漆经日侵雨淋也已斑驳不堪。

我想，那些因怀旧而前来的旅人，置身于古老宁静的城隍庙，无论是否看得到古街的原貌，是否读到过郑午昌的那些诗词，这些其实都已不重要，因为郑午昌走过老街的脚步声早已融入在钟鼓楼的钟声里了。

爱山楼

据《嵊县志》记载，嵊县在唐代已设县学。北宋末年，县人周汝士创办渊源堂义塾，曾聘请乐清著名学者王十朋为师。南宋时期王羲之后裔创办的金庭王氏义塾、明初的长桥经训堂书塾、清初的太平爱吾庐书塾，都是一时名塾。

清光绪年间，嵊县还有三所别开生面的私塾：黄泽乡徐氏创办的新书房，始招女子入学；县城冯筱村创办的女塾；后宅村的武书房，学生以习武为主，中有二人考中武秀才。清末，学堂兴起，私塾也就随之减少了。

说起嵊县书院的历史，有南宋学者吕叔规创办的鹿门书院，著名理学家朱熹曾在此讲学。到了元代，朝廷为纪念戴逵、戴颙在县城创立了官办二戴书院。明万历年十五年（1587），学者周汝登、袁日新等集资创办鹿山书院。有明一代嵊县先后创办六所书院，清代又增七所。

教育家蔡元培在光绪年间任剡山书院院长，并为书院拟订了十条学约，提倡科学和新的教学方法。有意思的是，古代嵊县的书院，多以"山"命名，如剡山书院、阳山书院、北山书院、龙山书院、芝山书院等。

郑午昌父亲郑信一恪守"诗礼传家"祖训，对郑午昌庭训甚严。郑信一精于书画，尤喜清代书法家何绍基书艺及风骨。何绍基的书法被清人赞为"有清二百年以来第一人"，曾国藩评说"字必传千古无疑"。何绍基晚年在长沙城南书院潜心教育，以实学勉励师生，循循善诱，深受时人敬仰。

父亲常常以何绍基为人正直、无视权贵的故事教诲郑午昌。说的是何绍基在广东主乡试时，总督向其求字，何绍基一直拖着不写。年末，总督备了新年厚礼派手下赶来贺岁，何绍基体恤来人舟车劳顿，便写就一副春联作为答谢，但对于总督的请求却始终一拖再拖。

"我家住在剡溪曲，万壑千山看不足。"

郑午昌少时，开门即见剡溪山水。杨柳枫荻、月映剡溪、樵风渔唱、归帆远影……处处入眼入画入诗，可称是日后"郑虔三绝"的底色。郑午昌最快乐的时光，是和放牛娃一起在牛背上看书、奔跑……与高山对话、与溪水嬉耍，感受天人合一的无限风光。

郑午昌在蒙馆学习的内容，无非是先识"方块字"，再读《三字经》《百家姓》《千字文》。除读书背诵外，当然还有习字课，先由蒙师扶手润字，初写描红本，再写影本，进而临帖。那位蒙师，是郑午昌族里的长辈，举人出身。因无意仕途，倒也乐得与小馆人们吟诗作对，为孩子作诗而准备。蒙师家里藏有不少线装古籍，郑午昌却只管找《笠翁对韵》《时古对类》之类的韵书来翻读，在朗声吟诵间内化成自己的心律脉搏。行文至此，心生好奇，不知日后郑午昌"墨鸳鸯楼"的楹联收藏是否发轫于此？

有一件事，在郑午昌的人生中留下了深刻的印象。

一次，父亲要郑午昌背书，郑午昌因与牧童玩牛逃学而背不出来。父亲大怒，随手将书丢在地上，愤然离去。郑氏祖训，如果父亲将书丢在哪里，孩子便要跪在哪里，一直要跪到父亲或比父亲年长的长辈发话同意后方能起身。

郑午昌一直跪到奶奶心疼并发了话，父亲才准他站起来。父亲余怒未消地说："既然他喜欢放牛，就去放牛吧！"以此为对郑午昌"读书懈怠"的警戒惩罚，以观后效。

然而，读书是郑午昌的第一爱好。几天后，母亲在整理床铺时，发现郑午昌枕头底下压着几本书，皆为郑家旧藏。一本《千家诗》，一本为松华馆主临摹《芥子园画传》石印本，还有一本则是清代极为流行的韵书《诗韵合璧》。原来，郑午昌在放牧之余还在坚持读书。母亲十分高兴地带着他一起去向父亲要求继续上学。

父亲语重心长地又给郑午昌讲了一个何绍基的故事。说的是何绍基女儿出嫁时，特地从北京寄回家一只箱子。家人满心欢喜地打开，只见箱底的红纸上只写了一个"勤"字。女儿、女婿见大家都疑惑不解，便说出了父亲的深意，即勉励新人"功崇惟志，业广惟勤"。

小小年纪的郑午昌，并未让父亲失望。

话说中日甲午战争后，维新的思潮也传播到了剡中。光绪三十年（1904），嵊县竺绍康、裘文高等数十人创办大同学社，以购阅书报，研究学术之名，结纳有识之士，图谋举事。越年，又发起成立勤业学社，以切磋琢磨、相互研讨学问为主旨。入会者十余人，时年十一岁的少年郑午昌，就是其中之一，成为了嵊县年纪最小的一个"最先觉醒"的有志之士。

剡中曾盛产剡藤纸。晋以来，剡藤纸一直被官方定为文书专用纸。正因剡藤纸是纸中珍品，用之者众，导致"剡中日夜砍伐古藤，使之长不及伐多而日渐减少"。到宋嘉泰年间，剡藤纸已逐渐衰落，取而代之的是剡中竹纸。郑午昌蒙师与父亲的手札与书画，常用的便是剡中竹纸。

父亲的严格教诲和循循善诱，加之郑午昌于《芥子园画传》用功甚勤，七岁时在剡中竹纸上，以李白诗意，创作了第一幅习作《剡溪秋泛图》。在后来的1948年秋，郑午昌客居沪上散庐，亦曾写有一幅《李白〈寻雍尊师隐居〉诗意图》。青年李白在诗中写道："群峭碧摩天，逍遥不记年。拨云寻古道，倚石听流泉。花暖青牛卧，松高白鹤眠。语来江色暮，独自下寒烟。"那年，郑午昌五十四岁，离上海解放不到一年的时间。他心中向往的百花春暖柳荫卧青牛、风入青松白鹤高眠的太平天下，已然在眼前。

郑午昌曾自撰一联"竹径旁通沽酒店，桃花乱点钓鱼船"，将自己的居室取名为"爱山楼"，并在跋语中写明了缘由：

> 吾家滨剡溪，筑室曰"爱山楼"，用太白"自爱名山入剡中"诗意也。门外绿柳笼堤，红桃压岸，暮春居此，或买醉野店，或垂钓画船，其乐何减武陵源中人……

爱山。爱柳。剡溪两岸多栽柳，门外即见"绿柳笼堤"。
这也难怪在后来郑午昌的山水画里，大多可见含烟笼翠的杨柳。譬如《柳浓春暖图》《柳岸寻诗图》《柳花春燕图》《柳岸晓风图》

（见彩图 13），写柳荫的就有《柳荫小舟图》《柳荫散牧图》《柳荫泛舟图》，以柳与流水入画的则更多，有《柳溪闲棹图》《柳涧闻莺图》《柳湖深处图》《柳溪泛舟》《柳浪闻莺》等，真是写不尽的万条千缕满纸烟柳情。

在郑午昌笔下，无论是柳溪、柳荫、柳岸，是景色，更是一种乡愁的意象，遂被朋辈誉为"郑杨柳"。张大千说得好："明丽软美，吾仰郑午昌。"其中的"明丽软美"一词，更多的应该是指郑午昌各尽其态的杨柳吧。其实，就以近代而言，不乏画柳名手。郑午昌何以独树一帜，看看他自己是怎么说的：

> 画树难画柳，艺苑悬为警语，其实画柳时不做画柳想，因枝生干，因干生叶，随意写去便无挂碍，至若千丝万线细而不弱，密而不乱，丽而不俗，是在天分，非独人工，彼秦家秀才浪窃时名耳。

这就清楚了，要能够做到"千丝万线细而不弱，密而不乱，丽而不俗"，非独勤能补拙的人工，在天分之悟，在不做画柳想，在佛家所说的不"着相"。

剡溪的风土人情，深深地融于郑午昌的血脉里。在郑午昌的画作里，"浙江山水""剡溪风光"是常见的题材，诸如《会稽山道中所见图》《吾乡山水图》《扬帆天际图》《剡溪帆影图》《剡溪雪云图》《剡溪揽胜图》等，表现的都是剡溪两岸四时风物，画面或浑厚苍茫、或明朗滋润，悉呈无限的生机，独得明丽秀美的意趣。那幅《稽山积翠图》，更是荣获了纽约世界博览会的金质奖。后书再表。

无论去到何方，郑午昌的剡藤箱里总是不忘带上嵊州绿茶与剡中竹纸；无论置身何处，在郑午昌的心底始终闪现着钱师廉、赵之谦、商笙伯等众多嵊州画界乡贤的身影。郑午昌还治印"家住剡中""戴逵同乡西施同里名士美人共千秋"等，以表达对先贤的仰慕与致敬。

　　1929年，郑午昌与商笙伯等人一起在上海创办了"蜜蜂画社"，并主编社刊《蜜蜂画报》。此为后话。

第二章
负笈业师

山高高五极，水长长无尽。
——郑午昌题画诗杭州府中

杭州府中

宣统二年（1910），郑午昌十六岁。

春天。清早。

三界渡口。

晨雾渐渐在江面上散开来。

旷野里，不知是哪个远远地唱着绍兴乱弹的调腔，激越高亢。

远行的村民们正陆陆续续赶来上船。艄公悠闲地在船头抽着旱烟，细长烟管黄铜烟嘴火星明灭，吐出的袅袅白烟融入升腾的薄雾之中。

岸边的杨柳枝头，正萌动新芽。

郑午昌身着一袭母亲新缝的藏青色老粗布长衫，手提嵊州古藤编织的藤条箱子。父亲默然在旁陪伴，一起走向渡口。

父亲昨夜的叮咛犹在郑午昌耳边："实伢（按：嵊州方言，意为我们）中国人话头（讲）崇文宣武，武生'一条腰带一口气'，靠一口气做人，开拳。实伢读书儒生，孔曰成仁，孟曰取义，靠一口气开一管笔。此趟远行求学，府中是杭州府贡院旧所，读书其次，自家做人实实紧要。有句老话道：'人要做出看，树要解出看。'"

津渡。乌篷船。

春山温软。澹澹水波弄皱山影。

有起风。船行。江水轻轻拍打着船帮。两岸的风景都成了背景，宛若一幅徐徐展开的剡中山水长卷。然而此时此刻，在郑午昌眼中竟有一种莫名的庄严。

"东南形胜，三吴都会，钱塘自古繁华。"

北宋词人柳永笔下的杭州。

浙江，向来人文渊薮。清光绪时，上海《申报》曾有报道，浙江乡试因为应试的举子越来越多，杭州贡院已达到一万三千二百余间号舍的规模。话说杭州城里，有一条窄窄的、僻静的巷子，当地人称"池塘巷"。巷子不长，只不过三百米左右。巷子的北面，就是明清时期全省各府县举子"秋闱"乡试的贡院。

清光绪三十二年（1906）五月，浙江巡抚张曾奉准以明、清两代时期的杭州府贡院旧址，改建浙江官立两级师范学堂。官立，自不用多表；所谓两级，指的是优级师范选科、初级师范简易科还有体操专修科。两年后的春天，校舍落成，四月开学。首届招生人数达到六百人，成为当时浙江唯一的校舍最宏伟、办学规模最大的新式高等学堂。

杭州贡院

说到这个官立两级师范学堂，坊间倒有一个蛮有意思的话题。

郁达夫在《志摩在回忆里》叙述："大约是在宣统二年（1910）的春季，我离开故乡的小市，去转入当时的杭府中学读书。"《郑午昌生平大事记》里，也有类似的记载："宣统二年，庚戌，十六岁，春，入杭州府中学求学。"徐志摩那本日记的名字更直接，干脆就叫《府中日记》了。

怎么突然就冒出来一个"杭州府中学"？

难道是郑午昌、郁达夫、徐志摩弄错了吗？

然而就算是错，也不可能错得如此异口同声，如此言词凿凿。

那么，先来看看史料的记载吧。这所学校前身是清光绪二十五年（1899）设立的养正书塾，光绪二十七年（1901）更名为杭州府中学堂，七年后的1908年更名为浙江官立两级师范学堂。民国元年（1912）更名为浙江省立两级师范学校，辛亥革命后更名为浙江省立第一师范学校。

事情到此，线索基本理清楚了。杭州府中学堂是浙江官立两级师范学堂的前身，杭州府中学堂冠名与存在有七年的时间，更名浙江官立两级师范学堂两年之后，郑午昌、郁达夫、徐志摩同时考入了这所浙江最难考的学堂。

如此看来，产生叫法偏差的原因，就在于官方的正名与民间的习惯性思维。其实，对大山里江水边的人们来讲，府中学堂是一个"耕读之家"之外更大的一个读"诗书"的地方，是一个经常在嘴边叫习惯、叫顺了的一个地方。至于什么"官立"，什么"两级"，太拗口，太不习惯。老百姓哪里要搞得那么清楚，只晓得无论怎么改，依然还是那个一围灰墙的、读书的庭院罢了。

也就是这个庭院，在以后的一百多年时间里，以士族精神、书生气质的文化厚度，以执着于人性人格教化的韧性，以自由宽容的学术空间，聚合了太多，吐纳了太多。这个庭院，在一次次新文化思潮的濯溉下，在一批批越地俊彦青春血液的输入下，也终于完成了从旧式贡院到新式学堂，学校文化身份的转变。

如今，当我们翻开远年已然泛黄了的学校教员花名册时，不由深深地感慨这个庭院的强大磁场。那些跋山涉水赶来投奔这个庭院的教员，大多是有留洋背景的一时名流，且正值风华正茂之年。他们是如此的筋骨强健、气血饱满。而在今时，他们更已成为华夏天空一个个独立高标、灿烂永恒的文化星座。

还是让我们穿越回当年吧。

府中更名后新校舍落成的那个春天，东渡日本留学归来的夏丏尊，一脚踏进了这个庭院。夏氏是浙江绍兴上虞人，时年二十二岁，他先任通译助教，后任国文教员。在语文教学上，夏丏尊积极提倡白话文，是中国最早提倡语文教学革新的人。

翌年，日本留学的沈钧儒来了。沈君是浙江嘉兴人，时年三十四岁。他七岁能诗，十三岁积诗成帙，十五岁考秀才，诗赋列为第一。辛亥革命爆发，沈钧儒参与了浙江起义的政治组织工作，后来成为著名的救国会"七君子"的领头人。再后来，沈钧儒为反对内战争取和平，建立和扩大爱国统一战线等做出了很大的贡献。

也就在那年，时年二十七岁的鲁迅，带着东京上野樱花的气息，风尘仆仆地赶回来了。这是鲁迅从日本回国后第一个工作的地方，好友许寿裳比鲁迅早两个月回国，已在学堂担任监学（教务长），是他推荐了鲁迅。鲁迅来此地后，担任的是初级师范的化学教员和优级师范的生理卫生学教员，兼任日籍植物学教员铃木珪寿的助教，主要负责课堂翻译。

据说，鲁迅每周的课超过二十节，课上侃侃而谈，生动幽默。这不奇怪，我们当然能够想见那个从百草园、三味书屋一路走来的"迅哥儿"的影子。至于其给国人留下"横眉冷对"的刻板印象，则是多年以后的事了。大致可以推算一下，鲁迅来此地的时候，离他发表《狂人日记》还要有九年的时间，离他发表《阿Q正传》则还有十二年的时间。

民国元年（1912）秋。写下"长亭外，古道边"歌词的李叔同，在日本东京美术学校毕业之后应经亨颐之聘走进了这个庭院。李叔同祖籍浙江平湖，时年三十二岁。担任的是音乐、图画课教师。越明年，5月，校友会发行的《白阳》杂志，由李叔同设计创刊号封面，全部文字亦由其亲手书写石印。

六年后，这位"二十文章惊海内"集诗、词、书、画、篆刻、音乐、戏剧、文学于一身的文化大师与中国新文化运动的前驱，轻轻地擦落写满黑板的粉尘，抖落一身艺术与功利重重抵牾的红尘，在虎跑定慧寺正式剃度出家，飘然成为一代高僧弘一法师。

所幸，李叔同现代教育法的几点甘露，就已足够泽被郑午昌们一生的艺术追求；所幸，李叔同为学校留下的那首"叶蓁蓁，木欣欣，碧梧万枝新；之江西，西湖滨，桃李一堂春"的校歌，至今仍在海内宇外的毕业学子们心头荡漾。

那么，我们该说说那位引聘李叔同的经亨颐了。

经亨颐是浙江上虞人，中国近代教育家、书画家。经亨颐与廖仲恺是亲家关系，也就是说廖承志是他的女婿。关于经亨颐的传说坊间有很多，尤为有意思的一个说法是：八一南昌起义当天成立的革命委员会，这个由二十五位委员组成的"红色"圈子中，经亨颐这个并非共产党员、"左倾"思想也不明显的人却也赫然在册，位列第二十五位。当然，还有后来那次学生为了挽留他而罢课上街游行、抗议当局的"浙江一师风潮"大事件，也和他有关。

经亨颐的一生实在太丰富了，我只能概而言之：

其自幼入塾读书，光绪二十七年（1901），参加了伯父经元善为首的上海绅商士民一千二百三十一人联名电奏，反对慈禧废光绪另立新君。之后遭通缉，避居澳门，赴日本入东京高等师范学校，加入同盟会。回国后，经亨颐曾任浙江两级师范学堂教务长、代主校务和监督（校长）。民国二年（1913），也就是郑午昌入学后的第三年，浙江省议会通过《筹设省立师范学校决议案》，将两级师范学校的初级部改为浙江省立第一师范学校，经亨颐仍任校长，兼浙江教育会会长。

经亨颐在杭州，有十余年的时间，但他为莘莘学子在那个风雨年代所搭建的教化长亭，却依然与时代天荒地老。经亨颐的价值，一在教育理论和教育实践，一在伟岸独立的人格。

他以"勤慎诚恕"四字为校训，重视学生品德培养。

他认为，学校不是"贩卖知识之商店""求学为何？学为人而已"，所以当以陶冶人格为主。

他强调，德智体美全面发展。在教法上，提倡"自动、自由、自治、自律"，提出"训育之第一要义，须将教师本位之原状，改为学生本位"，成立学生自治机构。

他要求，教师必须有"高尚之品性"，反对那些"因循敷衍，全无理想，以教育为生计之方便，以学校为栖身之传舍"的人。此外，他还力主活跃学术空气，丰富课余生活，注意多方面培养和陶冶学生人格。

当然，办学者的任何理念、任何愿景、任何主张，都不可能直接作用于学生，中间总是要个"桥梁"来连接两头。对学校而言，这个"桥梁"就是课程。

辛亥革命后，民国之初，南京临时政府即颁布《普通教育暂行办法》。《办法》中提出："凡各种教科书，务合乎共和民国宗旨。清学部颁行之教科书，一律禁用。"从这里可以看出，国民政府一上台，就开始禁用清政府以前颁行的教科书，极力主张在重新编撰的教科书里弘扬民主，宣传科学、自由、平等诸多思想。

那么，不妨来看看当年郑午昌学习的课表吧。

修身课，出自《礼记·大学》的修身、齐家、治国、平天下，是儒家经典，类似于现在的公民道德课或是思想政治课。应该指出的一点是，在当年由于政体更新带来的变化，"修身"也变成了"新修身"，自由、平等、共和、人权这些概念与内容都充实了进来。

读经课、讲经课，学习的是四书五经。其后"应时势之需要"逐渐被国文课所代替，诸如：曾巩的《书魏郑公传》，韩愈的《伯夷颂》《祭鳄鱼文》《与孟东野书》，欧阳修的《丰乐亭记》，苏轼的《稼说》

等，都是要求学生抄读、背诵的课文内容。有意思的是，1912年泰坦尼克号沉没的这个轰动国际的大新闻，马上就被编进了课本。其他如华盛顿、拿破仑、林肯等世界名人故事也都被编入讲义。长期处于世界之外的中国人，开始呼吸到了来自外部世界的新鲜空气。

身体的强健和精神的强健往往是连在一起的。普操、兵操这两门课，相当于现在的体育课与学生的军训内容，在当年都属于比较时髦的课程。再后来，又增加了体操课。

博物课，应该学的是自然科学方面的知识。后来，细分为物理、生物、化学等学科。因此，《何为平行脉叶》《花之各部完缺是如何名称试列举之》之类的新知识，也都出现在学生作业中了。

官话课，这门课具有时代意义，相当于学习当时的"普通话""官方语言"。中华民国成立后，曾在北京召开读音统一会制定了史称"老国音"的国音系统，确定了以"京音为主，兼顾南北，具有南京话式入声"的国音，称为"国语"。

不妨就"官话""国语"这个话题稍微展开几句。中国历代官方语言的确定，其实与都城是有紧密联系的。周朝以中原"雅言"为正音；隋则以金陵雅音和洛阳雅音为基础正音；唐时以洛阳读书音为标准音；明清时期以南京官话为共同语正音。开始确定"国语"是民国后的事了。1955年，中华人民共和国制定"普通话"标准。

外国语课在当时也是一件很洋气、很时尚的事。其他的，还有历史、法制、数学、图画、手工、经济、音乐、课外活动等。图画课上，出现了铅笔画。记得郑午昌的《浣衣图》《兰花图》《静院风声》等，毛笔和铅笔的画法、风格带给人的感觉完全不同。

《郑午昌生平大事记》里记载："郑午昌入杭州府中学堂求学，时任学校监督为邵伯炯先生。入学后，从张献之（相）、刘毓盘（子庚）习国文，陈柏园（纯）习理化、钟毓龙（郁龙）习地理，姜丹书习图画。同班同学中有董任坚（时）、郁达夫、徐志摩、姜立夫等等。"

能在名校得名师教诲，又有这么多优秀的同学相互切磋，郑午昌如鱼得水，学业进步飞快。郑午昌扎实的诗文和书画功底，与这几位导师的教诲和影响不无关系。

那就来说说郑午昌几位授业恩师的故事。

张相（时年三十三岁）。浙江杭州人，近现代语言、文字学家。其父亲早故，靠母亲做工艰难度日。张相出自晚清著名词人谭献的门下，博闻强识。早年潜心旧学，骈文诗词兼长，时有"钱塘才子"之称。

张相是一位谦谦君子，性格豁达诙谐。其富藏京、昆剧戏曲唱片，常常在听戏中揣摩戏曲艺术，并能将感悟融入书著之中。张相翻译的《19世纪外交史》被誉为"信达雅"俱佳之作，《诗词曲语辞汇释》《古今文综》及诗文稿《春声集》，以及与姚汉章合编的《古今尺牍大观》等皆流传甚广。

刘毓盘（时年四十三岁）。浙江江山人，清末词人、词学家、古典文学研究家。刘毓盘出生于一个诗礼传承三百年余年之家，光绪二十三年（1897）浙江拔贡第一，授陕西云阳知县。四年后，刘毓盘出版词集《濯绛宦词》木刻本。后来，其在北京大学文学院国文系首开词课，1922年秋编定《词史》一书，学界定评此书与鲁迅《中国小说史略》、黄季刚《文心雕龙札记》、刘师培《中国古文学史》同为20世纪20年代研究中国古典文学史的四部研究性著作。

姜丹书（时年二十五岁）。江苏溧阳人（迁居杭州）。姜丹书来此任教，是从南京两江优级师范学堂图画手工科毕业后的第三年。姜丹书工诗，健谈，亦喜作国画，尤长于画红柿、红叶，故取斋名为丹枫红叶楼。其与吕凤子、李健、江采白、沈企桥等同为中国第一批美术教师。特别值得一提的是，姜丹书擅长艺术理论，解剖、透视、摄影等课，开中国艺术教学之先河。

姜丹书在学校与李叔同分担图画手工和音乐课，两人志同道合，共同致力于美术教育，培养出诸如郑午昌，以及后来入学的丰子恺、潘天寿等一代大师级人才。日后，姜丹书与郑午昌仿佛命定一般，在上海滩再次相逢，而且郑、姜两家还结了姻亲，即姜丹书的公子姜书竹娶了郑午昌的姑姑，在师情之外增添了一份亲情。

这份中学教员名单，如今看来真是太过豪华、太过奢侈、太过遥不可及了。而学生，则个个英姿勃发、个个文字激扬、个个才华横溢。学长郑午昌、徐志摩、郁达夫……学弟丰子恺、潘天寿以及曹聚仁……哪一个不是中国近现代文坛"凌烟阁"里挂像的人物？

当年上府中时，郑午昌十六岁，徐志摩十三岁，郁达夫十四岁。郑午昌亲和质直，徐志摩浪漫乐天，郁达夫颓唐孤独。

徐志摩，生于世代经商、远近闻名的硖石首富徐氏家族。他是徐家长孙独子，自小过着舒适优裕的公子哥生活。在家塾读书不久，就进入硖石开智学堂，师从张树森打下扎实的古文根底，据说成绩总是全班第一。后经表叔沈钧儒介绍，考入府中。在府中，徐志摩的课余生活可谓丰富多彩，围棋、踺子、足球；读小说、写诗、写家信；游西湖、进出茶肆……

郁达夫，生于浙江富阳文化人家庭。七岁入私塾，九岁便能赋诗。其在《志摩在回忆里》有段回忆："当时的我，是初出茅庐的一个十四岁未满的乡下少年，突然间闯入了省府的中心，周围万事看起来都觉得新异怕人。所以在宿舍里，在课堂上，我只是诚惶诚恐，战战兢兢，同蜗牛似的蜷伏着，连头都不敢伸一伸出壳来。"有个例子可以参看：郁达夫自小迷恋旧体诗，其读书时曾给《全浙公报》《之江日报》《神州日报》投稿，一开始不敢用自己的名字署名，后来发现自己投过去的都发表了，胆子就大起来，写上了自己的名字。

而令人喟叹的是，徐志摩三十四岁那年，因济南号飞机失事，死于赵孟頫名画《鹊华秋色图》中鹊山背后的那座开山，郑午昌在挽联上叹道："太息浮生同落叶，本来才调是飞仙。"郁达夫日后赴新加坡参加抗日宣传工作，新加坡沦陷后流亡到了印度尼西亚，四十八岁那年被日本宪兵杀害于苏门答腊丛林。而郑午昌后来在上海死于脑溢血，享年五十八岁。

当年，英文是特殊科目之一。学校统一下午四点结束上课，如果哪门课的教员因病或别的缘故停课或早放学也是常有的事。课表里有一门自修课程，学生可以到自修室，读英文或英文对话，抄录国文、历史，演算数学，或写家信，或记日记。

学校的清晨，阳光新鲜而灿烂。郑午昌的晨读，总是习惯沉浸于古诗词吟读与英文背诵的双向转换之中。难怪郑午昌到了上海之后，有人评价，"在民国的传统型画家中，郑午昌的学历最高，英语水平少有人能及"，这"少有人能及"的英语水平，应该是在此时此地打下的扎实基础。

那么，当年学生考试考得什么呢？不妨试举几例：

讲经考题："颖考叔纯孝，石碏纯臣。二人之优劣究竟何如试论之。"

修身考题："《易》言自强，《老子》贵柔弱，试论二者之得失。""《易》言保身，《孟》言守身，孔子则言志士仁人无求生以害仁，能通其义欤？"

国文课考题："西湖风景多矣，春日晏游更饶乐趣。试各举其赏心者。"又题："茅容杀鸡供母而与客以蔬食论。""孔叶二党之直者论。"

历史考题："黄帝尧舜治苗之异同？""秦启岭南至汉初而绝，武帝复收入版图。试综举而著之篇。"

地理考题："岛之成因及其利用？""亚洲平原共分几部？其地安在？试举之。""太平洋沿岸至暹罗湾起至今日白令海峡止，其间著名之港湾、海峡半岛、岛屿有几，试顺次数之。"

博物考题："何为胎座？约分几种？""何谓离瓣不整齐花冠？试举例说明之。"

从这些考题中，我们不难看出府中对学生知识面的掌握，尤其是对学生思维、思辨能力的培养是相当重视的。

图书馆对郑午昌的影响很大。

在当年，人们新知识的视野，图书馆是一个重要场所。大量新词汇通过书籍、媒体进入郑午昌们的心中，比如：社会、个体、团队、组织、人权、女权、进化，以及经济学、社会学、生物学、逻辑学……这些通过日本转译过来的词汇。许多社会新闻，郑午昌都是从《西湖报》《民立报》《小说月报》等报刊杂志的阅读中所获得的。

课表里，还有游览地方的要求。

放学后或休息日，郑午昌除了游历西湖、孤山、苏堤、白堤，岳王坟瞻仰忠臣之遗范……经常去的地方，是离府中不远处的那条青云街。这条街因地近贡院，遂以"青云直上"之意而得名，是一个老店云集的热闹去处，诸如"石声玲玲然彻户外"的刻石老店，清代书法家梁同书学士欣赏的白笺老店，"一枝卖得文三万"的沈茂才笔店等皆流传有绪的品牌老店。至于售卖书籍、笔墨纸砚、裱装古籍和书画的铺子，更令人目不暇接。郑午昌常常会徜徉于此，流连忘返，其笑称为"长眼"。

但是这样的日子，不久就因武昌起义而中断。

宣统三年（1911），也就是郑午昌入学后的第二年，革命党人在10月10日成功地发动了具有划时代意义的武昌起义，改国号为"中华民国"，并号召各省民众起义响应辛亥革命。武昌起义后的那个秋天，浙江各校纷纷停办，府中也随形势变化而停办，至来年春天复学。

李叔同，就是那时来应聘府中音乐教员的。据说，李叔同对校长经亨颐说的第一句话就是一个条件："必须给每位学生配备一架风琴，你难办到，我怕遵命。"为了留住人才，面对当时天价的购置成本，经亨颐亲自出马，四处化缘，终于把四五十架风琴凑齐。"长亭外，古道边，芳草碧连天……"在经亨颐筹募得来的风琴上，李叔同演奏了自己写的《送别》，一时传为佳话。

民国二年（1913）春，学校复学。李叔同发表了中国近代音乐运用西洋作曲方法写成的第一部合唱作品《春游》。是年秋天，李叔同与夏丏尊合作谱写了校歌，现在成为了《杭州师范大学校歌》与《杭州高级中学校歌》："人人人，代谢靡尽，先后觉新民。可能可能，陶冶精神，道德润心身。吾侪同学，负斯重任，相勉又相亲。五载光阴，学与俱进，磐固吾根本。叶蓁蓁，木欣欣，碧梧万枝新。之江西，西湖滨，桃李一堂春。"这首歌，充分体现了当时师范学校独特的治校理念和办学特色，以及"立志、劝勉、熏陶"三方面的内涵，传唱至今。

民国四年（1915），郑午昌府中毕业，被选送至京师大学堂深造。

京师大学堂

剡溪。启程夜航船。

一路向北，向北。

京城。京师。

玄色布鞋。郑午昌在路上。

在这条官道上，有过多少进京赶考士子的身影，已然无法数清。就算有人能够数得清楚，这些身影也已经如他们手中折扇扇面上那些细细碎碎的洒金，在历史尘烟的摩挲下变得黯淡模糊了。

受过新学启蒙的郑午昌们，心中向往着的是一个晨曦微启的新天新地。他们，不再是华夏故国开口就是"子曰诗云"的一代了，或者说，他们在传统旧学"子曰诗云"的底色上，开始谱写和吟咏与这个时代合拍的新诗新画了。

那年，民国四年（1915）。郑午昌二十一岁。

身后，剡溪家乡的云山烟水，杭州府城的温山软水，渐渐变成了中国传统文人山水画中的深远、平远、淡远的景深，而西湖边的岳坟，则正如中华民族精神的朱红色钤印，永不褪色。

一脚踏入京城，色调竟然变得灰涩起来。

青砖砌成的城墙。胡同两边的院墙上，亦泼洒了太多的青灰色。这抹灰色只顾一路逶迤铺排开去。高高的白杨树叶，承受着风中沙尘，青中带灰，毫无朗润可言。路上，随处可以见到挑夫在柳树下歇脚，大牲口在低头饮水，屠夫大刀杀活羊，以及"拉晚儿"的洋车夫滚过的胶皮车轮。

远山巍巍。长城遥遥。

落日熔金，才见镀上的一抹暖色。

山海关外的驼队，一路驼铃摇曳，穿行于青石长街熙熙攘攘的人流之中。街头，店铺挨挨挤挤，店招在晚风中微微飘动。叫卖声，揽客声，讨价还价声，还有戏园子里不时传来京腔京韵的练嗓声。烤羊肉串的膻味，煎炒爆炸的烟火味，贩夫走卒的汗味，汇杂一处，喧嚣热闹。

这就是京城给郑午昌的第一感觉。

京师大学堂。

创建于清光绪二十四年（1898）戊戌维新运动之中，是我国第一所由中央政府建立的综合性大学。成立之初行使着双重的职能，既是全国最高学府，又是最高教育行政机关，统辖各省学堂。

光绪二十六年（1900），京师大学堂先遭义和团冲击，后被八国联军德、俄侵略军占为兵营，校舍、书籍、设备严重毁坏，大学堂被迫停办长达两年。两年后战事平息复学。管学大臣张百熙因时制宜，首先举办速成科，分为仕学馆和师范馆两馆，选定景山以东马神庙（旧称公主府）为校址。

仕学馆的学生住在寝宫后边的平房里，当时叫"十二爷"；师范馆的学生住在时称"南北楼"的两座楼房里。后来，仕学馆迁出马神庙，落脚李阁老胡同。再后来，京师大学堂将"同文馆"归并进来，成为译学馆，加上大学预备科，遂有"三馆一科"之称。

张百熙在呈送朝廷的《筹办大学堂大概情形疏》第一项预定办法中奏道："凡京员五品以下，八品以上，以及外官候选暨因事留京者，道员以下，教职以上，皆准考入仕学馆。举贡廪监（举人、贡生、廪生、监生）等，皆准考入师范馆。"仕学馆三年进修毕业，考试合格者择优褒奖，"予以应升之阶，或给虚衔加级，或咨送京外各局所当差，统俟临时量才酌议"。

据邹树文《北京大学最早期的回忆》记述："第一班师范馆应届

毕业学生，共一百零八人，恰合《水浒》上的一百零八之数，但可惜其中有少数未能及格。我记不清确数，不过四五名落第的而已。"至于毕业后的"出身"，师范馆三年进修，获得"进士"资格者，尚可担任中学教员，获得"举人"资格者，尚可担任小学教员。

在当年，有一个特别有意思的现象。虽然朝廷大力提倡办新学，但科举仍在进行，因此一般读书人对于入学堂，特别是师范学堂，并无多大兴趣。甚至有不少人在师范馆学习期间，趁暑假参加科举考试。可见这些人对千年科举的"学而优则仕"旧情难忘，仍然希望金榜题名以光耀门庭。

京师大学堂，是北京大学的前身。

京师大学堂师范馆，是北京师范大学的前身。

郑午昌此行的落脚之地，是京师大学堂师范馆，其时已更名为北京高等师范学校，其专业是历史地理。

王道元曾撰文介绍京师大学堂师范馆的生活情况：学生宿舍每人一间楼房，自修室每两人一间。伙食也非常讲究，早餐是粥和面食，午晚两餐，每桌八人，六菜一汤，冬季四菜一火锅，荤素俱全。提调舍监、事务科长、高级职员等均坐在主座，与学生一道吃饭。学生每人冬夏二季，配发一套操衣，还有青衫、靴子等物，随便穿着。此外，还按学生月考成绩，分别予以几块银圆或十几块银圆的奖金。

京城毕竟是京城。

蓟城。幽州。元大都。明皇城。清皇城。这些名词，不仅仅是一个地理空间的概念，更堆积着满满的历史厚度。

尽管清政府被推翻已经有四年的时间，逊帝溥仪仍然住在紫禁城里。金銮殿上黄色的琉璃瓦、银銮殿上绿色的琉璃瓦闪闪烁烁，一如皇家忧郁的眼神。一围红墙里，巍峨壮观的古建筑群，虽王气犹存，然在冬阳下如入定老僧般了无生机。

新文化运动唤醒的一代青年，毕竟以不可抗拒之力，活泼泼地一头闯了进来。社会风气、生活方式日渐趋新，国子监"师徒济济，皆奋自镞砺，研求实学"的弦歌场景已不复存在。公立、私立及教会大学交相辉映，构成了京师的新文化氛围。

郑午昌求学之时，学校已迁至厂甸五城学堂。

学校首任校长陈宝泉，字筱庄，直隶天津人。陈宝泉执掌学校时期，聘请了一大批留日、留美人士。陈宝泉认为，师范教育的目标是有人格的教育者，特别强调对师范生责任感的培养，希望学生"持其贞固不渝之目的，奋其强毅不挠之精神，以教育事业为第二生命，以师范名誉为无上财产"。因此，学校采取德育演说、名人演讲、谈话、静坐等方式来陶冶学生的性情，来培养学生完全之人格。

郑午昌记得当时有一种"远足"活动，"以资博览，而供参考"。

史地、博物二部本科学生肄业期间规定有两次国内旅行，借以访历史古迹，探地理名胜，调查动、植、矿各种产物。每次旅行，均须做报告书，并绘图、摄影、采集各种标本。

此外，还有"暑假修业"。放暑假前发给各班学生调查表格两份，一份为关于学校之调查表，一为关于社会之调查表。学生可以在其居住地，或者是途经之地的学校、社会现状等分别调查、填表。另外，教师还会拟出各种研究问题，让学生就其所见所及，做成调查报告。

学校对学生课业的要求比较严格，除了掌握讲义中的内容外，还要阅读一定的参考书，考试才能及格。据说当时好多学生愿意在北高师就读，但又害怕北高师的考试。除专业课外，对公共课的国文课尤其重视，这也难怪北高师的毕业生都具有较好的国文水平。

学校对学生的管训也极为严格，订有《考查学生行为办法》，要求教员和学监"就操行册分门类随时考察，据实记注"。学校关于教室、自习室、操场、斋舍、浴室等各项管理规则，共有十七种，一百一十六条之多。要求学生必须严格按照要求去做，否则就会被记录并给"不良"的评定。

校门外，是一个更大的文化新天地。

首先是新式报刊媒体与传统书籍，共同构成了民间到京华去的"文化向心力"。这个时期，《新青年》《向导》《东方杂志》《小说月报》《禹贡》等报刊杂志，风靡京华，可谓是"清华园里观旧书、北大园里赏古玩、辅仁学校品西籍"，呈现出一派文化兴盛的蔚然之气。

而旧书业乃至笔墨纸砚买卖中心，却也依然火爆。

清人潘际云《清芬堂集·琉璃厂》诗云："细雨无尘驾小车，厂桥东畔晚行徐。奚童私向舆夫语，莫典春衣又买书。"说得甚为雅致。民国初年京华的图书市场，延续了明清时的特点，集中在以庙会与集市为主的琉璃厂及附近的厂甸一带，多为售卖文房四宝、线装书的古旧书店。

众多好学之人甚至"每阅书肆，不避寒暑"，尤其每逢旧历年关，更是读书人淘书的最佳时期。据说，鲁迅在北京期间也酷爱搜集旧书，时常"疑其颇别致，于是留心访求，但不得；常维钧多识旧书肆中人，因托他搜寻，仍不得"，爱书之意尽显笔端。

文风如此，地利之便。

郑午昌自然不会错过游故宫博物院、逛书市、淘旧书的机会，他后来所藏之旧书不少都是在琉璃厂那一带淘得的。

那就先说琉璃厂，再表荣宝斋。

所谓琉璃厂，就是烧制琉璃瓦的窑厂的地方。

自明朝永乐帝迁都北京，此地的官窑就专供带色的琉璃瓦。清康熙年间窑厂规模缩小，商人们便纷纷在这里经营古书、字画、文房用品等露天市场，逐渐形成了规模。

乾隆年间，虽然琉璃瓦停止烧制，但因乾隆亲自主导《四库全书》而使社会上产生了极大范围的寻书热。全国各地的书商携带珍本、善本古籍趋之若鹜般落脚琉璃厂。四库馆的学者基于内府藏书，为辨析各类不同版本的差异，自然经常流连于琉璃厂。抄写《四库全书》用的笔、墨、纸、砚，此地店铺的詹大有或胡开文的墨、贺青莲或李玉田的毛笔等亦均为首选。《清稗类钞》记载："京师琉璃厂为古董、书帖、书画荟萃之地，至乾隆时而始繁盛。书肆最多，悉在厂之东西门内，终岁启扉，间亦有古董、书画之店。"

荣宝斋，也是郑午昌经常光顾的地方。

荣宝斋坐落于琉璃厂西街，有太多的故事可写。都梁的小说《荣宝斋》、电视剧《百年荣宝斋》，有兴趣的读者不妨可以找来读读看看。

荣宝斋那块大字匾额就颇有来头，是同治十三年状元、书法家苏州陆润庠所书。慈禧晚年喜好作画，常命陆润庠和同治元年状元嘉定徐郙、咸丰探花顺德李文田等为之题志。辛亥后，陆润庠留清宫，任溥仪老师，卒后赠太子太傅，谥文端。上海豫园小东门"童涵春"国药店的匾额也是陆润庠的手笔，据说三个字的润笔费高达白银一百两，可谓一字千金。

当然，荣宝斋不仅仅是卖文房的荣宝斋。

注重书画珍品的收藏，是荣宝斋一个优良的传统，遂有"民间故宫"之誉。无论古代珍品还是近现代名家之作，荣宝斋均有广泛收藏，诸如元代吴镇、盛懋；"明四家"、徐渭、陈老莲、董其昌；清代石涛、八大山人、王铎、"四王""扬州八怪"等。

　　如果说，学校图书馆与故宫博物院的藏书、藏品让郑午昌眼界大开的话，那么，荣宝斋的兼容并蓄，学术氛围则更潜移默化地滋养了郑午昌的学养。郑午昌在此间，除了文房四宝、名人字画，那些笔筒、笔洗、笔架，墨床、墨盒、臂搁、书镇，砚滴、砚匣，印泥、印盒、印章等物件，想必郑午昌也都细细把玩过吧。

　　荣宝斋的兴盛，还在于他开放开明的审美判断力。

　　譬如在齐白石、张大千出道之初，荣宝斋予以收藏、扶持、推介。后来的事实，也确实证明了荣宝斋非凡魄力与前瞻性。据说傅抱石也极为信任荣宝斋，甚至每次来北京不住酒店，直接住在荣宝斋。

　　此外，荣宝斋"以文会友"的宗旨，使其与书画家们结下了深厚的翰墨情缘，成为书画家信赖的朋友，书画家与收藏家之间的桥梁。每年，荣宝斋会适时在店堂里举办名人画作展，普及书画艺术，促进学术交流，强大的中华传统文化在这方空间里挥洒，许许多多的郑午昌在此沐浴春晖。

　　当时，京华的美术活动十分活跃。

　　其中，不得不提一下金城与陈师曾。

　　金城出身书香门第，家学渊源，对古器物字画收藏甚富。自幼天性喜爱绘画，山水花鸟皆能，兼工篆隶镌刻，旁及古文辞。其毕生尊崇传统，然不满五十岁即过早去世，成为民国画坛一大憾事。

　　陈师曾祖父是湖南巡抚陈宝箴，父亲是著名诗人陈三立。其毕生致力于中国传统绘画的创作，留学日本的经历使其对西洋绘画的研究以及绘画技法的运用上有着自己的独到之处。他主张中西融合、固本出新，是20世纪以理论的形式肯定中国文人画的第一人。陈师曾一度受聘于北高师，郑午昌有幸成为其弟子。

面对西方美术思潮的冲击，金城提出要从宋元院体绘画出发，以工笔为途径，从中国画学传统中寻求自我演进的动力。而陈师曾则提出文人画理论，坚持明清文人画的写意特征，将绘画的主观精神特质作为中国画学传统的现代价值。

京华求学三年。郑午昌畅游在中国历史长河里，饱读史书经典，广览历代文物精品，视野大开。诸家学术思想的碰撞，更对他艺术思想的形成产生了一定的影响。

八年后，郑午昌完成了异于并超越金城、陈师曾的《中国画学全史》，一举奠定他美术史学家地位。此为后话。

崤山小学

民国七年（1918）。

郑午昌二十四岁。京师毕业返剡，任嵊县崤山小学校长。

崤山。浙东名山。

"两岸峻壁，乘高临水，深林茂竹，表里辉映。"（宋《嘉泰会稽志》）

相传崤山与嵊山原本相连，大禹治水时凿之成流，两山以此相隔于剡溪两岸，流水灌溉剡中沃野，百姓耕作繁衍，安居乐业。为纪念大禹治水之功，剡溪边上的一个村落，改名为禹溪，今留存禹王庙，香火不断。

王十朋在《崤山赋》中赞叹："灵运弹飞岩嶂，慕此堪栖。"然赞叹归赞叹，崤山浓浓的诗意与瑰丽的传奇故事，也真的是随口讲几句就令人神迷。

昔年武肃王钱镠巡剡，见嵊山嵯峨，叹为异境，驻舟赋诗。

嵊山深处的晋代古刹天竺寺，晋代十八高僧曾游历于此，流连忘返。

嵊山脚下有黄石公渡，有剡亭。南朝齐永明间张稷来此地任剡令，行舟至此产下一子，取名嵊。

郦道元《水经注》："嵊山之成功峤，峤壁立临江，歃路峻狭，不得并行。行者牵木稍进，不敢俯视。"

梁武帝萧衍，暮春时分泛舟剡溪，嵊山之地正值茶桑农事。在"岚暗霞明，神丽殊绝"的风景里，一见倾心的爱情故事就此展开。这位来自京城的翩翩公子，偶遇嵊家农女结成连理，生梁元帝萧绎。

嵊山山腰有一个嵊山村。

群山环抱。云雾深深。

这个嵊山村几乎与外界隔绝，只有几条崎岖不平的羊肠小道通向山下。嵊山村盛产茶叶，故这些小道被戏称为"茶马古道"。然而诗意归诗意，掩不住村民劳作的辛苦、生活的艰难。

这所嵊山小学，也实在是小，小到查遍整部《嵊县教育志》都找不到影子。郑午昌，就是在这样一所小到不能再小的小学里，当了两年的校长。

说是校长，能管的人，也就他一个人；能管的班级，也就是一个班。郑午昌既是校长，又是教员，还是校工。在今天听起来，感觉就是一个传奇故事，有些不可思议。

然而在民国初年的乡村教育，这种故事相当具有合理的普遍性，比比皆是。这让我想起了郑午昌的那位浙江老乡，被联合国教科文组织授予亚太地区普教专家称号的中国教育家吕型伟先生。

有意思的是，郑午昌担任嵊山小学校长那年，绍兴新昌的老乡吕型伟才刚刚出生。吕型伟初中毕业后，只身一人来到白岩村的山沟里，经过挨家挨户地上门宣传，居然招到了八十一个学生，借了一座破庙作校舍，办起了白岩小学。学生最小六岁，最大的十八岁，比他这个当老师的年龄还大。他风趣地说："校长我当，教师也是我当，烧饭也自己烧，打铃也自己打，就是这样一个大校长。"

更有意思的是，郑午昌这个小学校长后来去了上海，开创了新国画派，创办"鹿胎仙馆"授徒学艺；吕型伟这个小学校长后来也去了上海，从事了一辈子的教育事业。

崂山村。民风淳朴。

村里都是茶农桑民，识字写信的几乎没有。

现在从京城来了一个年轻的校长，见多识广，能说外国话，能讲许多新名词，那可是个了不得的大人物。

村民其实没有多大的诉求，只希望自家的孩子能识文断字，能知晓一些基本常识，能懂得伦理道德，日后能够识字算账，再或者能够成为乡绅，如果能够走出大山上新式学堂，那就更满足了。至于应试跻身士林，民国早就断了他们的念想。

学校再小，也要办好。

郑午昌自然懂得村民的心思。但课本是个大问题，除了线装的《千字文》《三字经》等蒙学读物，根本没有现成的课本。那就因地制宜自己来编写课程，手抄讲义。郑午昌以胡适父亲当年为胡适开蒙而自编的四言韵文《学为人诗》来开蒙学生："为人之道，在率其性。子臣弟友，循理之正。谨乎庸言，勉乎庸行。以学为人，以期作圣。"

郑午昌自编课程的内容，包括天文、地理、时令、节气，多为学生日常实用，且读来朗朗上口。诸如："乾坤日月，雨露风云……上下四方曰宇，往古来今曰宙""丈尺斤两，升斗秤量，金银钱谷，买卖交相……麻豆粟麦，收割上场"之类。郑午昌还编过一本《山村农事韵语》，其中有这样的句子："新年开春，上山背柴，如或雨雪，便做草鞋。落则杂作，晴则采茶，无论晴雨，都有生活……"学生读来饶有趣味。

画画是郑午昌的"童子功"。此地开门见山、见树、见云、见瀑布，是得天独厚的写生地。那就让学生在旧账本、粗草纸、毛边纸上用毛笔涂抹挥洒，倒也水墨淋漓，野趣横生。郑午昌还重视在教书中让他们初步接触一些数学、英语、历史、地理、常识等新知识课程，村民的孩子感到新鲜极了，每天上学都有一种从来没有过的兴奋与喜悦。

山村的夜，四野寂静。

村民早早熄了灯，唯学校里的桐油盏一灯如豆。

郑午昌步出屋子。

月已在天，风已渐凉。

郑午昌晓得，嵋山对面那座影影绰绰的山叫图画山，山势如壁，状似笔架排列。曾有名士诗赞此山，"宛然小李将军斧劈皴山水也""虽雕刻不能过"，这画图山倒也名副其实。"莓莓兰渚急，藐藐苔岭高。石室冠林陬，飞泉发山椒。"这是谢灵运的诗，图画山的实景之写照。

然而大小李将军"金碧山水"的富丽堂皇，并不契合此地的山野之气。那么，不妨铺开了纸笔写一幅明代嵊县理学大师王三台《画图山》诗意吧，"林峦秀削俯溪流，胜境天教恣览游。日暮烟寒看不尽，扁舟载月宿溪头"。山风浩荡，笔墨酣畅，中国文人的山水情怀在此情此景里产生了共鸣。

在嵋山小学期间，郑午昌曾沿着古人的足迹，造访过嵋山的那个龙宫寺（俗称龙藏寺）。据说唐代诗人李绅曾三次游居寺内，并捐款修建了龙宫寺，还撰写了《龙宫寺碑》。尤让郑午昌深切认同的，是李绅那首流传甚广的《悯农》诗，想必他是一定会让学生背诵的吧。

那么，不妨就在这僻地隔世的小山村的怀抱里写一写吧，"锄禾日当午，汗滴禾下土。谁知盘中餐，粒粒皆辛苦"。笔墨的流动，无疑是同情共情的流动，这种文化人格生命的流动，隐隐地指向了日后上海滩的那场义举，由郑午昌发起的"白菜画赈灾"。

四明山与嵛山同为浙东名山。

溪回山合。木石森丽。素有第二庐山之称。

嵛山离四明山说远不远，说近不近。

郑午昌课余，曾不止一次短策轻衫造访四明山。或雨后新霁、路湿苔滑；或罡风凛冽、草山上结霜。其时的四明山虽然深山荒寂、路绝旅人，但在郑午昌则有过鸟声声劝客、万叠青山万叠迎人的喜悦。

此地的探奇与写生，给他留下了深刻的印象，乃至日后客居上海仍然念念不忘攒峦夹翠、飞瀑流泉，满壑云藏天下雨的四明山水，留下了多幅"至今忆得卧云时""太平重看四明山"的画作。

大山环抱中的嵛山小学。

郑午昌高高地站立在群山之上，周围是如此众多的历史文化遗存，如此浓稠得化不开的人文精神底色，如此虔诚渴望新学新知的眼神。尽管，郑午昌在此地执掌的，是一方小到不能再小的教室空间，而他所从事的，则是一项大到不能再大的山村教化启蒙的事业。

一个清风朗朗的早晨。

一封来自杭州高府的邀聘书信。

郑午昌又要启程了。

玄色布鞋。古藤条箱。青衫吟风。

但无论如何，这一片崿山群峰，这一座崿山小学是他生命中一个难以忘怀的文化理想实践的栖息点。

崿山村的茶香，始终伴随郑午昌案头的书香。

高义泰布庄

民国九年（1920）。

郑午昌受聘于杭州高义泰布庄，任家庭教师。

杭州"高半城"。

一个家族半个城，多大的气派。

事实也确实如此，你看杭州最出名的茶叶品牌"狮峰"龙井，杭州四大绸庄之首的"高义泰"绸庄，都是高家的产业，不由人不服气。

那就来说说杭州高家。

"双陈巷高家"是杭州最古老的家族之一。这个双陈巷来头不小，原是明嘉靖二十年（1541）同举进士的陈洪范、陈洪濛居所地。巷以"双陈"得名，可以想见当年两兄弟在这一带的盛名，杭州的百姓也都认定此地是升官发家的吉祥之地。至于高家何以选居于此，尚待考证，然而高家自从把双陈巷作为主要聚居地以后，家业的确更加兴旺这也是事实。

高家的远祖可追溯到北宋大将、武烈王高琼，最重要的战功是澶州之战，此战促成了我们在中学历史课本里都能够读到的宋辽澶渊之盟。高家传至高世则那代，因护卫宋高宗南渡有功，连前五代都一概追封为王，高宗下诏在杭州武林门内建高氏"五王祠"，可见显耀之至。

被尊为杭州高家祖先的是梅溪道人梅溪公高士桢。其早年丧父，家里贫穷，少年辍学，到杭州经商，从此开启了高家的杭州时代。最让高家引以为傲的，是清光绪二十九年（1903），晚清最后的一次科举考试。乡试发榜后，居然"叔侄郎舅四人同科"，同一个家族的四个人，都成为了中国最后的一代举人。

"双陈巷高家"在晚清民国时期，引以为傲的是高子韶。

高子韶年轻时师从吴门姚凤生学书法，书法精绝。

清光绪三十一年（1905），创办高义泰布庄。

此举，一是受其父经商致富的影响；二是源于高子韶亲身经历的一件事。说是有一天，高子韶到一家布店买布，颇受冷落，他忍不住加以指责，店主却以一句"何不自己开个布店"加以嘲讽。此言，激起了高子韶立志创办一家以高标准服务名世的布店。

高子韶投资八百银圆开设了高义泰布庄，规模和品质一开始就非同凡响。其后虽多磨难，然经营有方，愈见兴盛。高义泰布庄无论是产自杭嘉湖的顶级桑蚕丝面料，还是普普通通的"毛蓝布"，在选料与制作上都一样用心，声名远播。据说，有民国第一美女之誉的影星胡蝶也曾多次从上海赶来，在高义泰选绸布料、定制旗袍。胡蝶主演的《自由之花》，以及与阮玲玉合作的《白云塔》等电影作品，在上海掀起了一阵"旗袍热"。

"时膏腴贵游，咸以文学相尚。"

高家虽业商，对子女教育亦十分重视。家中多藏名人墨迹，颇有文化氛围。高子韶育有六子，除第三子早殇外，其余五昆仲都在诗文书画上各有造诣，且皆有收藏。

长子高时丰善画松，次子高时显善画梅，幼子高时敷善画竹。

三人有"大松，二梅，六竹"之称。另外，三子高时敬擅长写兰，四子高时袭善画芦雁，各有专攻，各成气候。高子韶的两个女婿，也都是一时名流。姚汉章，是民国时期著名文学史专家、中华书局资深编辑；钟毓龙，是杭州民初三才子之一。走笔至此，不由人感慨，一个家族的文化底蕴，必须有优裕富足的物质条件，必须有深入骨髓的文化参悟，必须有汇聚各方的强大气场，方能流泽久远。

郑午昌得以到高府任教，坊间揣测或与高家次子高时显（野侯）以及授业恩师张相有关。

高野侯是清末举人，工篆刻，精鉴定，富收藏。尤以古今名人梅花作品为富，遂有"五百本画梅精舍"之称。高野侯的镇阁之宝，是王冕的《梅花图》卷，遂取斋名为"梅王阁"，治印"画到梅花不让人"一方。

其时，高野侯是中华书局董事、美术部主任，致力于美术出版，成绩斐然。而前文提及的，郑午昌杭州府中授业恩师、那位谦谦君子张相，亦已在上海中华书局编审文史地课本，主持教科图书部，与高野侯为同事。

杭州高家收藏宏富，郑午昌教务之余，得以饱览高氏藏品，得益匪浅。在高府，郑午昌已经在酝酿撰写《中国画学全史》的计划。而在上海的高野侯，久生回杭专心营造自己"梅王阁"的归隐之心。张相，则由于统一的"部颁标准"，面临的是业内争奇斗胜的竞争环境，急需加强编辑实力。受两人的推荐，郑午昌得以与上海滩结缘。

民国十一年（1922），郑午昌离开杭州高府，到中华书局任史地编辑。时年二十八岁。

两年后，高野侯辞职还乡。郑午昌继高野侯任美术部主任。

在上海书画艺术界开创了一片新天新地。

第三章
海上春耕里

生于花时香染露，在无人处绿登台。

——郑午昌题画诗

上海滩

浪奔，浪流。

万里滔滔江水永不休。

成功失败，浪里看不出有未有。

仍愿翻百千浪，在我心中起伏够。

这是香江才子黄霑先生笔下的《上海滩》。大气磅礴且爱恨缠绵，大上海的风云变幻宛在眼前。

据说，黄霑为电视连续剧《上海滩》写歌词之时并未到过上海滩，对黄浦江上是否真的有浪了无底气，迫于制片方紧催只得交差。中国古人写诗填词历来讲究的是"无一字无来处"，这一个"浪"字用得是否准确，在他心中始终是一招"疑问手"。后来黄霑到得上海，站在黄浦江边，但见江岸栈桥长悬、汽轮停泊；江面上小舢板穿梭往来，不惊波澜。正自郁闷间，恰见远处有轮船破风驶来，船过处波起水涌翻卷不休，果然"浪奔，浪流"！

然而，这位黄霑先生不一定晓得，在他尚未出生之时，"家住剡中"的郑午昌，20世纪三四十年代，就已经在上海滩文化界翻起了"百千浪"，且浪花至今未休。而日后被誉为"世界上有华人华文的地方，就有人谈论张爱玲"的香炉里的"沉香屑"尚未燃起；荷花纹元青花盏"茉莉香片"亦壶未温水未沏，她的那场"倾城之恋"更遑论情系何处。

但可以确定的是，早年自曹娥江放舟杭州湾的郑午昌，与后来的黄霑、张爱玲一样，心中曾无数回地翻卷过上海滩黄浦江的"百千浪"。

外滩。黄浦江畔。

郑午昌长身伫立。

夜风轻轻撩动青衫。

宽阔的沿江马路上，停满了菲亚特、奥斯汀、塔尔伯特、福特等私家车，人力车载来的客人提着皮箱移步下车，满载货物的大卡车等待卸货。沿岸，雁翅般排列开来的长栈桥伸向江水，栈桥上站满了华洋混杂等待乘船的人。江面上，灯火点点，轮渡往来、舟楫不绝。不时，有两三鸥鸟掠过桅帆，逐波翻飞。

郑午昌身后，重重叠叠的身影，是臂夹皮包跑洋行的买办，缠着红布头巾的印度人，手挎竹篮的卖花女，黄包车夫……"叮叮当，叮叮当"声音从老远传过来，那是有轨电车正在驶来。陡然令行人心惊的，是红头巡捕尖厉的哨子声。

夜上海闪烁的灯火，如媚惑的眼。

豪华戏院的大幅西方电影海报、摩登美艳的广告女郎招贴画下，法国雷诺牌小轿车里钻出的男人，身着绸子织衫，白凡拉丁西装裤，派拉马软木白帽，一脚黑色间白的皮鞋摩登气派。紧随其后的太太，着一身绸缎旗袍。蝴蝶发髻，和田羊脂项链，Whiting&Davis 金属网链手袋，白色高跟鞋莲步轻移，摇曳生姿。

租界使馆、洋楼会所、公署馆驿林立错落的大理石建筑，在霓虹灯的映照下勾勒出上海滩的天际轮廓线，仿佛是西人用那管羽毛笔在夜空肆意划出的强硬曲线。海关大楼上，威斯敏斯特洪亮钟声随风传来，一遍遍敲打着上海滩这个远东不夜城的无眠。

一个华洋杂陈、光怪陆离的上海滩，活色生香地撞了郑午昌一个满怀。正如英国伦敦旧年出版的《上海》里说："二三十年代，上海成为传奇都市。环球航行如果没有到过上海便不能算完。她的名字令人想起神秘、冒险和各种放纵。"

而此刻，一声声汽笛穿越历史、穿越时光在郑午昌的耳边鸣响。

上海，究竟是一个怎样的上海？

此地，战国时期先属越后属楚。至于别称为"申"，源自春申君黄歇的封邑。而另一个别称"沪"，则是来自古时渔民发明一种竹编捕鱼具"扈"。到了宋代，此地有十八大"浦"，其中一条称为上海浦，上海遂由浦得名。

素有报界"补白大王"之称的郑逸梅，这样回忆当年的上海：

"鄙人幼时随着先公到上海，那时西门大境路有一座丹凤楼，沿着城脚有十多间屋子，供关帝和其他神像，有一石牌坊，记得石上刻着一副对联：'千江有水千江月，万里无云万里天。'楼头有炮数尊架着，据说是洪杨时，清兵用以防守的，似乎吴猷如画报，曾有那么一幅《丹凤守御图》……至于台，较为古旧的，有万军台，筑得很高，陟登其上，南黄浦一片浩渺，桅樯蠹列，大有巴陵岳阳楼朝晖夕阴，气象万千之慨。"

民国初年出版的《国民学校国文新课本》（第八册）第二十三课
《读课上海》里对学生这样介绍上海：

> 上海当吴淞、黄浦二江下流，为沿海五口通商之一。
> 城北有法租界及英美租界、沪宁淞沪两铁路，汇于其北。
> 近复与沪杭甬铁路接轨。黄浦江一带，有航行江海之汽船
> 码头。吴淞江一带，有航行内地之汽船码头。水陆交通，
> 俱极便利。民国二年，又拆除城垣，于其址建筑马路，而
> 城内街道，亦渐次放阔，于是车马往来，更为畅达。城南
> 之制造局及船所，尤于军事有密切关系。盖不独为全国商
> 务之枢纽，亦东南之重镇也。

上海滩当年的繁华，可以想见。

在郑午昌来上海的前一年，中国共产党第一次全国代表大会于
兴业路76号秘密举行，从此改变了中国的命运。

郑午昌落脚上海，其文化生命将由此而改变。

而另一个年轻人的政治命运，也在那年发生了改变。

上海股市在一夜间崩盘，导致无数人倾家荡产。蒋介石参股的
证券交易所陆续倒闭，可谓是"噩耗迭起，某也并，某也闭，某也
讼，某也封，某也逃，某也死。昨日陶朱，今日乞丐"。巡捕房发出
了缉拿令，债主纷纷追债上门，蒋介石甚至于"教育无费，终难辞
责"。竟然连蒋经国仅仅十五元的校服费也支付不起，母亲去世也只
能举债办丧。

正在蒋介石走投无路之际，南方发生兵变。粤军围攻总统府、
炮轰粤秀楼，孙中山化妆成西医大夫方得脱险。蒋介石闻讯星夜兼

程赴粤，冒死登上"永丰舰"护驾，与孙中山风雨同舟、浴血奋战。从而一举奠定了在孙中山心中、在国民党内的地位。

上海滩的美术活动，如黄浦江上的流云，云卷云舒；如黄浦江的潮水，潮起潮落。我们不妨从《20世纪美术年表》郑午昌到上海那一年的记载中，略略感受一下上海美术界的温度：

刘海粟画展在北京高等师范学校举行，展品有油画、水彩共三十六幅。

女画家嘉定人朱贤英去世，其画艺为画家杨东山、汪仲山、徐紫明等所称赏，《申报》拟刊印画家遗画十余幅，并承王一亭为其画像题诗。

杨雪玖女士随父杨白民赴日考察美术教育，办画展。

名画家王香岩（青田山人）到沪，王香岩善兰竹，尤工山水，王一亭、吴昌硕在《申报》刊登文章介绍王香岩。

上海美术专科学校校董会修改章程，公推蔡元培为校董会主席，并由蔡主席请黄炎培为驻沪代表。七、八月间，上海美专筹建校舍募金委员会，梁启超在上海美专讲演。

中日第一次联合画展（《中日美术》）；《芥子园画谱大全》预售（《申报》），以及上海大学成立；《西洋美术史》由上海商务印书馆出版发行。

年末，上海文坛另有一件大事可记。

11月中旬至年底，爱因斯坦夫妇应日本一家出版社之邀赴日访问，途中在上海落脚，接受采访、"一品香"午餐、"小世界"剧场听昆曲，游览城隍庙、豫园、南京路……行程满满。

欢迎晚宴，在画家王一亭家"梓园"举行。

王一亭祖籍浙江安吉，生于上海周浦。自幼受外祖母影响酷爱绘画，十二三岁时，画名已传遍周浦镇，被视为少年奇才。《蜜蜂画集》人物小传里介绍王一亭，"善人物花卉鸟兽，写佛像出水飘风有晋唐气息，可称为今之吴道子。花卉鸟兽一路兼参石涛、八大山人，笔力雄厚有叱咤风云之慨。据说'东瀛人士得其寸楮尺缣珍若拱璧'。中年信佛，好为善举，频年赈济灾荒不遗余力"。王一亭晚年与吴昌硕亦师亦友，"梓园"的题名，就是吴昌硕的手笔。

话说"梓园"这座园子，是日本天皇特赠的褒奖之园。原因是王一亭在日本大地震后"慨然捐款，援救甚力"。八年后，王一亭与郑午昌、吴湖帆、周湘云等人携书画与藏品同乘"上海丸"轮赴日本，参加中日画展。淞沪会战后，日军全面占领上海，王一亭坚辞不任伪职，尽显劲风亮节。王一亭逝世后，重庆国民政府明令褒扬公葬。蒋介石题送挽联曰："当飘摇风雨之中弥征劲节，待整顿乾坤而后重吊斯人。"此为后话，按下不表。

那日晚宴前，宾主曾留下一张珍贵的合影。爱因斯坦中国之行，虽然行色匆匆，但给他留下的印象颇深。他在旅行日记中有以下记述："在外表上，中国人受人注意的是他们的勤劳，是他们对生活方式和儿童福利的要求的低微。他们比印度人更乐观，也更认真。但他们大多数是负担沉重的：男男女女为每日五分钱的工资天天在敲石子。他们似乎鲁钝地不理解他们命运的可怕。"

初登上海滩的郑午昌，同样感受到了租界的高楼大厦和老城厢破烂低矮的棚屋两者巨大反差带来的视觉冲击。尤其是在闸北、南市一带居住着大量的社会底层，这些从异乡逃荒出来的灾民，在那一带建起一间间茅草棚户，成千上万只煤炉冒出的烟尘，混杂着苏北方言、淮剧小调，弥散在泥泞小巷间。

记得20世纪30年代，茅盾曾主编过一本《中国的一日》，记录

5月21日这一天百姓的日常生活。其中，上海有六十篇入选。以下采撷撮要连缀成篇，还原上海滩真实历史的一个个"薄片"。

那天，虽然是夏的季节，可是仍然像春令的天气。最高气温25.9度，最低气温12.5度。著名出版人黄警顽写道："是日天气清和，黎明即起，披衣叠被，上马桶，拎水面，漱口，早操，读经，写字，与家眷聚餐时，并商量菜单及一日生活的计划。"军营里却不一样，"是一个很不平凡的黎明。'嗒嗒！底底！……底底！嗒嗒！……'突然飘来了那凄厉悲壮的军号声，嘹亮的音调打醒了许多正沉醉在甜蜜的梦中底我们的伴旅。咱们一伙儿火速地起来"。"双十节"首倡者李廉方早早赶到了会场，"这次上海市召集民众识字讨论会，到会的计有九个省市代表，其余皆系上海市政府聘约或指派的。时日匆迫，不及讨论含有学术意味的议案，这是开会的通例"。

太阳早就出来了，"日晖桥畔的菜贩子早在高声揽生意。卖鱼的和卖肉的，穿着油迹斑斑的围巾，忙于切肉和舀水；买菜的主顾们，有江北老太婆，有新出阁的少妇，有中年的主妇带着佣仆，提着篮子在边看边商量边走，有提着热水或抱着满怀热烧饼的学徒"。苏州河对岸"在嗡嗡轰轰的市声里，交响着嘎声的歌唱，粗鄙的骂声，露骨的淫荡的调笑，和着'嗳，一个铜板一串''嗳，两个铜板两个'的小贩的叫卖声"。黄炎培躲在浦东同乡会大楼里完稿《从四川想到全国》一文；中国文学史家陈子展有感时局，作《长城谣》一首；剧作家卢冀野收到南京寄来的样书，雕版墨印（不是油墨）草订携往暨南大学，郑振铎见到后颇惋惜没用朱印本。

上海天一影片公司今天不拍片子，不过导演"忙着筹备新片《王先生奇侠传》和《浮云》的开拍，徐渭设计《王先生奇侠传》的布景。沈亚伦带着大儿子到金城大戏院去看《摩登时代》，舒丽娟到霞飞路去买东西，张振铎下午准时到城隍庙听书，萧正中在家里听无线电，邵维鹤和明星公司的录音技师陆音锵研究录音，高梨痕来讨论《太平花》故事，徐渭跑到迈尔西爱路去画写生……"电影人陶金在下午二点"到联华影业公司去观光，留给我一个最良好的印象便是：联华到处都充满着一团和蔼活泼的生气。尤其是孙瑜先生，他面上充分地流露出一种修养极高的学者的风度。回来已经五点，遇到张佛千、黄苗子二先生，并有姜明、茌苏、李景波，一看便是当日在北平被捕人拘留所的五分之四的人数了"。

太阳已移在西方，火一样的光芒照射在墙角"在某租界某马路边的石阶上，聚集着几个衣衫褴褛的人们，他们等待夜的光临，以得到人们剩余的冷饭残羹"。学校教员则在盘算如何回家向等米下锅的太太交代，"局方足足欠了我们三个月的薪水，往日尚要东挪西移，寅吃卯粮，现在是更不必说了，米店里早已赊得赊不动，柴爿店里的老板娘早已来骂了太平山门，甚而至于连菜担子上也欠了好几千钱"。碧眼黄发的外国三道头巡捕长官训话说："今天晚上，日本的陆战队要在我们捕房所管的地界内演习战略，还正式开放机关枪……区长刚才来了命令，我们警务人员必要尽保护之责。你们要当心，不要弄出乱子来。"

一个男子在朋友家里喝了酒，"急急忙忙向马路对面走去。在弄口黑暗里，闯过同样武装的六七个'皇军'，刺刀的尖端险些儿赏了我的脸：这一惊，可更不小！原来他们在练习巷战。回到家，楼上的先生们和太太们正在嘻嘻哈哈地打牌；后房二房东家的三灯机，正在唱着'上海滩簧'……""童子军"团长一天的训练完结，"当我们踏出团门的时候，素称神秘的北四川路的行人也减少了。可是舞厅中的音乐却正在热烈地演奏，屹立着的标准钟告诉我们，这时已将子夜"。陈子展悲愤地写道："这一日是中国历史上不能忘记的一日。这一日是中国革命史上必须写到的一日，就是所谓的'马日事变'。发生地点在湖南长沙。"教会学校教员却说："今天是耶稣升天节，给假一天。升天节是一个可喜的日子。"

花花世界。

十里洋场。

这就是当年郑午昌所直面的万花筒般魔幻的上海滩。

爱多亚路春耕里

爱多亚路今为延安东路。

爱多亚路的故事，与一条河流有关。

原来这里有一条美丽的河浜——洋泾浜。道光二十三年（1843）英方以华洋杂居容易发生冲突为由，强行通过《上海租地章程》，而清政府也乐得保持华洋分居的局面，便将江边的滩地给英国人划定了租界地。1916年，洋泾浜被填没筑路，命名为"爱多亚路"。有趣的是，这条路是以英国国王爱德华七世的名字取名，但却用法文拼读译写成"爱多亚路"。其中自然有一段故事，此处按下不表。

上海外滩，南面就是以这条爱多亚路为起点，向北迤逦近两公里至苏州河上的外白渡桥。东面是黄浦江；西面，外国银行、商行、总会、报社云集，是昔时上海金融、外贸机构的集中地。当年在虹口、南市一带去"英租界"的市民，都习惯地说是"到上海去""且相延久远，习不为怪"，可见此地之影响力。

爱多亚路外滩附近，老上海的历史文化浓度稠得化不开。除了毛泽东旧居，随手数一数，便有俗称"九间楼"的徐光启故居，何香凝旧居，以及吴眉孙、章士钊、沈尹默、黄宾虹、林风眠、来楚生、刘海粟、艾格尼丝·史沫特莱等人的足迹。据说，1927年10月3日，鲁迅与许广平从香港来到上海，就下榻在爱多亚路长耕里的共和旅馆。

这条爱多亚路，在日后的三十年的光阴里，重重叠叠着郑午昌踏过的脚印，有欣喜，有悲痛，有踌躇满志，更有义愤填膺。

1937年八一三事变后，上海滩一片悲愤、凄凉的景象，往日热闹非凡的城隍庙地区亦人烟稀少，爱多亚路上只见日本兵来回地巡逻。社会上流传着《义勇军进行曲》《铁蹄下的歌女》等歌曲，一声声的吟唱声里滴着苦难与不屈的血。

八一三事变两周年时，上海租界当局特别戒严，各通衢口所经车辆均加以搜查，西洋巡捕甚至连黄包车的坐垫也不放过，严加翻查。路人经过无一不被周身检查，其余次要路口也一律加以封锁。上海市民则在沉默中度过此日。

郑午昌不沉默。心怀在武汉致力于抗日救亡工作的何香凝夫人与好友，慨然写下《九怀》，并题曰："国难既张，朋旧星散。海隅孤客，宁止黯然。歌哭都非，山河犹在。怀我君子，聿其九怀。"

1942年12月8日，日本海军陆战队在爱多亚路武装游行，庆祝太平洋战争一周年。日军铁蹄的践踏，再次激起郑午昌的满腔愤慨。一年后，"甲午同庚千龄会"成立，用特殊的形式支持抗日，留下了许多感人的故事。后文自有分说。

春耕里。

一个坐落于爱多亚路、河南路，上海人俗称"石库门"的老式里弄。

如果说，大马路是老上海的大动脉，那么在摩天大楼的拱抱中的石库门，则是老上海丰沛的毛细血管，鲜活着市井的气息。当年的石库门里除了"七十二家房客"，开设有货栈、旅馆、学校，以及报社、工厂、银行等，可谓是无所不包，无奇不有。

石库门还是革命者的藏身之处与秘密活动的据点，陈独秀主编的《新青年》杂志，就是在石库门二楼逼仄的小屋里，释放出新文化运动思想的巨大能量。鲁迅的石库门小屋，楼上是主人晾晒衣服的阳台，他的《且介亭文集》就是在这里写就。鲁迅租的是半间"亭子间"，"租界"两字各半拼成"且""介"，颇有以苦自况的意味。走笔至此，突然联想起郑午昌的别号"且以居士"。"且"字，应该就是取租界、租屋中"租"字的一半。"且以"二字，当是用古人"且以喜乐，且以永日"的诗句来自嘲或是自励的吧。

春耕里建于民国十二年（1923）。

也是郑午昌寓居上海的第二年。

此地的弄堂，主通道约有四十一米长。弄堂口，有油盐店、烟纸店、酱园、掌破鞋的鞋匠摊子。道旁的电线杆和两边墙壁上，可以看到贴着大大小小的广告，诸如"狗头老牌袜""双妹牌花露水""马蹄牌香烟""五洲固本皂"之类，终年可以看到大减价的招牌，而那张"龙虎牌人丹"广告，郑午昌日后才知道，竟然与中华书局抵制日货的义举有关。

春耕里的石库门建筑，为两层的砖木结构，一共有二十一幢，据说当年约有一百七十户人家。春耕里周边，有美伦里、荣吉里、荣寿里等石库门建筑群。在20世纪二三十年代，上海移民一般都按照原籍贯相对集中居住，于是就形成了一个一个小的民俗圈。胡祥翰在《上海小志》里写道："北四川路、武昌路、崇明路、天潼路尽是粤人，如在广东……小东门洋行街，多闽人行号，如在福建；南市内外咸瓜街尽甬人商号，如在宁波。"

春耕里就开有不少宁波商号。

老上海人提及宁波人，首先想起的一定是当年那些在上海滩扬名立万的"红帮裁缝"。据说孙中山在横滨组织同盟会，甬商追随参加革命活动，并给予经济上的资助。据说早期的中山装，也是宁波裁缝根据孙中山的意思，以日本士官服为原型改制设计的。后来，孙中山在宁波各界举行的欢迎会上，发表了热情洋溢的长篇演说，其中就谈到"凡吾国各埠，莫不有甬人事业，即欧洲各国，亦多甬商足迹，其能力之大，固可首屈一指"。

春耕里40号，是一家宁波商人合资的"同丰源东洋庄"。其经营的商品均通过在大阪自设的庄口进货，如汗衫、棉毛衫、毛巾、毛绒线等，全部直接向日本中小型生产商订购。春耕里43号，是一家专营"清汁鲜笋"罐头的宁波如生厂。在当年，上海有三家名震一时的洋布店，日新盛、日新增、日新昶，时人称为"三日新"，其中的"日新昶"洋布号就开在春耕里。

秋风起。

黄叶舞秋风。

郑午昌踩着爱多亚路阶沿上的法国梧桐树落叶，听着一路的窸窸窣窣声走进春耕里。

推开石库门，是一个横长的天井，两侧是左右厢房，正对面是长窗落地的客堂间。楼上，是郑午昌租的一个有"老虎窗"的小阁楼。在民国的黑白电影里，经常可以看到有的人家晾着格子被单或衣裳；有的人家晾晒着菜干；有的人家吊着风肉腊肠……当今人看到老虎窗外摆放的几盆花草，心中浮起的，想必是谍战片里地下党接头暗号的场景吧。

对郑午昌而言，那些《良友》画报里常见的老上海市井风俗黑白照片，在春耕里就是活色生香的真实场景。

这条弄堂，天天和他擦肩而过的，是乡下农民进城卖青菜的担子，是卖柴爿馄饨、卖油炸豆腐、卖酒酿的小挑子……泡开水的"老虎灶"，早上卖的是老上海人离不开的大饼油条，偶尔还兼卖又酥又软的东洋饼。佣妇或帮工到代写家信的小摊，开销小洋一角，就能够得到老秀才毛笔手写的一封"抵万金"的家书。弄堂转角口，不时可见东家的主妇、西家的女仆，窃窃私语传播着弄堂里的小道新闻。若是夏天的夜里，路面蒸腾着暑气，到处摆着椅凳，赤膊的男人、玄色香云衫的女人，在蒲扇与鹅毛扇的加持下"茄山河"（方言）。在人身边钻来窜去的，是最活跃的"小赤佬"（方言）。弄堂夜风吹过来，倒是"交关"（方言）适意。

郑午昌的小阁楼。

薄薄的木墙板木地板。

常常是天还没亮，才四点钟光景，隔壁的孩子却老早起来了，吵着闹着，小皮鞋在楼板上嘚嘚的乱拍子，夹杂着女人的喝骂声；夜壶里滴滴答答的撒尿声；铜板掉在地板上的响声；电子管三灯机里播放的股市行情的电波声。"懒虫！起来了！等歇上班又急得粥来勿及吃！"的催起上班声，甚至是小夫妻赖床的打情骂俏声，声声入耳。坦坦荡荡公开着各家的隐私。

待天亮，属于弄堂里的交响乐开始了，卖馄饨、卖青菜、卖酒酿担子的高高低低的叫卖声；主妇们"踢踢踏踏"自带节奏的拖鞋声；南腔北调的讨价还价声；拉粪车经过吱吱嘎嘎的木车轮声……川流不息的嘈嘈杂杂，一阵地传过来，又一阵地卷过去。

然后是各家门口生起柴爿炉子的呛人的烟味，破窗而入；倒马桶的臭味、污水的腥气味、油炸臭豆腐的油烟味，不可阻挡地扑将进来，逼得人不得不在嘴里点一支香烟，以烟制烟。原本烟酒不沾的郑午昌，想必也就是从那段日子开始，被逼无奈成了烟民的吧。

进弄堂，出弄堂。

春耕里，很少有人会知道这里住着一个郑午昌。

事有凑巧的是，郑午昌未来的老丈人恰巧也住在春耕里。

日后，郑午昌与朱颜女士结婚后，曾经租住卡德路（今石门二路）福康里的一幢三上三下的厢房。房东是郑午昌朋友，有抽鸦片的习气。郑午昌夫妇在那里曾生下一子，没想到孩子不到四岁就夭折了。因此朱颜坚决要搬离福康里那个倒霉的鬼地方。

此时中日战事正紧。沪上日军轰炸大世界地段，政府要求紧急疏散人口。朱颜父亲开的饭店也倒闭了，全家便搬回了嘉定钱门塘老家。朱父原来居住的爱多亚路春耕里334号也闲置出来，郑午昌夫妇便搬了进去。此为后话。

开门，关门。

在这里，郑午昌自己也不知道到底推过多少次门。乌漆实心厚木门上的金属门环，随着进门出门发出的撞击声，在窄窄长长的弄堂里回响。

上楼，下楼。

脚下踩踏了多年的楼板，那一声声吱吱作响的摩擦音，无疑是伴随《中国画学全史》落笔的节拍，春耕里石库门最励志的噪音。郑午昌无可限量的强大生命力，在如此狭小的空间，如此嘈杂的环境里，收纵开阖，吐纳着上海滩文坛的风云。

"于无人处绿登台。"

最终，郑午昌上到了中国近代文化艺术最高的那一层楼台。

中华书局

如果将中国教育现代化的史册，翻到晚清至中华民国初年的那几页，我们可以发现，具有象征性意义的两所大学与两家出版社几乎同时诞生。

商务印书馆，中国第一家有现代意义的出版社于戊戌变法前一年创办。

京师大学堂，中国第一所有维新意义的高等学府创办于戊戌变法之年，1911年改称北京大学。

也就是那年清华大学成立，遂与北大成为"双璧"。

翌年1月1日，中华书局诞生。

老上海当年有四条著名的大马路。

福州路与南京路、九江路、汉口路，堪称上海这个"不夜城"中最繁华的地方。此地，报刊书肆、笔墨笺扇行；戏园茶楼、游乐跳舞厅；中西菜馆、洋行药铺等鳞次栉比，吸引了无数南来北往的文人骚客、富豪商贾。在上海开埠之前，福州路原是通向黄浦江的四条土路之一，1865年再次拓展后，以中国港口福州命名为福州路，俗称四马路。

郑午昌供职的中华书局总局就坐落于此。民国五年（1916），中华书局从河南路南京东路口迁至棋盘街（今福州路河南路转角）新建的五层楼大厦，十间店面，与商务印书馆毗邻。此间，除墨海书馆、世界书局等书局之外，一直到20世纪上半叶，中国最有影响的报纸几乎都集中在了这里。资料表明，仅日报就有《申报》《新闻报》《时报》《时事新报》《民国日报》《新申报》《商报》等十数家。

中华书局之名，既是对革命的纪念，也包含着培育共和国国民的责任感。

陆费逵在《中华书局宣言书》中阐明了宗旨："国之根本，在于教育，教育根本，实在教科书。教育不革命，国基终无由巩固；教科书不革命，教育目的终不能达到也。"中华书局设有编辑、印刷、发行三所，全国及海外有分局四十余处，分销处一千余家。此外还有沪上最大的图书馆以及函授学校等。沪厂员工千余人，香港厂员工两千余人。如此庞大的企业规模，可见创办人陆费逵之雄才大略。

郑午昌初入中华书局，记忆深刻的是小小的"龙虎牌人丹"竟然和中华书局有关。

龙虎牌人丹在老上海市民心中的地位堪比清凉油，是坊间人人必备的清凉解暑药品。龙虎牌人丹诞生的背后，是自强自立的民族精神。这里，就不得不提到清末就传入中国市场的日本"翘胡子仁丹"，因其广告上画的是一个戴着拿破仑式三角帽的军人，两撇向上翘的八字胡子而得名。

中华书局创办后的第三年，也就是民国四年（1915），陆费逵为了"提倡国货，挽回利权"，慨然联手中法药房投资二十万元设立中华制药公司，建厂制造中国的人丹，并委托浙江余姚籍实业家黄楚九先生经营。

中国人丹上市翌年，公司以民间熟知的飞龙与猛虎图腾，创制了体现中国人进取精神和王者气概的"龙虎"商标，并呈请民国政府颁照，成为国内第一枚由政府认定的规范的医药商标。

陆费逵。

中华书局的创始者，三十年的执掌者，堪称是中华书局的化身。

陆费是复姓，以陆、费联姻合姓为氏。陆费一族为官者甚多，太高祖陆费墀曾于清乾隆年间任《四库全书》总校官，可谓书香世家。1886年，陆费逵出生于汉中。六岁时，父亲陆费文光入江西南昌府幕，遂移家南昌，母亲是李鸿章侄女，颇识诗书。

陆费逵天资聪颖，幼时受母教五年、父教一年、师教一年，基本上受的是家庭教育，至十二岁即独立自修，陆费逵自己也曾说过，"我一生只付过十二元学费"。当年他在南昌开办书报社，单日在家修旧籍，双日则去书报社阅读新书，携带干粮充当午饭。

陆费逵女儿陆费铭琇回忆，父亲十七岁步入社会，在南昌自己集资办蒙正学堂八个月，十八岁到武昌，结识廖仲恺等革命党人，接受进步思潮，与革命党人组织日知会，起草会章，任评议员。又自办新学界书店，出售革命书籍，并在经济上接济被捕入狱的革命党同志。后来，陆费逵在汉口《楚报》任主笔。因抨击时政，遭湖广总督张之洞查禁和通缉。据说陆费逵听闻消息后，鞋都来不及穿，一双拖鞋便踏上轮船去了上海。光绪三十四年（1908）秋，即商务印书馆成立十一年之后，陆费逵应聘任职，成绩斐然。

商务印书馆至今仍留传着陆费逵的"婚礼趣事"。

说的是宣统二年（1910），由惜才如命的商务印书馆元老高梦旦大媒，将其毕业于爱国女校的侄女高君隐介绍给陆费逵。

此处，不妨荡开一闲笔，说说高梦旦其人如何爱才。

高梦旦，晚清秀才，时任商务印书馆出版部编译所所长。五四运动后，五十一岁的高梦旦自认对新学"所知不多"，主动辞去商务印书馆编译所所长职务，并亲赴北京，邀请不满三十岁的北大教授胡适前来担纲。胡适虽未上任，但推荐了他的老师王云五。说到这个王云五，十七岁便能通读《大不列颠百科全书》，先后在上海同文馆、中国公学等校教授英文，曾任南京临时大总统府秘书，对胡适亦有提携之恩。

与王云五一样，高梦旦识才，亦爱才如命。他曾提升青年沈雁冰任《小说月刊》主编。血气方刚的沈雁冰向他提出了三个要求："一是现存稿子都不能用；二是全部改用五号字；三是馆方应当让其全权办事，不能干涉编辑方针。"高梦旦则全部应允。不禁令人联想起经亨颐与青年李叔同"必须给每位学生配备一架风琴"的故事。

继续说陆费逵与高君隐的这段佳缘。

据蒋维乔《民元前后见闻录》记叙："伯鸿2月11日入赘高氏，仅一男媒送之登门，一举无动，亲族皆不知之，编译所中同事更无所闻。及12日早晨，伯鸿照旧到所办公，且在所中午膳，不归去伴食，为所同人所知，皆讥其不近人情。余随占一绝一调之：'底事翻翻陆伯鸿，昨宵婚媾太匆匆。百花生日春光好，辜负香衾来做工。'"

蒋维乔是晚清秀才，光绪二十七年（1901）投身商务印书馆编译所，历时两年，编成全国首创的《最新初小国文教科书》。后来，应蔡元培之邀任教育部秘书长。言及陆氏"婚礼趣事"，蒋氏深有感触地说："于此小节，可见陆氏为人之奇突，其能创造中华书局，非无因也。"

说到推荐郑午昌的张相，在中华书局有一段"张相退休不回里"的佳话。

民国二十五年（1936）底，张相年满六十岁，在中华书局已经服务了二十年以上，便按照规定申请辞职退休。陆费逵收到请辞报告后，便发函编辑所长舒新城："编辑所副所长张献之先生函请辞职养疴，弟已函复准其解除副所长职务，以免琐事烦扰；惟不许其回里，以便整理《辞海》，并校改教科、参考等书。仍送原薪，有病许其不到，不扣薪。"

此举，在中华书局的历史上或许也是一个仅有的特例。可见张相对中华书局的特殊贡献与陆费逵的倚重之深。

接任副所长的金兆梓，是清光绪二年（1876）贡生，毕业于京师大学堂，年长郑午昌五岁，浙江金华人，与郑午昌可算是大同乡。金兆梓在金华府中学堂读书时，张相为其师，与郑午昌可谓是异校一师门下。更巧的是，金兆梓与郑午昌同一年入职中华书局编辑所，同为文史编辑。

金兆梓曾对张相有评："献之先生所著《诗词曲语辞汇释》将古人所作诗、词、曲中各种疑难之'字'，以浅易之文笔解释得明明白白，若非真才饱学之士，焉能及此。无怪此书一出，令人倾倒。"金兆梓的这段话背后亦有个小插曲，说的是张相编著的《诗词曲语辞汇释》在付印前，新华书店进货人员担心没有销路，只答允预订五百本，不料一再重印，销售量竟达十五万本有余。

陆费逵爱才若渴，知人善任。曾任香港中华书局印刷厂厂长兼技师长，以雕制民国中央银行孙中山头像闻名世界的雕刻家赵俊，对当年的编辑所众多人才如此评价：

张献之先生，品学兼优，深为该所同仁敬仰，桃李盈门。

金子敦先生 1942 年任总编辑兼编审部部长。

黎锦晖先生主编的《小朋友》风行全国。

钱歌川先生学贯中西，乃中国名教授。

高云塍先生书法家，曾写小楷八千余字刻成铜模，为中华印刷别开生面。

郑午昌先生之书画及审定名人字画功夫颇为张大千称道。

陈仲献先生，熟知资料来源出处，有活资料之誉。

葛传椝先生，造诣甚深的英语学者……

中华书局的与众不同之处，还在于全局数千人大多都要通过考试，无所谓等级，更无所谓亲贵。据郑孝同对父亲的回忆，中华书

中华书局内部刊物《进德季刊》收录郑午昌早年山水画作品

局对编辑所格外照顾，每天工作六小时，多出的两小时以便编辑人员业余自修。除接洽公事外，编辑室内总是静悄悄的，而在工作之余，偶得一点闲谈机会，大家便自由自在地谈作一堆，气氛甚洽。

中华书局的文化追求与学书氛围对郑午昌的影响不可谓不深。

最初，郑午昌的主要工作是编辑高中外国地理课本，参与编辑《辞海》。由于郑午昌担任过小学校长，他与吕伯攸合编《小学堂初等用书·新中华党义课本》八册课本时自然得心应手。郑午昌投身中华书局的第七年，年仅三十六岁的他出版了被蔡元培誉为"中国有画史以来集大成之巨著"的《中国画学全史》，见重艺林。

郑午昌投身中华书局的十年后，汉文正楷印书局股份有限公司在上海正式成立，郑午昌任书局总经理。此为后话。

艺专教授

《郑午昌年谱》记载："郑午昌在民国十一年（1922）后，曾担任上海美专、杭州国立艺专、新华艺专、苏州美专等美术学校的国画系教授。"

仅吴越之地牵连起郑午昌文化生命的，就有四所美术专门学校，可见全国美校之兴盛。诚然。20世纪初期，我国受西方美术教育思潮的影响，先后诞生了一大批新型的美术学校，颇有云蒸霞蔚之大观。上海得地利之便，开风气之先，而这其中就活跃着郑午昌的身影。

民国元年（1912）冬天。

年轻的刘海粟深受蔡元培美育思想的影响，与乌始光在毗陵（常州）计议创立美术院于海上。他们在《上海图画美术院宣言》中特别指出："我们要在极残酷无情、干燥枯寂的社会里，尽宣传艺术的责任。因为我们相信艺术能够救济现在中国民众的烦苦，能够惊觉一般人的睡梦。"

宣言的这段话，透露出的是"艺术"在民间的生存困境。今人的确很难想象，在当年艺术被大众认为只是一种雕虫小技而已。尤其是刘海粟等人首创的大专院校男女同校，打破了封建陋习，引起了社会极大的震撼。其首创的裸体女模特人体写生，更堪称石破天惊之举。

刘海粟在《美专十年回顾》中回忆："每年来学者至多十五六人，少只三四人，可谓冷清之极，但我们虽然聚集了仅三四人、十余人，感情却异常亲密，精神异常振奋。这些人都是极纯洁而有真正艺术趣味之好青年，大家本着全副精神去寻思、去逼挣，真有不容片刻偷闲之概。"

中国近现代史上的许多重要学者、文人、政要却纷纷站了出来，鼎力相助。刘海粟恩师康有为为上海美专亲笔题写"存天阁"匾额；对刘海粟有知遇之恩的蔡元培亲自撰写校训"诚实"和"闳约深美"的治学牌匾，并为美专谱写校歌。蔡元培、梁启超、黄炎培、孙科等曾任校董，郑午昌也在那时加入了美专。这所私立性质的学校，在当时凝聚起了一批卓越的艺术师资。

民国十五年（1926），上海仅有的这所美术学校在学运中被迫停办，一大批失学青年呼吁要求另办美专。

是年12月，新学校在上海金神父路（今瑞金二路）南端建立。学校初定名新华艺术学院，有国画、音乐、艺术、体育四个系，第一届招生三百余人。民国十七年（1928）更名为新华艺术大学，翌年秋，又更名为"新华艺术专科学校"（简称"新华艺专"），增设女子音乐、体育系。

民国二十年（1931）冬，原上海美专教授汪亚尘偕夫人荣君立旅欧考察艺术回国，在上海举办旅欧画展。新华艺专同仁邀其来校共谋发展艺术教育事业，汪亚尘欣然应允，并提出重组校董会，聘请社会名流担任校董。

新华艺专校董会于翌年2月成立，校董有：于右任、蒋百里、史量才、黄宾虹、李叔同、潘天寿、朱屺瞻、郑午昌、徐朗西、徐悲鸿等，皆为一时社会名流，声誉卓著。

"东南形胜，三吴都会，钱塘自古繁华。"宋人柳永的词。

钱塘，指的是今天的杭州。千百年来，杭州独特的江南之美、山水之美、意境之美，令无数墨客骚人在其身边流连吟咏，"山外青山楼外楼，西湖歌舞至今未休"。山水佳处，葱茏树木掩映着一所中国最早的国立美术学校之一，杭州国立艺专。

说起国立艺专的诞生，自有一段故事。

民国初年，因北平时局不稳，国立北京美术学校林风眠、徐悲鸿等人先后辞去校长职务，而广州市立美术学校也因种种原因难以有较大作为。其时，二度出山担任教育总长的蔡元培认为，"应在长江流域再设一所国立艺术大学"。

时年二十八岁的林风眠，是蔡元培亲点的校长人选。

林风眠六岁入私塾，九岁入小学，十四岁入省立梅县中学，十八岁中学毕业赴上海，后由法华协会选送赴法国勤工俭学。林风眠在巴黎斯特拉斯堡举办的中国美术展览会上，结识了蔡元培。法国归来后，林风眠致力于改造艺术教育与艺术运动，实践蔡元培"以艺术代宗教"的理想。

民国十七年（1928），蔡元培在杭州开办中国美术学院（时称国立艺术院），并且亲自题写校名，还在开学典礼上与蒋梦麟、吴稚晖等人一道向学生发表演讲。林风眠秉承了蔡元培"兼容并包"的办学思想，以"介绍西洋艺术，整理中国艺术，调和中西艺术，创造时代艺术"为办学宗旨。

学校在成立之初即获得了良好的基础，以林风眠为主的一批有着丰富办学经历的师资从北京来到杭州，并与江浙沪一带的名师、画家交往密切，师资力量雄厚。在《中国美院七十周年纪念文集：烽火艺程》序言中，就提到了以下信息。

校长：林风眠、滕固、吕凤子、陈之佛、潘天寿等。

教务长：李有行、傅雷、夏昌世、方干民、李剑晨、蒋仁、丰子恺、吴茀之、柳亚藩等。

中国画教师：诸闻韵、黄君璧、黎雄才、傅抱石、张书旂、李可染、潘韵、诸乐三、郑午昌、黄宾虹。

西画教师：吴大羽、常书鸿、吴作人、朱德群、关良、赵无极等；雕塑：刘开渠、王子云、王临乙、萧传玖等；图案：雷圭元、庞薰琹、沈福文、谭旦冏等。

如此教师阵容，足见杭州国立艺专在当时国内艺术教育领域的地位。

该看看苏州的风景了。

苏与杭，吴与越，皆是人间天堂。

而如果要说天堂有底色的话，那无疑就是笔墨丹青的底色。是美，是美育的内在精神力量，外化为这片山水的烟雨晴岚湖光波影，芳草碧连天。

苏州美专。颜文樑。

颜文樑出生在苏州一个画家家庭，自幼受到艺术熏陶，十六岁考入上海商务印书馆学习刻印、制版和印刷技术，后转入图画室学习西画。自沪上返苏后，颜文樑从事剧社布景绘制，并潜心自学研习油画，十九岁时就用自行试制的油画颜料创作出第一幅油画《石湖串月》，艺术感染力至今仍让人赞叹。

颜文樑年长郑午昌一岁，近而立之年。

郑午昌进入上海滩那年，正是颜文樑在苏州创立苏州美术暑期学校之年（即后来的苏州美术专科学校）。

学校创立伊始，颜文樑即提出"忍、仁、诚"三字作为"校训"，以期达到真、善、美的高尚境界。初时，办学经费异常困难，甚至连点灯费也没有着落，靠空火油铁皮箱卖得大洋二角，才得以购买灯油。据说，有一位前来报到的湖南籍新生，持铺盖卷到校住读，但见校舍如此简陋，大失所望，下午便卷席而去。

苏州美专的西画教师，以创业者颜文樑、胡粹中、朱士杰三人为主，苏州当地人谐音称为"眼乌珠"。当年，学校所有开办费用均由颜文樑在外校兼课所得的薪金支付，教员则全尽义务。后来因颜文樑的温良恭俭让及长寿，博得德高望重的声誉，遂有"颜老夫子"之称。

苏州美专创办后的第二年，直、皖军阀齐燮元、卢永祥打响江浙会战，震动苏州全城。颜文樑仅随身携带小提琴和法国制粉画纸一卷出走上海滩。10月，战争结束之后，颜文樑返回苏州。

民国十六年（1927），北伐革命已经成功，新上任的苏州公益局长恰是颜文樑的学生。颜文樑应公益局之聘，任沧浪亭保管员，并受命筹设苏州美术馆，苏州美专遂从县立中学迁入沧浪亭内。据校友回忆，新校西面是水木清华的沧浪亭，东面是罗马式的艺术之宫，中间有门相通，浑然一体，"藕花水榭"辟为美术陈列馆，"面水轩"为会客室，曾接待过徐悲鸿、梅兰芳、章太炎诸君，"五百名贤祠"则是当年的国文教室……

越年，颜文樑赴法国留学。归来后，即参照西方美术院校的教学方法来改造苏州美专，提出了"中西合璧，造就人才"的方针，遂使苏州美专成为20世纪30年代著名的私立现代美术学校。

1938年春，颜文樑应在沪学生邀请，于王家沙某小学租得教室一间，开办苏州美专沪校。

当时很多学生付不起学费，教师全部义务教学，颜文樑将自己卖画所得资金大部分用于办学。有的教师在外校兼课，有的从事其他工作来维持生活，师生在艰难困境中同甘共苦，一直坚持办学到抗战胜利。此为后话。

不少学生纷纷投奔而来。有同学回忆道："为了不愿向鬼子鞠躬，宁愿不乘火车，而改乘常熟浒浦口的长江轮船。但是当我在外滩登岸时，却劈面碰到'三带头'的'抄靶子'，即英国巡捕的搜身，竹布长衫被他撕破，旧皮箱被他踢翻，衣服物件狼藉满地。这就是大上海送给我的见面礼。那种令人发指的气愤，令人难忘。"

苏州美专沪校，除了开设中国画和西画课程以外，还开设了解剖、透视、色彩学、美术史以及外语、国文等课程。郑午昌、陈从周、茹茹等人亦参与教学。

郑午昌、陈从周自无须多言。茹茹却是何人？

茹茹，曾任上海市军管会文艺处美术室主任。

筹建上海自然博物馆，有他；查实中国共产党第一次代表大会会址，并恢复原状，成立纪念馆，有他；协助有关单位整理恢复了中山故居，有他；接办了华东文化部移交的文物仓库，加强了从废铜废纸中抢救文物、文献的工作，有他。

王安忆在《我的大舅沈之瑜》一文中回忆道：

> 我的大舅舅，原名茹茹，后改名为沈之瑜，生于1916年，浙江绍兴人。在他的履历表上，家庭成分这一栏为工商业主，而在出生于1925年的我母亲茹志鹃的履历表上则为城市贫民，由此可看出，他们这个家庭败落的速度。
>
> 我大舅舅自幼喜爱美术。听我四舅舅说，小时候，大舅舅与二舅舅吵架，撕了二舅舅的扑克牌，二舅舅的反击是，撕了大舅舅的速写本。丁聪先生至今记得我大舅舅的小名，还记得最清楚的一个细节是，我大舅舅向他们问道："画什么最难？"然后拎起一件衣服往地上一扔，自答说："画这个最难！"

综观民国早期中国美术学校创立与发展的心路，一段又一段地连接起这批年轻人上下求索、道阻且长的图像，仿佛是一幅幅教育朝圣者的《蜀山行旅图》，让我们真切地触摸到了在那个动荡的时代里充满活力、吞吐万汇的生命群像。

第四章
早期结社

雅集于今真不易，深杯莫付主人情。

——郑午昌题画诗

集社遗风

不妨回到两千多年前先秦，走进《诗经·小雅》的风景里。

王在原野上燕乐嘉宾。听得见呦呦的鹿鸣，看得见鹿群在品食香蒿，闻得到主人的美酒香醇诱人。吹笙鼓簧、献礼馈赠、德音以扬。欢快的气氛穿越千年而来。《小雅》首篇描写的此情此景，应该可以视为中国最早的雅集形态。后来，逐渐由庙堂推广到民间。

史书上的相关记载，大抵始于汉武帝时期，至宋、元时期文人结社风气开始盛行。明末清初，几社、应社、复社、兰社诸多文社、诗社大量涌现，成为文人士大夫日常生活不可或缺的一部分。其中，最为著名的有三国时期的邺下雅集、唐代的滕王阁雅集、晚清的都下雅集等数十个雅集，而尤以兰亭雅集、西园雅集、玉山雅集最具代表性。

东晋永和九年（353）。

三月初三"上巳节"。

会稽郡山阴县之兰亭。

崇山峻岭、茂林修竹间，蜿蜒曲折的溪水两旁，四十多位名士席地而坐。盛着美酒的陶觞，在曲曲折折的溪水中顺流而下。流觞在某人面前停滞不动，有书童或仕女用捞兜轻轻将觞捞起，那人痛快地将酒一饮而尽，即兴赋诗一首。陶觞复被放入溪水……

这便是著名的"曲水流觞"典故。书圣王羲之在"微醉之中，振笔直遂"写下的《兰亭集序》带着远年酒香陈郁地流觞流传至今。至于哪些人写了哪些诗，其实并不重要，纵使时代变迁、诗卷流失，但人的情怀与思想情趣不会变，我们依然会由《兰亭集序》生出共情的感慨。记得1942年郑午昌在上海曾写有一幅《兰亭禊事图》（见彩图17），题识为"安排局更煎茶，小叙山林逸兴县。莫艳兰亭修禊事，群贤大半是无家"，可见其见识的非凡。

宋神宗元丰元年（1078）。

驸马都尉王诜西园。

松桧梧竹。水石潺湲。炉烟方袅。

此地文人雅士风云际会，皆为当世之名流：苏东坡、黄鲁直、秦少游、米襄阳、晁无咎……宾主十六人以及一众侍姬书僮。看书题石、打坐问禅、吟诗赋词、挥毫泼墨、抚琴唱和，极宴游之乐。龙眠山人李公麟乘兴作《西园雅集图》，米芾在《西园雅集图记》中感慨："人间清旷之乐，不过于此。嗟呼！汹涌于名利之域而不知退者，岂易得此耶？"

元至正八年（1348）。

昆山名士顾瑛在玉山草堂招集巴城玉山雅集。

参加雅集的人士，几乎囊括了元代后期的书画家、戏曲家等知名人士，近二百次活动时间长达三十年之久。空前持续的文化盛会，可谓"文采风流，照映一世"，甚至影响到日后的海派文化。

据杨逸《海上墨林》记载，自宋至清在上海寓居的本土及外地金石书画家就有七百四十一人，"沪渎繁会，甲于海内。其间善人之疏财仗义，济困扶危，名士之提倡风雅，保存国粹者，联袂以来，接踵而起"。有清一代，上海先后出现了墨林书画社、平远山房书画社、文明书画会、海上书画公会、豫园书画善会、海上题襟馆金石书画会等不少金石书画社团，可视为传统文人雅集余绪。

清末民国初，上海书画家的结社活动，从最早的文人雅集逐渐转向集艺术活动、商业操作及慈善活动于一体的新文化艺术氛围。涌现出一大批百川国粹、中西融合的绘画社团，诸如天马会、长虹画社、白鹅画会、上海寒之友社、巽社、贞社、蜜蜂画会、中国画会、九社等，一时蔚成大观。

巽社 /《鼎脔》周刊

民国十四年（1925），郑午昌加入巽社。

那年，是郑午昌到上海滩的第三年，也是其最早参加的沪上社团。从此，开启了郑午昌从最初的社团参与者，到后来成为最著名社团的发起者、组织者的心路历程。

巽卦。周易第二十卦。

传统解卦为"异卦"。此卦，下坤上巽相叠，风行地上，喻德教遍施。观卦与临卦互为综卦，交相使用。在上者以道义观天下；在下者以敬仰瞻上，人心顺服归从。

新成立的巽社，是当年上海较大的综合性书法社团，该社以"究讨金石书画诸学术"为宗旨，开展学术交流和作品观摩，以及书籍、书画、碑帖收藏等活动。社员有吴昌硕、齐白石、姚茫父、邓尔雅、袁寒云、俞剑华、黄蔼农、康有为等人。

巽社由浙江名士王季欢主持会务。

王季欢善书法、喜金石，祖居长兴仁寿堂，藏书甚富。民国三年（1914），王季欢将历年所刻印章四百万枚辑成《薛庐印存》四册问世，影响甚广。后来，王季欢因购得七世祖王继贤知蒙城时所刻《古蒙庄子》一书，遂将藏书楼取名"诒庄楼"，以示不忘先祖之志。据说，王季欢在北洋政府担任财政部金事期间，常偕夫人光顾琉璃厂隆福寺"搜求善本书籍，旁及钟鼎甲骨，盈屋充栋"。

是年，巽社《鼎脔》创刊。

该刊为美术周刊，主要介绍碑碣砖瓦、书画绣织、鼎彝印玺、钱镜兵器等古玩收藏。《鼎脔》是民国时期较权威的艺术刊物，在当时如蔓草般生长的杂志和画报丛中别树一帜。《鼎脔》影印的书画及金石拓本，所用的都是较为高档的胶版纸（旧称道林纸）。从创刊号至第六十一期止，内存许多文房四宝，民国文人书画家作品介绍及书画家约件润格，颇具史料价值。该刊远销朝鲜、日本及东南亚地区。

《鼎脔》刊名由鹤山词人易大庵手书。易大庵曾任孙中山秘书，国民党党

《鼎脔》书影

歌亦是他的作品。易大庵对诗古文辞、金石书画、词曲篆刻，以及训诂、声韵、法学、佛学，无不精湛渊博，著作亦颇富。

《鼎脔》的报头题签，则时常更易，百花齐放、各臻其妙。康有为、姚茫父、齐白石、俞剑华、吴昌硕、袁寒云等人都曾为之执笔。郑午昌亦曾为《鼎脔》刊头题字并撰写系列文章，如《鹿胎仙馆杂录》等。

是年10月，巽社举办"同人书画展览会"，展出书画名家吴昌硕、黄宾虹、袁寒云、郑午昌、俞剑华等数十人作品，获得社会人士的赞誉。然而，在当时大多数人"多注意画及金石，而于书若无睹"无所谓书之一艺。

郑午昌以其文化自觉与文化使命感，站出来朗声发言。

在《蒙奈氏风景专号》上，郑午昌发表了《不可忽视之问题——书》一文：

> 大地万国，未闻以书法列入艺术之门；有之其惟吾国。是实吾国艺术之特色，亟当尊视光大，以绚耀于世。往哲视书重于画，论画法必及书法。明李日华曰："画学必在能书，方知用笔。"王世贞曰："郭熙、唐棣之树，文与可之竹，温日观之葡萄，皆自草法中得来。"诚以士大夫欲写胸中之所有，固非描绘之工所能画。能运用书法以入画法，则笔自多姿，墨自生趣。西洋不知书，学画者，皆以素描为基本练习。吾国画之基本练习，即在于学书。故能书者，不必善画，亦不难善画；善画者，则非学书无以善其画。杨维桢曰："书盛于晋，画盛于唐，宋书与画一耳，士大夫工画者，必工书，其画法即书法所在。"唐六如曰："工画如楷书，写意如草圣。世之善书者多善画，由其转腕用笔之不滞也。"夫以书法入画法，此士大夫画

之所以异于常工；亦即中国绘画生命所托，以特着其灵妙者也。日本自唐以来，好学中国画法，迄今未衰，然按时代，举其画迹以较吾国人所作，终觉其气息浅薄。是非日人为学之不忠，实以日人学中国画法而未尝习中国书法为之基本故也。

　　现代吾国以书名者，寥寥；画家之善书者，更未曾见。今年教育部全国美展，书画金石并征，而书件之数，不及画件百分之一……且展览阅月，观者与评者多注意于画及金石，而于书若无睹，亦足见一般人心目中之无所谓书之一艺。于是反观吾国现代之绘画，即以不学书法为之基本，故东涂西抹，狂怪甜俗，多有不堪入目者矣。

如果概括一下，郑午昌讲的大致有这样几层意思。

一是将书法列入艺术之门的只有中国，这种特色应该尊视光大。

二是论画法必及书法，这是中国文人士大夫之传统，亦是中国绘画生命所托。

三是日本自唐以来好学中国画法，然未尝以习中国书法为根基，故终觉其气息浅薄。

四是近代中国以书法名者寥寥，画家之善书者，更未尝见。

五是一般国人心目中之无所谓书之一艺。

六是近代中国画家不乏不学书法东涂西抹、狂怪甜俗之辈。

郑午昌此文虽短，却针砭时事，足以醒世。

郑午昌日后所著《中国美术史》第五章专论中国书法，从书法起源一直写到晚清，横跨几千年，洋洋洒洒近万言。此为后话。

一切精神文化都需要有物态的载体。纵观"大地万国"，只有中华民族几千年仅用一种简而朴、深而厚的永恒黑色，描画出属于自己的美学曲线，并成为了华夏山水永久的生命线。

郑午昌指出，国人习书的过程，不仅仅是得形、得气的过程，也是提升美学品格的过程，更是人格修炼的过程。古人"古墨轻磨满几香，研池新浴照人光""喜怒窘穷，忧悲愉佚，怨恨慕思，酣醉无聊不平，有动于心，必于草书发之"，这无疑是中国传统文人士大夫的生命状态与中国书法美学中的生命意识。

郑午昌还对当时的书法名家进行了点评。

他认为，康有为的书法结体宗《石门颂》《石门铭》，而运以干墨枯劲之笔，字以气魄胜人，他人学之则蹶。郑孝胥的字学苏东坡，笔画丰茂，后来参以《李超墓志》，骎骎入古。罗振玉的小行楷，是学翁覃溪，也擅书帖的考据，又能小篆。到了清末，写篆籀最著名的是吴大澂；入民国后，推金梁为翘楚。书画同源，画家朝夕染翰，书法自然也有进境。实际上确实有不少画家书画皆擅，只不过是因其画了得，书名为画名而掩罢了。

郑午昌在《近代书人》一文中郑午昌品评道：

> 高剑父的书画，奇崛可喜，但多少染上日本风味，也随处流露粤人的特性。徐悲鸿颇以书画自诩，可是似乎没有怎样了不起。张大千是清道人、曾农髯的学生，笔法不出他二人的范围。溥心畬的行楷隽美，徐石雪的赵字功力很深。王一亭行书学吴缶老，而逊其苍古。近年活跃于上海画坛的杭人唐云，画固然出群，书法也是俊秀可喜的。女画家中，顾青瑶是顾若波的女孙，通小学，能篆刻，写篆籀文很工稳。李秋君的书画，从恽南田入手，画虽数变，书法仍是恽派。张红薇精工细花卉，字学褚河南。周

炼霞的赵字，功力虽有，而结体太平庸了。

走笔至此，不妨荡开一笔，寻踪起郑午昌的书法艺术追求。

郑午昌自少受私塾旧学浸润，由经学启蒙而入诗，由书法而入画法，故后人有诗、书、画"三绝"之美誉。郑午昌的书法，初宗褚遂良瘦硬清挺，后融颜真卿的宽绰厚重，还学苏东坡、米襄阳，兼采宋徽宗的瘦金体。可见郑午昌的书法与他的画学观一脉相承，不为一宗一派所囿，既有传统书法的师承，又有"不让人"的自家风范。

可以说，在同时代的书画家中，郑午昌的书法迥异侪辈，独树一帜。观其诗文手稿和画款题识，纸间弥漫着书卷气，时而王、褚，时而米、苏，时而黄、赵，可称之为纯学者之笔，终成其流畅爽丽，典雅中不失宽绰之书风。

郑午昌在《画家之学养》一文中，除了看重"笔墨亦由人品为高下"的"立品"之外，还强调"习字"的重要性。

郑午昌指出，王献之的一笔书"一笔运气，隔行不断"，南朝宋陆探微一笔书的"精利润媚，新奇绝妙"。南朝梁张僧繇依卫夫人《笔阵图》，点曳刷拂，一点一画，钩戟利剑，森然可念。画圣吴道子授其笔法于张旭，"亦可知书画之笔法有相同也"。郑午昌认为，元代柯九思写竹，干用篆法，枝用草法，写叶用八分法或颜鲁公擎笔法，足见书法与画法相通。工画如楷书，写意如草圣，不过执笔转腕之灵妙，所以世之善书者多善画，在于转腕用笔之"不滞也"。如果人能知善书执笔之法，便能知名画笔迹也。

在郑午昌的题画中，最能见其"郑虔三绝"的才华。

郑午昌最推崇的是金农的题画诗。可见他对题画诗的风格追求：

题画甚难，无论诗词长短句小记，须从画中写出而得画外之味，否则徒以伤画，虽书法甚佳，亦了不相干。冬心先生有蔬果十余卷，每种有题，余最爱其题萝卜云："山萝卜，割玉之腴味最清，谱食经，东坡居士骨董羹。"大小芋云："雪夜深，煨芋之味何处寻。啖一半，领取十年宰相看。"笋云："夜打春雷第一声，满山新笋玉棱棱。买来配煮花猪肉，不问厨娘问老僧。"莲蓬云："荷花开了，银塘悄悄新凉早，碧翅蜻蜓多少。六六水窗过，扇候微风。记得那人同坐，纤手剥莲蓬。"西瓜云："行人午热，此物能消渴。想着青门门外路，凉亭侧，瓜新切，一钱便买得。"菱云："两头纤纤出水新，无浪无风少妇津。斜阳依旧，偏不见采菱人。"枇杷云："橛头船，昨日到洞庭。枇杷天下少，额黄颜色真个好，我与山翁同一饱。"

郑午昌自己的题诗，往往从画意而出，或抒情感慨，或明以画理，或晓之伦理。后书详叙，此处不表。他题写的书法，也往往因画而异，譬如，若是仿吴昌硕的《牡丹图》，即用缶翁当时的书法风格题记；若是泼墨《白菜图》，多用行草题书；若是较工的《仿韩滉五牛图》（见彩图15），徽宗的瘦金体是首选；若是古雅的《梅竹图》，则用倪云林一路的题跋楷书……

或许可以这样说，郑午昌的书法根基与美学追求，更是日后"郑杨柳"千丝万线笔笔不苟的厚重底色。

话题再说回《鼎脔》周刊。

《鼎脔》发刊数期后广受欢迎，各方来稿甚多，故特增刊《鼎脔副墨》。郑逸梅在《书报话旧》记录了一桩由《鼎脔副墨》引出的趣事：

　　大庵（易大庵）素来喜写古体字，副字右边不从刀，而是左边从衣写成古体的"福"字。有一位先施公司姓谭的职员，误认为"福墨"，还特地书写了"鼎脔福墨"四字，并附一信寄给编辑部，"贵社报头福字写错，特义务代写两张，请为制版登出，以免文字堕落，贻笑大方……"恰值王季欢、俞剑华、陆自在等正在聊天，王说："这位老谭在先施做事，想是广东人，就请我们这里的广东同乡陆自在主稿覆他一信，连同题字，下期一并发表，作为公开答复以正视听吧。"众人听罢，皆大笑。

　　《鼎脔》所订的第一份鬻画润例，由吴昌硕、章一山、柯凤荪等人共同制定。在郑午昌润例前的小启中有一段评价：

　　　　郯中郑午昌，诗文之暇，雅研六法，山水功夫，造诣最精。重之为层峦叠翠，简之为古木荒烟，明暗攸分，虚实兼至，深得痴翁、迂老之秘。

痴翁，即元代画家黄公望。幼有神童之称，晚年水墨画，运以书法中的草籀笔法，有水墨、浅绛两种面貌，皴笔不多，苍茫简远逸迈，风格苍劲高旷，气势雄秀，有"峰峦浑厚，草木华滋"之评。迂老，即元代画家江苏无锡倪云林。早年画风清润，晚年变法，平淡天真。疏林坡岸，幽秀旷逸，笔简意远，惜墨如金。

　　是年，郑午昌三十二岁。吴昌硕等人共同认为郑午昌"雅研六法，山水功夫，造诣最精""深得痴翁、迂老之秘"。郑午昌亦在《题当代名家山水卷》绝句中写道：

> 痴迂残懊各名家，尺幅千金询足夸。
> 侪辈几人堪赵选，晓天星斗暮秋花。

表达了对黄公望和倪云林的推崇之意。郑午昌《题陆廉夫仿大痴册》诗云：

> 画到晚清势不驰，争从披发弄新姿。
> 苍浑谁似先生笔，犹有规矩见大痴。

江苏吴江陆廉夫，初为清代民族英雄吴大澂幕府，后从军出关，饱览名山大川，善山水、精鉴赏，亦是大收藏家庞莱臣和盛宣怀的主要掌眼人。郑午昌此诗，表达了对陆廉夫仿黄公望笔意的肯定。

民国十六年（1927），正值《鼎脔》周刊编至六十期，因突发奇祸而被迫停刊。

起因是《鼎脔》接印了一批上海地下工作者反对新军阀的传单，被人举报后遭警方查封。王季欢为避难，匆忙易服出逃。在日本朋友的护持下，只身前往日本。归来后，王季欢移居杭州，于民国二十五年病逝。著名词学家夏承焘在挽联中喟叹道："万卷杀青迟，刘略班书，望有佳儿续薪火；一旬抛泪别，国忧家难，永怀病榻话悲辛！"

寒之友集社

经亨颐。

郑午昌在杭州读书时的校长。

寒之友集社发起人之一。

经亨颐除教育及民主革命活动之外，兼善金石书画，为西泠印社早期社员。经亨颐在《六十述怀》自注中说："余自幼癖好金石，以棉花浸馆师朱砚为泥，握刀不得法，左手食指痛扎，母问恒饰，父亦能刻，早知之。十五岁之除夕，以刀二柄、石十余方、印泥一盒、书数册，呼颐至其前曰：汝拿去罢。平生最得意事，无逾于此。"经亨颐的书法专攻《爨宝子碑》，功力极深。五十岁后，学画，以松、竹、梅、兰见长，曾于民国十五年（1926）于杭州白马湖畔刻《五十学画》朱文印记之。

民国十七年（1928）。

南京。中山陵。

一日，经亨颐、陈树人、于右任和何香凝于南京中山陵谒陵。

谒陵归，四人合作绘制《岁寒三友图》。

题画诗曰："紫金山上中山墓，扫墓来时岁已寒。万物昭苏雷启蛰，画图留作后人看。松奇梅古竹潇洒，经酒陈诗廖哭声。润色江山一枝笔，无聊来写此时情。"

诗中的"经酒陈诗"自有出处。因为经亨颐平日酒量过人，陈树人诗文奇秀，而廖仲恺则已捐躯报国，"经酒陈诗廖哭声"之句实在是用了三个典故。此后，松、竹、梅"岁寒三友"亦成为"寒之友集社"成员合作绘画中的经典审美意象。

是年5月3日，日军悍然发动"济南惨案"，外交官蔡公时等六千余中国民众被杀害。

暮冬。乱世风雨飘摇，吹彻沪上笙寒。

上海公共租界四马路（今福州路）。

会宾楼京菜馆。

会宾楼是民国时期老上海餐饮名店。此地深藏着无数上海滩大

寒之友集社第二次展览部分与会代表合影：左一为经亨颐、左二为黄宾虹、左三为张善孖、左五为王一亭

亨、富商、名媛、文人雅士们的历史故事。今日，会宾楼将见证上海滩又一个书画社团的诞生。

据1928年12月24日《新闻报》第四版"寒之友集社"消息：

> 陈树人、经亨颐对于书画研究极深，半年来，时时与美术界刘海粟合作，兴味极浓，兹为提倡中国艺术起见，组织寒之友集社。
>
> 前日由经亨颐、陈树人、刘海粟、徐西朗四人，在会宾楼宴请海上书画家，到者有王一亭等三十余人，当即全数签名入社，为基本社员。并通过章程及第一届展览会细则……假宁波同乡会举行"第一届美术展览会"，海内金石书画家均可自由出品……马孟容、郑午昌、方介堪担任文书主任。

此处，再续一段关于经亨颐与郑午昌的轶事。

民国十一年（1922），也就是郑午昌到上海那年的冬天，经亨颐在杭州风景秀丽的白马湖畔创办春晖中学，聚集了一批富有学养的文人雅士，如夏丏尊、丰子恺、朱光潜、朱自清等，该校遂成为实现经亨颐理想的"一所世外桃源式的学校"，被时人誉为"南有春晖，北有南开"。

郑午昌
《长松山房图》题诗

经亨颐主持春晖校务期间，曾于西齐岙山麓长松之下筑室自住，号"长松山房"。民国十八年（1929）九月，何香凝出国前绘制《青山红树白马湖》赠经亨颐。越年七月，郑午昌写《长松山房图》及题诗一首：

风景天然入画图，两三松树一茅庐。

哦诗把酒谁堪共，云满青山水满湖。

诗后记曰："颐渊先生筑别业于白马湖畔，颜曰'长松山房'，尝自为诗以乐成焉，喜湖山之有主，与猿鹤分长春，爰为之图。并步元韵奉题。一笑。郑午昌。"

诗成两年后，柳亚子先生应经亨颐、何香凝之邀，到白马湖小住，在《题白马湖图》中写道："红树青山白马湖，雨丝烟楼两模糊。"越年二月，郑午昌在《新中华》杂志"画苑新语"中，记有经亨颐嘱为《红树青山白马湖图》轶事：

经子渊先生，结庐白马湖畔，曰：长松山房。为诗落成，有"红树青山白马湖"句，嘱为之图，人事牵累，忽忽两阅寒暑，未曾着笔。壬申冬，先生寓寒之友居，适香凝廖夫人，亦自海外归来，时集曼青、大千、梦白诸子，作消寒会。

先生见余，辄索此图，知己雅爱，殊嫌久违，率事点染，又恐弗能获意，因循又复阅月，而始克报命，并步原韵云："此是倪家《清閟图》，两三松树一茅庐。先生自有诗和酒，云满青山水满湖。"盖先生好酒成癖，与陈树人先生之好诗等，一时有"经酒陈诗"之称云。

寒之友集社由经亨颐担任社长。

社名取自其题画诗"此间俱是寒之友"之句，意为勉励社友同仁在金石书法中抒发愤慨，在松竹梅间书写幽怀。

寒之友集社展览会专页，刊有贺天健《寒之精神》一文："本社命名寒之友，析其义，如以人为主，所谓友似为寒人之友，以时为主，则此时适为岁寒之际，而吾社正于此降诞。"

墨池在《新闻报》上的《寒之友的来踪》一文中写道：

> 记得有一幅画，陈树人画菊花，刘海粟补朱石，郑曼青画兰，经亨颐画竹，并题四绝句云："何处幽岩得地宽，移来佳种玉团团。此间俱是寒之友，不道寻常倾尽欢。"所谓佳种玉团团者，言陈的面部很丰满，而所画菊花又浑圆可爱的意思。此间俱是寒之友，尤为同人所亟赏。以是有提议以"寒之友"三字为会名，召集全国文艺之士，共谋中国艺事之开展。

1929年1月11日。

寒之友书画集社第一届美术展览会，在宁波同乡会开幕，为期五天。

宁波同乡会，亦称宁波旅沪同乡会，历史悠久。清嘉庆二年（1797），宁波人在沪创建殡舍，并以宁波四明山之名取名"四明公所"，1911年2月，宁波旅沪同乡会在"四明公所"举行成立大会。

大量的宁波人居上海，是在上海开埠前后。近百年来不乏名流与"大亨"，诸如娱乐业大亨、慈善家"邵老六"邵逸夫，"阿德哥"虞洽卿，五金大王叶澄衷，钢铁大王余名钰，企业大王刘鸿生，颜料大王周宗良，以及开一代新风的宁波"红帮裁缝"等。寒之友书画集社中亦不乏来自浙江的大同乡，如上虞经亨颐，吴兴王一亭，剡溪郑午昌，温州方介堪，永嘉郑曼青、马孟容等人，一时俊彦云集，蔚成大观。

展览会第一日。

近法租界上海老城厢的宁波同乡会人头济济。

自晨至晚，来宾到者约五百人。出品不下三百件，何香凝之雪景，陈树人之国花，经亨颐之水仙朱竹，郑曼青之芭蕉，刘海粟、郑午昌、谢公展等均有精品陈列，可谓一时之盛。

参展者中，或为多年老友，或为数月新交，或向未识荆。参展作品中，或大可巨丈，或小仅数寸；或千山万水，或一丘半壑；或众卉奔放，或枝柯独挺，莫不争奇斗艳，各尽所长。绘画史论家俞剑华观展后对郑午昌的品评是，"郑君午昌山水精微奥妙，梅花白菜则淡雅之中别饶冷隽之致"。

《新闻报》当日即刊登画友参观记：

> 海内统一，风雅斯振。正其时也。余平生酷爱书画，自挂冠而来，益惟此道自遣。儿辈近以寒之友书画展览会见告，既至，满壁琳琅，几有山阴道上不暇应接之慨……归而记之，愿与同好者共赏之。

1月17日，《新闻报》载百熙《寒之友书画会参观记》云：

> 近年海上提倡书画会之精神，日见振作。秋英会甫闭幕，寒之友集又追踪而起。应友人约，来自锡山，参与其盛。入门，即见房虎卿所绘大幅墨龙，波涛汹涌，风雨欲来，夭矫神龙，伸爪欲攫。张善孖所作之虎，亦虎虎有生气，令人对之，有风云际会之思。一亭佛像，待秋善水，老手斫轮，自异凡响。春澍画石，观待题曰："皱瘦透漏，洵费溢美。"

> 公展诸画，菊画最佳，红梅亦挺秀。午昌、瘦铁，皆师石涛，一得其清，一得其厚。汀鹭花鸟，其布局颇有词意，自是隽品。曼青逸致，远绍白阳……西神小屏四帧，深得坡公神髓。月眉荷花小轴，得清于法，无脂粉气……

盛会盛状，宛在眼前。

1931年9月18日。

中华民族历史上又一个刻骨铭心之日。

盘踞在中国东北的日本关东军制造了震惊中外的九一八事变。次日，日军侵占沈阳。不久辽宁、吉林、黑龙江三省的大好河山全境沦陷。后来，有一首歌唱彻长城内外，"我的家在东北松花江上……'九·八''九一八'！……流浪！流浪……"伴随着悲苦怨愤的歌声，东北人民被迫离开家乡，过着流离失所的日子。

上海滩"九一八"之夜。

达官贵人们依然灯红酒绿，纸醉金迷。

司菲尔路百乐门舞厅里，高衩旗袍、香鬓丽影，爵士乐中的轻歌曼舞，空气里弥漫着醉生梦死的气息。上海外滩海关大楼高耸的钟楼上，金石撞击般的英伦威斯敏斯特钟声在夜空中回荡，一声又一声，敲打着黄浦江边的"殖民梦"。

爱多亚路。春耕里。

秋风卷起地下的枯枝与落叶，堆积在墙边的小角落里，打着漩涡。

郑午昌推开"老虎窗"。夜空里冷月半轮，一阵冷风吹了进来。墙上乌鞘剑。桌上素白宣。郑午昌眼前叠印出在日军铁蹄之下的灾民，流离失所，无粮供应，只得剥树皮挖菜根充饥，最后树皮菜根都吃尽……

一任风吹。良久。

郑午昌返身在画桌前奋笔泼墨。不多时，素宣上写就一棵大树，大树的树皮，被剥得只剩枯木。树旁，是一棵白菜。郑午昌题《树皮菜根图》诗曰：

> 秋深时节忆田园，不写牡丹写菜根。
> 富贵浮云人易老，好留清白与儿孙。
> 　　二十年八月初七，剡溪郑昶并赋二绝。

画面左下角，郑午昌钤的一方"鹿胎仙馆画记"朱印，宛若山河破碎下四万万同胞心中的滴血。此画，立刻得到了郑午昌五位好友的共鸣，并纷纷题诗画上：

> 枯木不成阴，浮云何时灭。
> 食菜若尝胆，国耻方可雪。
> 　　　　辛未秋，虎痴张善孖。

万木枯，菜根绝，哀鸿嗷嗷，我心恻恻。

陆丹林。

食尽草根食树皮，苍生千万尽流离。
能将十石买丹青，福慧双修不算痴。

谢公展漫题。

树老余生意，菘肥发晚香。
眼前堪一饱，残墨是仁浆。

谢玉岑题句。

洪水泛中国，人民痛析离。
菜根何可得，万树早无皮。

重光协洽壮月，王师子。

所题之诗，字字句句饱含悲愤之情，爱国忧民之心。

郑午昌与众好友以诗言志，借以《树皮菜根图》来唤起广大民众的爱国热情，伸出援助之手救济水深火热的灾民。

此画，后有一段轶事。且听后事先表。

说的是六十五年后的1996年，有一位名叫张尚清的藏友，在上海沪太路中山北路地摊上购得一幅《树皮菜根图》。当时，他先看画上有郑昶的题字，左下角钤有"鹿胎仙馆画记"印一方，知道就是郑午昌的作品。细看之下，画面内容是一棵树的树皮被剥得只剩枯木，旁边画有一棵白菜，画中有六位画家题诗。

张尚清先生不禁感慨，"画中题诗道出了沦陷区民众的苦难，也表现了画家胸中的无限悲愤。他们的爱国忧民之心，值得后人敬仰和纪念。他们在题诗中书写的文字，也显得忧郁而字带愁容"。

九一八事变，激发起了上海民众规模空前的抗日救国高潮。仅据《申报》统计："从1931年9月18日至12月31日，上海各界团体发出抗日通电、宣言532件；上海各界成立抗日团体101个；上海各团体举行抗日集会138次；上海各界成立义勇军、救护队等49支。此外，1931年11月10日至12月31日，上海各界团体声援黑龙江将士抗击日寇，发出通电128份，组织募款活动118次。"

1933年2月，郑午昌与国立清华大学第一任校长、收藏家罗家伦等人发起捐书画援助东北义勇军活动。《新闻报》发表了题为《全国艺术家捐助东北作品展览》的消息：

> 自组织筹备以来，各方捐助书画者达四千余件，现已定本月12日至20日，在湖社及宁波同乡会同时展览，所得售资、画款捐助东北义勇军，该会工作日来异常紧张，昨日又收到罗家伦书联一件、立轴一件，邵雨襄捐摄影五十二件，郑午昌《且以居士图山水》（郑午昌别署且以居士）一长幅（定价二百元），前四川省长陈庭杰书屏联八件……共计不下数百件云。

同时，沪上"中华妇女救济东北协会"也积极组织爱国妇女开展筹款活动。《新闻报》以《小姐劝销队成绩甚佳》为题进行了报道：

> 中华妇女救济东北协会，为筹款救济东北离难同胞，于二月十日在亚尔培路逸园跳舞厅举行茶舞大会，并为广销票券计，特于昨日组织小姐劝销队，分赴各大公司、各大饭店劝销，成绩甚佳。
>
> "花界陈美美、老七、老八及冰心、绮红、娟红等，均热心认购，为花界倡。此外，月宫跳舞厅加入逸园茶舞

各舞星，计有李素珍、吴爱琳、杨爱娜、张碧霞、小兰英、王瑷、梁琼娟、小北京、乐梅芳、孙丽芳等十人。其余大沪、拉斐、大东、新新各舞厅舞星愿行加入者有百人，均于一二日内即可将名单公布云。

九社

1935年3月，九社在上海成立。

九名社友是：汤定之、符铁年、张善孖、谢公展、王师子、郑午昌、陆丹林、谢玉岑、张大千。九人常聚一处"每两星期轮在社友家公宴、谈艺、绘画以资观摩"，抨击时局，史称"民国九友"。

符铁年曾作《九友歌》，他在序中写道：

> 九友者，九社之主人也。九友虽同居沪滨，而相去各远，恒累月不见一面，乃议立九社，从其数也。社无定所，月两度轮集九友之宅。主人则为具盘飧，设笔砚，相与作画竟日，而籍存之所以资讨论。永欢言，诚乱离浮寄中一乐事也，因赋长歌示同社诸君。

那就先来了解九友的"同社诸君"吧。

武进汤定之，长郑午昌十六岁。幼年失怙，生于清贫。随母习学，年未弱冠而书画皆通。山水学李流芳，善墨梅、竹、兰、松、柏，用笔古雅。自谓云："生平相法第一，诗第二，隶书第三，画第四。"

潮州符铁年，幼承家学，少年便享有书名，七岁写三尺余大字勒于长沙岳麓山壁，八书大字楹联刻于衡阳回雁峰山门。能诗善文，书画尤具功力。

四川内江张善孖，是张大千二哥，长郑午昌十二岁，有"画虎大师"之称。

镇江谢公展，长郑午昌九岁。善花鸟鱼虫，亦善诗词。尤工画菊，有"谢家菊"之称。谢公展与郑午昌等人同为蜜蜂画社组织者。

句容王师子，长郑午昌九岁。治艺谨严，花鸟鱼虫皆善，作诗、治印，均有个人面目。

广东三水陆丹林，同盟会员，南社发起人之一，小郑午昌两岁。陆丹林性喜书画，书法亦极老练。身为报刊名编，擅长美术评论。据说当年齐白石曾托关系赠其画作，欲与之结识，陆丹林以齐白石画作不够"文人"而婉拒。

常州书香望族谢玉岑，谢稚柳兄，小郑午昌五岁。工辞赋，善书画，中年以后特以词名世。书法尤以篆、隶为工，所书钟鼎金文，论者以为"可胜缶翁（吴昌硕）"。

符铁年在《九友歌》中对九友有如此描写："公展合伴渊明居，低首霜杰勤绘摹。绚烂天孙云锦铺，师子花鸟筌之徒（按：五代西蜀花鸟画家黄筌，世称"黄家富贵"），气象生动笔有余。午昌矫矫谁复如，高寒气骨撑竹梧。虎痴兄弟今二苏……"九友中，张善孖、谢公展、王师子、陆丹林、谢玉岑诸君，皆是九一八事变后郑午昌《树皮菜根图》题诗者。

此处，荡开一笔，叙郑午昌与陆丹林一段感人肺腑的艺坛轶事。

民国十六年（1927）上元节。

郑午昌遵陆丹林嘱，为其追忆五年前鼎（顶）湖暮春情事而画《顶湖感旧图》手卷。陆丹林上款，国民政府元老"髯翁"于右任题签，岭南"近代四家"南社黄节题引首。

更令人惊叹不已的是，在郑午昌绘成《顶湖感旧图》以后的十年间，共有黄宾虹、柳亚子、王师子、夏敬观等二十六家题跋，卷尾的女子半身肖像，则为张大千所绘。

卷上雅集，堪称绝代。

观郑午昌《顶湖感旧图》手卷画意：山高云淡。楼阁俨然。群峰排峦。乔松掩映下见一凉亭，亭中一男一女，柔声曼言……传统的笔法、细腻传神，令人赏心悦目。款识："丁卯上元，郑昶。"

题跋所叙述爱情故事尤其感人：

> 萧山韦女士，秀慧绝世，丹林陆子与有白首盟。顾使君有妇，两大难容，雀角鼠牙，讼与阃闼。女士虽愿未尝，而情不渝，更名心丹，黯然远引；丹林亦嗒焉若丧，东走海上。偶话前尘，辄为泪下。而于壬戌（1922）鼎（顶）湖暮春，情事尤萦痼寐，爰属写此图，以志幽恨。余念亡友印仙女士南屏墓草今已九青，有情眷属总遭天妒。陆、韦虽飘泊海角天涯，或当相见，以视死生契阔。则鼎湖山高或不及西湖水深也。鼎（顶）湖暮春倒置。图后三日，剡溪郑昶并记。

钤印："午昌""郑昶"。

一段民国文人情殇故事令人唏嘘感叹。由郑午昌款识可知，陆丹林曾与萧山韦女士有一段未偿所愿的恋情，但彼此情真不渝，韦女士遂更名为"心丹"。"韦"者，"违"也，"丹"即陆丹林，以此来寄远思人。

史料表明，韦心丹本姓韩，名逸冰。韩氏是绍兴鉴湖萧山望族世家，韩逸冰生于岭南，毕业于广州师范。其多才多艺，诗、书、画与摄影皆善。那年，陆丹林遇见了二十五岁仍待字闺中的韩逸冰，两人一见倾心，相许终身。壬戌（1922）暮春，韩逸冰和陆丹林同游广州黄花岗及顶湖山。而此一游，竟然成为两人终生最美好的追忆。

由于当时陆丹林已是有家室之人，并育有子女。郑午昌画题中的"两大难容"，应该指的是韩逸冰名门闺秀岂可做小之意，感叹有情人终难成眷属。韩逸冰于民国十一年（1922）远嫁新加坡，西南阻绝、天水遥隔。两人只得鸿雁传书于上海、新加坡之间，"一日思君肠百结"的情挚灵感充满字里行间。

陆丹林曾在《淞南吊梦寄哀思》中记叙，在他三十虚岁生日时，收到韦心丹寄自新加坡的七古一章，"血泪盈盈，不忍卒读"。每每提及这段"九死余生抱恨多"的前尘往事，陆丹林禁不住潸然泪下。

在以后很长一段时间里，陆丹林在文章上的署名多为"顶湖旧侣"。"顶湖"也多次出现在其诗文中，可见其用情之深。民国十七年（1928）冬，也就是郑午昌作《顶湖感旧图》的一年之后，韦心丹终因"愁肠百结"而病逝新加坡，后归葬广州白云山麓。陆丹林闻噩耗，亲题墓碑，并亲到墓前吊祭。

不仅如此，陆丹林又嘱郑午昌作《淞南吊梦图》以志，张大千为此画写《韦心丹画像》，吴湖帆题《菩萨蛮》词一首。1934年，陆丹林在《顶湖感旧记心丹》一文中，自述"太受刺激""神昏意乱""忘食废寝"，嗟叹红颜命薄如秋叶。

下面，该说到谢玉岑的一段薄命好男、哀感万分的爱情故事了。

在"民国九友"中，郑午昌与谢玉岑是早年"寒之友集社"的社友，后同为"蜜蜂画社"组织者之一，复为"午社"社友，堪称至交。

谢玉岑曾品评郑午昌画艺："方壶（按：元代画家方从义）渴笔石涛神，铁杵金刚腕下惊。一自天都落萧壁，幼舆丘壑足平生。"并注云："郑午昌山水法方壶、石涛，好似渴笔争长，着纸如锥画沙。秋间以《天都峰》见赠，精品也。"

诚然。郑午昌读石涛自有心得。

郑午昌在蜜蜂画社刊物上曾有一篇《题石涛画册》文章：

> 石涛画，见者每怪之。实则妙超自然，一片天真。惟其不肯蹈史矩矱，至见怪于且借耳。石涛言"画家不能高古，病在举笔只求花样"。会得此语，便能知石涛，读石涛画。

常州谢氏是书香望族，以工诗善文而闻名。谢玉岑十三岁那年，家中的男性长辈已经相继去世。两年之后，一场火灾将家中累世所藏图书金石文房焚烧殆尽，自此家道中落。其时，光绪末年辞官归里，在常州东门外"寄园"课徒的著名诗人钱名山，因钱氏与谢氏世为姻亲，遂将谢玉岑留在身边亲自教读（按：谢玉岑祖母钱蕙荪老夫人是钱名山的二姑）。

不出三年，谢玉岑"尽通经史"。后来，谢玉岑的学问、书画被当时的同道赞为"海内名公大夫，无不知江东有谢玉岑矣"。谢玉岑的治印"方寸之间，气韵夺人"，所书钟鼎金文朴拙且内蕴灵秀，张国瀛在《词人谢玉岑》中说"有人认为在吴昌硕之上"。谢玉岑所写的诗词大都感情真挚，哀感顽艳。郁达夫曾在《大美晚报》副刊上撰文，赞谢玉岑的诗词颇有清代常州名诗人黄仲则之风骨，情景交融，令人读之难忘。

民国八年（1919）冬，二十一岁的谢玉岑，与钱名山最喜爱的长女二十岁的钱素蕖喜结连理。钱素蕖温良贤淑，饱读诗书且写得一手好字，能作魏碑汉隶，熟诵《诗经》《资治通鉴》。新婚之夜，谢玉岑赋得《密语》一诗："密语殷勤到夜阑，芙蓉颜色怯春寒。十年辛苦相思句，赢得云屏剪烛看。"夫妇二人花前月下互相唱和，伉俪情深。后来谢玉岑还以"素蕖"之名自封雅号为"白菡萏室主"，他的诗词集更取名为《白菡萏香室词》。

民国二十一年（1932），年方三十三岁的钱素蕖不幸辞世，遗下三男二女，大的十三岁，小的二岁。谢玉岑悲痛欲绝写下散文《亡妻行略》："妻死时诸儿女方酣睡，吾怜其娇小，不忍命之起，默然抚妻发，视其颓然若入睡，不知何为悲，何为心灵。唯觉别一世界而已。蹉乎！"并发誓曰："吾报吾师，唯有读书。吾报吾妻，唯有不娶！"

读来凄恻感人之极。

"此恨绵绵宁有穷期！"为寄托哀思，谢玉岑特请张大千、郑午昌各画一幅《天长地久图》，还邀请张大千画百荷，悬挂于钱素蕖的灵前，方介堪刻石章一方："孤鸾室发愿供养大千居士百荷"以作纪念。

观郑午昌《天长地久图》手卷，引首是湖南茶陵谭泽闿手书的"天长地久　玉岑居士属　谭泽闿"。谭泽闿是曾任南京国民政府主席、行政院院长谭延闿之弟。谭泽闿书法一路师法翁同龢、何绍基，当年南京"国民政府"牌匾以及上海、香港两家《文汇报》的报头皆是谭泽闿的手笔。

徐徐展开长一百厘米有余的《天长地久图》手卷。

烟水。烟水。渺渺云烟。只有云天。只有水云。缓缓出现的一抹汀岸绵长而悠远。天水迢遥，天人永隔。手卷末段，兀立起繁华落尽的淡赭冈峦，寒枝萧索，浓墨点枯苔。坡麓上，一白衣男子临风伫立于天水苍茫间。仰苍苍。俯茫茫。无尽的天与地，对比着微小的身影与渺小的生命，然而对爱人直教人生死相许的思念，却是日月可鉴的天长地久般的此情绵绵无绝期。

郑午昌在《天长地久图》画幅右上题款曰:

> 玉岑老友既丧其偶素渠钱夫人,抑郁寡欢,鼓盆之恨时发诸词。尝谓余曰:"天长地久,此恨绵绵宁有穷期!"爰为作《天长地久图》。仰苍苍,俯茫茫,别鹄离鸾应知尘劫之有定,行云流水,借悼人生之无常。壬申春暮午昌郑昶并记。

后来,谢玉岑又嘱郑午昌画一幅《菱溪图》(按:"菱溪"在钱素渠老家,也是谢玉岑少年时读书游乐之处)。由于哀伤过度,谢玉岑身心俱疲,疾病缠身。三年后,谢玉岑病逝于常州城内观子巷家中,年仅三十七岁。

谢玉岑故后,郑午昌仍不时怀念这位挚友,在《题亡友谢玉岑》中写道:

> 廿年肝胆交,所余仅一纸。
> 莫谓一纸微,魂魄托于此。

诗中的"一纸",应该是谢玉岑的"虽出之若质,而沉痛非言辞所及"之绝笔散文《亡妻行略》。多年后,郑午昌在《为伯行补夜赏海棠图并题步原韵》诗中再次缅怀道:

> 花有开时春未残,月常来处夜非阑。
> 独怜月下花仍好,扶醉几人得再看。

郑午昌在后记中不无感慨道:"当时赏花者八人,而汀鹭、玉岑、名山皆先后谢世矣。"感物怀人,读来倍增哀伤。

午社

"落日卢沟沟上柳，送人几度出京华。"

这是金朝礼部尚书翰林学士赵秉文的诗句。史料记载，自金代起卢沟桥为京师进出中原腹地的必经之路，迎送客人的门户。

1937年7月7日。夜。

北平西南卢沟桥。

一声刺耳的枪鸣，震醒了沉闷的黑暗。日军以一名士兵"失踪"为由，悍然挑起"卢沟桥事变"。此后，日军迅速开始了全面侵华战争。而卢沟桥上的枪声响，惊醒了所有中国人，全面抗战由此开始。

1937年8月13日。

那天，郑午昌造访王个簃画室。他在《八一三遇个簃画室题诗》中写道："大聪若聋大智愚。颐年圣艺古谁知？金石书画一以贯，大气磅礴精若粗。"不多几小时后，又听得吴湖帆说，有朋友从苏州来，因镇江以下长江江面封锁，乘车自嘉兴转沪，路上足足走了十九个小时。今晨到上海的时候，只见马路上军队云集，待到四行仓库寄物出门，便听到闸北已经开战。

那天，史称上海八一三事变。

第二次淞沪抗战打响。

上海滩在日军的铁蹄之下，已经放不稳一间画室，一张画桌了。

郑午昌好友江小鹣的静园也就是毁于此次战火。

江小鹣是名门之后。父亲江建霞是光绪十五年（1889）进士，官翰林院编修，后出任湖南学政。江氏先世好藏书、富收藏，但历经兵火之后所遗之书无几。江小鹣年少时素有"璧人"之称，自幼爱好诗书、绘画及古铜器纹饰，曾留学法国学习素描、油画和雕塑。

静园是上海名园。地处闸北八字桥头，闹中取静，"园中草地芊绵，杂栽花木，中有池塘，具濠濮之趣，十分幽雅"。园内，陈列了许多江小鹣仿制的铜器，无不斑斓翠绿。并悬挂有太史江建霞遗像，以及手书楹联。

当时的文人如冒鹤亭、吴湖帆、郑午昌等人都是静园常客。江小鹣曾与郑午昌、钱瘦铁、杨清磬、孙雪泥合作有一幅《蔬果图》，极清逸有致。八一三兵灾起，江小鹣仓皇出走，所藏之品悉数未取，寄身在亲友家中。日寇战火愈烈，江小鹣只得遥望北面弥天烽火，静园付之一炬。

第二次淞沪抗战，是中日双方第一场大型会战，也是中国抗战中规模最大的一场战役。双方投入了约百万兵力，在上海胶着了三个月之久，极其惨烈。

三大德械王牌之一的八十八师，组织了一个四百余人的敢死队，史称"八百壮士"。敢死队在第五二四团团副谢晋元的带领下，进入苏州河北岸的四行仓库阻击日军，为大部队转移争取时间。

记得中国台湾有部老电影《八百壮士》，其中，谢晋元有一段台词慷慨激昂、掷地有声，至今令人壮怀激烈：

"一个人，一条命，一条心。"

"日落旗不落，天长国运长。"

"大家能撑就撑，不能撑就一颗手榴弹，天堂地府，后会有期！"

"军人以服从为天职，叫你死守，一个也别想活，叫你撤退，一个也别想死！"

谢晋元对夫人说："我走东走西，全凭师部的命令。你要认账，你就等，你要不认账，就改嫁个人，我这才闭得上眼睛。"

夫人的回答是："任你死你活，我先给你磕一个头，你死了要驾阵风来看看爹娘，和四个孩子……"

四行仓库保卫战的枪声，震动整个上海滩。

"八百壮士"的卫国军魂，重新振奋起中国军民的抗战士气，就如歌里唱的："你看那民族英雄谢团长，你看那八百壮士奋斗守战场。""八百壮士"撤入租界后，日伪在多次利诱谢晋元未果后，便多次派出日本浪人或汉奸，藏着手榴弹、短枪等武器，闯至租界孤军营图谋暗害谢晋元。1941年4月24日清晨，谢晋元率部早操时，遭叛徒突然袭击，遇刺身亡。

上海各界人士闻讯，深为震悼"前往吊唁者达三十万人，途为之塞"。中华人民共和国成立后，上海以"晋元"命名的有学校、公园、体育中心、小区、大酒店……"文化大革命"结束后，中国政府在万国公墓重建其墓，以彰其"参加抗日，为国捐躯"的光辉业绩。

闸北，战后一片焦土。

苏州河，流淌着英雄的鲜血。

四行仓库保卫战两年后，5月的鲜花掩埋着志士的鲜血。郑午昌与马公愚、王师子、孙雪泥、应野平等人于家中聚会，谈及国事悲愤处，郑午昌在白扇面上奋笔画就《白菜诗画图》（见彩图16），并题诗：

> 闸北成焦土，浦东长野花。
> 千钱市一叶，老圃已无家。

郑午昌蛰居上海"孤岛"，面对日军的疯狂侵略，常思念散在全国各地的挚友们。当时钱瘦铁在东京狱中，陈小蝶在滇南道上，张大千在北平，何香凝在武汉……郑午昌遂将思念之情凝于笔端，写下《九怀》组诗：

其一

式园　缙云山中

里西湖畔断桥头，新筑草堂枕碧流。
十月杭州初飞雪，可能人倚徙衡楼。

其二

采白　新安

奇山天下尊黄岳，云海松峰入梦频。
一自图成三十六，卧游时觉与君亲。

其三

香凝夫人　武汉

艰危历尽一心孤，热泪知缘国事枯。
何当绿杨村雪夜，倚炉为补岁寒图。

其四

虹波　秦豫军次

志气生平薄羽毛，同仇此日策群豪。
河声岳色秦关月，万里故人望旌旄。

其五

小蝶　滇南道中

不见钱塘陈小蝶，寒窗风雨梦魂牵。
毁家早把湖山卖，何处云林作散仙。

其六

大千　北平

雕栏玉砌任沧桑，一宅圆明作故乡。

倭女多情应相惜，蜀人张八是儿郎。

其七

颐渊先生　白马湖长松山房

万古愁添酒一杯，长松树下独徘徊。

河山举目改颜色，不识先生更骂谁。

其八

曼青　永嘉

书声戎马作人师，别有情怀世不知。

泼墨也应和泪下，晨曦阁上写兰时。

其九

瘦铁　东京狱中

大言沽祸为家国，海外传疑已足夸。

多少汉儿新著屐，樱花树下抱琵琶。

1937年底，日军血洗南京，大屠杀遇难人数超过三十万。

秦淮河上的游船荡然无存，桨声灯影的昔日盛景不在，两岸的断壁残垣萧瑟在西风残照里。"红灯区"醒目的"新打淋"广告下，影影绰绰的是不知亡国恨、犹唱后庭花的今日商女。郑午昌愤然写下《无闷·金陵怀古》一词：

> 龙虎江城，金粉六朝，前事荒烟流水。说王气犹存，石头堪倚。生把长安弃定，看白日青天风云际。飞飞燕子，盈盈桃叶，重还辇底。

> 春去无计。须草长莺啼，重门深闭。那巷口、斜阳乱红委地。绮梦荒唐，乍惊听、败叶西风秋含涕。只剩得、残乌空陵，唤不觉钟山起。

《无闷》是古之词牌名。先秦《易经·乾卦》云："龙德而隐者也，不易乎世，不成乎名，遁世无闷。"即称避世就没有烦忧。

郑午昌的《金陵怀古》词，上阕怀古，"前事荒烟流水""看白日青天风云际""重还辇底"；下阕忆今，"重门深闭""斜阳乱红委地""只剩得、残乌空陵，唤不觉钟山起"。整首词以无闷写有闷，令人读来倍增其哀。郑午昌在词后自叙中写道："己卯四月，余初学填词，此破题儿第一遭也。以之就政永嘉夏瞿禅，夏子以为有梦窗气息，不觉喜而忘形。"

由此可知，该词写于1939年。郑午昌初学填词，得到词学大家夏承焘认可。夏承焘认为郑午昌《金陵怀古》有宋代词人吴文英的气息，字里行间充满了强烈的色彩感，实有情事与旧事或幻想情境错综叠映。

夏瞿禅，字承焘，温州永嘉人。郑午昌年长其六岁。

夏承焘十四岁时，以优异成绩考取温州师范学校，课余潜心于古籍经典的研读，并尝试赋诗填词，所作的一首《如梦令》词的结句"鹦鹉，鹦鹉，知否梦中言语"，深得国文教师赞赏，并在句旁加了密密的朱圈以示褒奖之意。

夏承焘在三十岁前后，专心致力于词人研究，"旁搜远绍，精心考辨，匡谬决疑"，积年累月而成《唐宋词人年谱》十种十二家，在学术界引起极大反响，有"一代词宗""词学宗师"之美誉。夏承焘与陈寅恪有旧，曾经摹有一幅高野侯的《柳如是小像》，赠予陈寅恪。款识为"从高氏梅王阁摹得柳如是像呈寅恪先生"。画中的柳如是身材娇小，容貌俊美，有林下之风。夏承焘摹笔素衣曳然、吴带当风，颇为传神。

据夏承焘《天风阁学词日记》载，1939年6月"午过榆生，同赴夏映翁招宴，座客十二人，馔甚丰。映翁约每月举词社一次。是日年最长者廖忏庵，七十五岁。金籛孙亦七十余"。

日记中有名姓者四人：江西龙榆生，词学成就可与夏承焘、唐圭璋并称；江西夏敬观（映庵），江西派词人、画家，以诗词名播南北；广东廖恩焘（号忏庵）时七十五岁，廖仲恺之兄，工诗词，好倚声，性诙谐，民国外交官；秀水（今嘉兴）金兆藩（籛孙）时七十余岁，清光绪十五年（1889）举人，后任内阁中书，倾心于变法，为博学多闻之一时名流。

关于取社名一事，夏承焘在日记中亦有记载："铁师（林铁尊）拟名夏社，映翁（夏敬观）谓不可牵惹人名，因作罢。宴后，映翁谈清季大乘教事。鹤亭翁（冒广生）出示广东冼玉清女士画《旧京春色》手卷。三时，廖忏翁（廖恩焘）以汽车送予至绿杨村。"

1939年6月25日，午社第一次雅集。

夏承焘记载："十时，余冒雨赴愚园路林子有家，作词社第一集。林铁师、廖忏翁作东。"

午社，是民国后时期颇具代表性的专课词体的文人社团，亦是比较典型的师友唱和型词社。夏承焘是浙江吴兴词学名家林鹍翔（铁尊）弟子，嘉定疁西"三去词人"何嘉（之硕）是夏敬观的学生，夏敬观与龙榆生是好友。社中，既有词坛耆宿，又有晚学后进。

己卯（1939）重九，被夏承焘认为词有吴文英气息的郑午昌在"孤岛"又写下了一首词，叹戍角天涯，登高无从之心绪：

双叶飞

己卯重九，蛰居海隅，登高无从，秋怀似鹿，戏步之硕韵（按：何之硕，午社词人，嘉定人），并乞拍正。

雁边传羽。西风峭，骊歌吹遍南溆。醉慵花倦飘萧，曾插茱萸处。想似昔，霜姿媚树。遥情云际看鸿去。叹戍角天涯，侧帽话，登临瘦添，断魂离绪。

残照海国凄迷，新亭伤晚，楚些心事能谱。倚寒空笑语心长，但好山何许。可拭目成师有旅，江关漫理愁时句。秋去来，筇鞋健，待约明年，鹊华分雨。

是年十月，郑午昌完成了《梦窗词意山水册》。

张大千题扉页："郑午昌写《梦窗词意山水册》，午昌道兄此册用笔造意，直抉梦窗神髓，真奇观也。大千张爰拜题。"

吴文英，号梦窗，四明（今浙江宁波）人。

本书恐怕是真的绕不开浙江人了，思之趣之。这个南宋浙江人吴文英，是南宋婉约词派的代表人物，他的独门功夫是超常的想象力和幻化的手段，流泽深远，连晚清四大家亦无不推崇甚至努力学习梦窗词。

郑午昌取吴文英词意衍化为图，精绘山水十二帧，柳湖舟泛、日暮归帆、苍山梅雪、驴背秋思……意境深远，或精奇险峻，或别辟天地，都能够在画中营造一种宁静淡远的美感，彰显淡泊洒脱的个性，蕴藏着平和的精神力量。他将中国传统绘画独有的审美风格纳于册中方寸天地间，堪称"真奇观也"的集大成者。

其一：画船载、清明过却，晴烟冉冉吴宫树。念羁情、游荡随风，化为轻絮。己卯，剡溪午昌郑昶写。

其二：朝寒几暖金炉烬，料洞天、日月偏长。午昌。

其三：近玉虚高处，天风笑语吹坠。己卯十月，郑午昌。

其四：树密藏溪，草深迷市，峭云一片。郑午昌写。

其五：漫结鸥盟，那知渔乐，心止中流别有天。己卯，郑午昌。

其六：应是老龙眠不得，云炮落，雨瓢翻。午昌郑昶写意。

其七：万里关河眼，愁凝处，渺渺残照红敛。己卯，郑午昌。

其八：清磬数声人定了，池上月，照虚舟。己卯十月，郑午昌时客海上望平楼。

其九：秋好处，雁来时。己卯十月，郑午昌。

其十：梅槎凌海横鳌背，倩稳载，蓬莱云气。己卯，郑午昌。

其十一：临泉照影，清寒沁骨，客尘都浣。郑午昌于海上。

其十二：看真色，千岩一素，天澹无情。郑午昌仿古。

（见彩图1—彩图12）

八十年后，也就是2019年10月，中华人民共和国成立七十周年。郑午昌《梦窗词意山水册》以《中国书画专场图录》封面作品登录香港苏富比秋季拍，以超出预估价四倍的1637.5万港币成交，创画家作品拍卖新高。此为后话，按下不表。

彩图1 《梦窗词意山水册》之一 1939年

彩图2 《梦窗词意山水册》之二　1939年

彩图3 《梦窗词意山水册》之三　1939年

彩图4 《梦窗词意山水册》之四　1939年

彩图5 《梦窗词意山水册》之五　1939年

彩图6 《梦窗词意山水册》之六 1939年

彩图7 《梦窗词意山水册》之七　1939年

清磬数声人
空了池上月照兰舟
己卯十月鄭吉時
客海上壽平庵

彩图8 《梦窗词意山水册》之八　1939年

彩图9 《梦窗词意山水册》之九　1939年

彩图10 《梦窗词意山水册》之十　1939年

彩图11 《梦窗词意山水册》之十一 1939年

彩图12 《梦窗词意山水册》之十二　1939年

彩图13
《柳岸晓风图》
1939年

彩图14 《柳隐图》 1946年

彩图15 《仿韩滉五牛图》 1938年

彩图 16 郑午昌、王师子、杨清磬、应野平、马公愚、陈定山、孙雪泥合作《白菜诗画图》 1939年

彩图17
《兰亭禊事图》
1942年

《梦窗词意山水册》出版一年后的1940年，郑午昌加入午社。

也就是在这年的1月，夏承焘的恩师，一代词学名家林鹍翔去世。郑午昌填《瑞鹤迁·挽半樱翁》一词痛挽：

> 冰壶人世换，翻玉旌，遥穹璇魁低转。清华损文苑。纵春秋稀古有涯愁短。云泥未远。惹相思，梅边鹤畔。盼良宵雁水，蓬山杖旅，梦游重面。

> 须看。关河中醉，雨雪能归，旅魂凄断。西城锁恨。昙鞭处，露花乱。想凤吹，天上金衣新谱，也应烟斓月焕。心香寸烺长，傍斗牛细篆。

林鹍翔年长郑午昌二十三岁，浙江吴兴人，早年与夏承焘等人参加当时温州最大的文学社团"慎社"（按：瓯江又名慎江）。1921年上巳节，社团同仁先到文信国公祠祭奠文天祥，众人诵文天祥《八声甘州》词："问谁能解我？满腔热血，驰骋纵横……望南国、啸天余恨，就义前行。"林鹍翔时任瓯海道尹（民国初年管理所辖各县行政事务的长官）写下《八声甘州》"怒潮回，长傍浩然楼，江山尚能雄……灵旗远、黯凭栏处，极目春鸿"的激愤词句。

话说民国初年，温州有两个文学团体，慎社和瓯社。慎社写诗，瓯社填词。瓯社，是夏承焘的词学的起步之地。社长林鹍翔在积谷山腰建"永嘉词人祠堂"，立有永嘉历代游宦寓贤、闺阁方外等词人木柱，匾额上书的是姜白石的词句"此地有词仙"。摩崖石壁上，至今仍可见林鹍翔刻石"瓯社"二字。

一代词人林鹍翔"天上金衣新谱"，郑午昌接踵赶来，仿佛是来接续一段词缘。

夏承焘《天风阁学词日记》有如下记载：

> 4月28日，夜，午社社集，新加入郑午昌、陆微昭、胡宛春三君。冒鹤亭以病、林有翁以事未到。吴眉孙、仇亮卿二翁作东。
>
> 5月11日，夜，午社集廖家，予与郑午昌作东。各社友在沪者皆到。拈调《唐多令》《惜双双》……十时散，与午昌同步归。共费三十六元，可谓甚廉。
>
> 1941年12月21日，午后赴静安寺路绿杨村茶室，夏映翁、林子翁词社之招。到十人，拈《八宝妆》《六么令》二调。四时半散，与午昌同路归，谓《玉岑遗集》不日出书矣。午社自此改用茶点，然亦费四十元。

1940年初还"共费三十六元，可谓甚廉"的物价，只过了一年就到了"自此改用茶点，然亦费四十元"的地步，可见上海物价飞涨之速。不久，日本驻沪海军炮击停泊于黄浦江上的英美军舰，英舰"彼得烈尔"号被击沉，美舰"威克"号挂白旗投降。随之，日军由苏州河各桥梁分路进开公共租界……上海完全陷落。

夏承焘在日记里记载："1941年10月31日，与潘希真出购派克自来水笔一枝，价九十七元四角。予十三四年前买一枝，用至今尚好，价但五元余耳。明日百物又大涨价矣。"

面对高昂的消费，午社社集无奈地做出了调整。以前一般都是两人作东，既有丰厚的菜肴，还有饭后的茶点，现在却无奈地只能用茶点了。然而，即使是四十元的茶点，对普通社员而言也是一笔昂贵的消费。

山河破碎，午社众多成员或卖文为生，或教书为生。

雅集社课，或讨论词学或拈题选调填词。乱世流离之人只能以咏物怀旧、民生之困入词，抒文人高洁情怀。夏敬观、冒广生、仇垺等几位年长者时常如白头宫女般闲谈前朝遗事。雅集有《午社词》刊印，"唱酬之雅，无虚月也"。

长沙夏敬观，光绪二十年（1894）举人，后在上海随光绪年间榜眼文廷式学词，工诗善词。诗宗孟郊、梅尧臣，"刻意锻炼思致字句，不肯作一犹人语"。1911年武昌起义后，率先剪辫，不以遗老自居。

如皋冒广生，书香门第。光绪十五年（1889）历县、州、院三试皆为第一，曾列名"公车上书"。梁启超初见冒广生，见其"英姿飒爽，神清气朗"，如其先祖明末"四公子"之一冒辟疆，颇为赏识。冒广生对中国古代典籍中经史子集皆有深入的研究和著述。

金陵仇垺，出身书香世家，治学严谨。曾留学日本弘文学院，回国后在南京多所学校主持过学政。辛亥革命后，创办江苏省立第四师范学校，任校长达十五年，学生遍及大江南北。五十岁后，仇垺着力于填词一路，身为"蓼辛社四友"著称词坛。

"烟绦蜷地，似说与飘零如此。"郑午昌的《角招》词句。

存在了仅仅四年的午社，也无可奈何地到了知交半零落的时刻。

夏承焘《天风阁学词日记》记载："午，映庵、子有、眉孙、贞白在子有家为仇述庵、冒疚斋二老祝七十，冒老避不到。午社同人廖忏庵、述庵及予皆将离沪，此殆为最后一集。"

由于上海租界沦陷"戒严甚紧"，冒广生一心从事著述已久不参加社集，夏承焘将离沪返回温州老家，廖恩焘回南京，仇垺"由沪返宁，闭门谢客，不与人交"。午社，随之解散而终止。

仇垺由沪返宁后，郑午昌因倍增"离怀不减日三秋"的思念之情，曾写有两律寄赠，以"言归劫后家犹在，莫对河山改笑言"共勉：

寄怀述盦兄金陵（二律）

（一）

居不避城贫不官，尽从危乱觅清闲。

才曾用世何妨老，志已违时却闭关。

残菊看留三月径，破窗青纳六朝山。

言归劫后家犹在，莫对河山改笑言。

（二）

离怀不减日三秋，犹似茶烟坐市楼。

词赋江关随逐鹿，萍踪海国许盟鸥。

远书频缄肝肠语，旅食难偿水墨愁。

一棹秦淮能约梦，琵琶声里话神州。

无奈，静安寺路绿杨村茶室的茶烟随风散去。

所幸，还有《午社词》刊物与一段民国词人的往事，令后人追忆。

第五章
东风着 "一"

薄技犹堪张傲骨，虚名未敢负清流。

——郑午昌题画诗

蜜蜂画社 / 中国画会

民国十八年（1929）冬。

郑午昌与陆丹林、张善孖、王一亭、谢公展、李祖韩、贺天健等，组织蜜蜂画社于上海西藏路平乐里。参加者，先后达百余人之多。

说起蜜蜂画社的成立，有一个时代背景不得不提。

沪上文人集会、结社之风由来已久。高邕在《海上墨林》序言里这样说：

闻昔乾嘉时，沧州李味庄观察廷敬备兵海上，提倡风雅，有诗、书、画一长者，无不延纳平远山房，坛坫之盛，海内所推。道光己亥，虞山蒋霞竹隐君宝龄，来沪消暑，集诸名士于小蓬莱，宾客列坐，操翰无虚日。此殆为书画会之嚆矢。其后吾乡吴冠云孝廉，复举萍花社画会于沪城，江浙名流，一时并集，至同光之际，豫园之得月楼、飞丹阁，俱为书画家游憩临池之所。

通过这段叙述，我们大致可以了解上海最早书画界集会雅事的基本脉络。但无论是李廷敬的平远山房书画集社，蒋宝龄设于城隍庙南的小蓬莱书画会，还是吴宗麟的萍花社画会等，这些集会都是由私人邀集友好，作临时的雅集，还谈不上组织。如果说到当时正式的、有组织的书画会，当首推盛宣怀投资创办的海上题襟馆金石书画会。

会中云集了从清朝政治舞台上退下来，在沪上做寓公的许多官员。他们大都擅长书画，海上题襟馆金石书画会实际上成了他们的书画俱乐部。大家探讨切磋书画金石艺术，考证文物真伪，学术气氛浓厚，引领着沪上的艺术风潮。

郑午昌"鹿胎仙馆"的弟子王宬昌，后来在《中国美术年鉴》中有所记录。说的是白天到会的人比较少，晚饭之后大家聚在会里，一张可以容纳二三十人的长方桌，总是坐得满满的，一直要等过十点才散。他们谈话的资料，除了有关金石书画等问题之外，还有很多清季的政治掌故，因为每天经常到会几位中坚会员，多数是亲身经历清末政治生活的，正像白头宫女，闲话往事。要是当时有人把它笔记下来，确是一部很好的史料。

不少会员还常把收藏的珍贵书画，拿到会里去陈列，供彼此观赏。至于一些书画掮客，每天晚上也会拿大批的书画古玩去兜售。会里为各位会员制订了润格，代会员收件等业务。新到上海行道的书画家，大都会请人引见这班先生们，替他们代订润格和介绍吹嘘。

据说，民国十五年（1926）秋里，海上题襟馆金石书画会因驻会会员骆亮公和吴子茹两位闹意见，兼之经费不足等原因，遂告解散。翌年，有"元明清以来及于民国，风流占断百名家"之誉的会长缶翁吴昌硕逝世。随着社会局势的动荡，虽然此后亦有画会出现，但影响力已远不如前。

中国画应该往何处走？

正是在这样的历史背景下，蜜蜂画社应运而生。

"蜜蜂"之名何来？

陆丹林在《新希望》"琐谈蜜蜂画社"一文中"解密"道：

> 十八年冬，余与郑午昌、张善孖、王一亭、谢公展等组织蜜蜂画社于上海。商笙伯作画纪念，并题关尹子"一蜂至微也，亦能游观乎天地"于画上。
>
> 午昌特为社释名云："蜂，微虫，出处以群，动息有序。采花酿蜜，供人甘旨。劳弗辞，功弗居，其义足多。同人集协绵薄，研求美术。撷艺苑之精华，资群众之玩味。志愿所在，窃比于蜂；拮据所得，有类乎蜜，因以蜜蜂名社。"除办理讲习班并先后编印《蜜蜂周刊》《蜜蜂画集》《当代名家画海》等，悉由午昌与余负责主编。

可以看出，郑午昌以蜜蜂名社，是期许"集协绵多"的画社社友，如群蜂般团结在一起"撷艺苑之精华"，酿成普惠社会大众的艺术成果，并且积极倡导成员以书画助赈等方式承担公益责任、服务社会的价值。

绘画史论家、美术教育家俞剑华评价道："盖以蜂酿蜜，喻艺术之味甜；蜂有刺，喻艺术家之不谐于俗；蜂常优游花间，喻艺术家之富于天趣。而出于群，动息有序，劳弗辞，功弗居，其义有足多者，命名之意，可谓隽绝。”

1930年2月20日。

蜜蜂画社第一次常会议定了《蜜蜂画社简约》，开篇言明"以蜜蜂名社"，立社约如次：

一、本社定名为蜜蜂画社。

二、本社以提倡发展研究中国美术为宗旨。

三、凡对于本社宗旨表同情者，经社友三人介绍皆得入社。社友分两种。曰基本社友，曰普通社友。

四、基本社友暂定四十人，每人认基金股至少一份，国币五十元。普通社友不限人数，每人每年纳社费二元，以三年为期，期满免纳社费，仍得享应享之权利。

五、本社社友每月聚餐一次，即作为常会会议及解决一切社务。

六、每年由第一次常会举出干事九人，负责执行会务，并由干事中互选主任干事一人。

七、每半年度由主任干事将经过社务、会计等报告于常会。

八、本社先出定期刊物一种，定名《蜜蜂》，分赠社友并发售。如逢基本社友四十岁以上寿辰及其他有足纪念之事则出特刊。

九、本社每花朝日前后开社友作品展览会一次，社友应负出品之义务。

十、本社设有同人俱乐部，以便社友随时聚会。

十一、本社购买或募集古今名迹，珍藏于俱乐部，以便社友随时观摩。

十二、本社社友对于社会公益，如书画助赈等事应尽相当之义务。

十三、本社每年刊印社友录一册，分赠社友并发售。

十四、本简约有修改处，于每半年度开常会时由基本社友二人之提议公议修改之。

由此可见，蜜蜂画社有明确的目标，较为严谨的组织结构，较为详尽地规定了画会的活动和任务以及会员的义务权利等，并且运作规范、有序，实为中国最早的具有相当现代性的美术组织，更为两年多后创建一个更大规模的全国性研究组织中国画会奠定了基础。

> 妙墨丹青逐眼新，贪收国故作家珍。
> 老夫了却芳菲事，独醉蜂房一点春。

这是晚清维新派名臣陈宝箴长了、近代同光体诗派重要代表人物陈散原，为当代名家画海题词，为蜜蜂画社而作的贺诗。陈散原与谭延闿、谭嗣同并称"湖湘三公子"，与谭嗣同、徐仁铸、陶菊存并称"维新四公子"，并有"中国最后一位传统诗人"之称。"七七事变"后，陈散原为了表明不替日军效力的立场，绝食五日。不幸忧愤而死，享年八十五岁。

1930年3月11日。

《蜜蜂画报》创刊。

有学者评价："蜜蜂画会发行的《蜜蜂画报》如果按照1920年木刻刊印的《海上墨林》人物分类，他们基本都是旅居上海的'寓贤'，一个由移民、旅居者汇集起来的现代海派画坛业已成形，与此同时他们对于上海的都市认同感也在慢慢增长。"

郑午昌身为蜜蜂画社第一任主任干事，又长于编辑兼之与沪上书画家颇多往来，关系熟络，好友陆丹林则擅长美术评论，因此《蜜蜂画报》《蜜蜂画集》《现代名画》《当代名家画海》等，都由郑午昌与陆丹林二人担任主编。

《蜜蜂画集》封面及画集
中收录的郑午昌《鹊山梦游图》

《蜜蜂画报》首版醒目位置，有时年七十三岁的潘飞声的行书题字，"蜜蜂"二字苍秀遒劲。另有七十老人曾农髯黑白画像，以及群蜂题名。

此二老大有名头。

潘飞声，字兰史，号剑士，又号独立山人，广东番禺人，1907年定居上海。他是清末民初南社成员，与高天梅、俞锷、傅屯艮并称"南社四剑"，长于书法，善行书。他曾任香港《华字日报》《实报》主笔，撰社论、为文写诗，吴仲《续诗人征略后篇》评价其"遇涉华人事，力与西政府争，名著海外"。在潘飞声挽邓世昌的长联中，可见其民族气节："海军坐视，倭焰方张，叹臣力已穷，一死尚能惊敌寇；议款局成，优褒典重，报国仇何日，九原犹未慰忠魂。"

曾熙，号农髯，衡阳人。八岁能吟诗赋对，坊间有"神童"之誉，四十三岁中进士，官至兵部主事。曾农髯书法造诣极深，康有为认为其八分书可与何绍基比肩。辛亥革命后，曾农髯寓居上海以卖字画，授门徒为生。他与李瑞清、沈曾植、吴昌硕并称"民初四家"。民国八年（1919），张大千从日本回上海后拜曾农髯为师，他也是张大千一生中得益最多的恩师。

《群蜂题名》书影

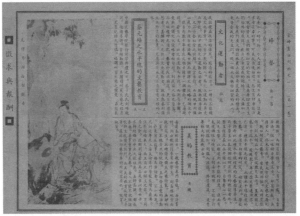

郑午昌《蜂声》短文

《蜜蜂》创刊号第二版第一篇，是郑午昌撰写的发刊词《蜂声》：

> 我是小小的刊物。今天居然与百花同日而生。这是多
> 么荣幸的事。可是我自愧幼稚，恐没有什么能力，就会替
> 先生们做些甜蜜的食物。这是要盼望先生们格外的原谅。

我自己希望我的翅膀，一天强似一天。会飞到广大的园林
里去采些奇花异葩的精英，来替我的先生们，做一个永久
供给的工人。

在接下来的多期《蜜蜂》里，郑午昌陆续发表了《试验与教训》
《对于美的教育》《对于"美的育教"》《校风》，以及《国画术语释要》
连载等文章，堪称健笔。郑午昌还在《答社友李希君》一文中与社友
进行了有益的学术探讨：

得书。因事未克即复。谦甚。殷殷下问，深佩好学。
画笔转折变化原与写字同。惟当世好称能画者，于画尚不
知其趣，更何能运用画笔以作书。若于画真有功夫精进
者，则其书必较普通书家所作为佳。习国画从勾摹粉本入
手，甚善。但勾摹时尤须用心体会，当作脱去粉本想，否
则与机械等，决无益处。阁下聪明过人，倘习唐人写经，
书法必更雅健。任氏人物精到者，自不脱匠气，其草率
者，反多古高。不可不辨。奉答率草，愧未能尽。

《蜜蜂》除了刊登中国历代国画珍品和会员作品外，还发表了一
些当时较为重要的文章，如贺天健的《国画之灵魂》、俞剑华的《提
倡中国画之理由》、陆丹林的《现代画风》等。蔡元培、于右任、陈
三立、柳亚子、姚茫父等知名的文人学者也都为《蜜蜂》供稿。《蜜
蜂》虽然只出版了十四期，但影响力却颇大。

举办各种公益活动，比如学术讲座、各种展览等，也是蜜蜂画
社宗旨之一。1930年3月，蜜蜂画社在巴黎舞场举办了一次"古今名
画展览会"。《申报》报道："兹闻该社（蜜蜂画社）所征集之古今名
画，已由海内各收藏家选取古今精品，送会陈列。该社此次艺术运

动，为欲转移艺术风会，故其所具精神与寻常不同。"

开幕之后，风雨连天，各界人士及各校学生参观者，与日俱增。参观之余，买画册、定画报、勾画稿，足以征验作为商业社会的上海大众心理"已大趋于审美"，对比九年前刘海粟创立美专的情形，今时确已大不相同了。

绘画史论家、美术教育家俞剑华曾有浓墨重彩的记述：

> 十五日午后，丹翁约王君削颖同访夏茶神品茗。愚闻之，亦欣然愿从。顾迟削颖不至，遂将先往，忽遇削颖于门，迨驱车抵茶神书斋，则已先行矣，茫茫无所之。削颖曰："曷参观蜜蜂展览会。"蜜蜂会者，为海上国画界诸名流所组织，今方举行第一次画展于巴黎舞场旧址……
>
> 既登楼，遇孙君雪泥，殷殷招待，且以优待券为赠。吾侪遂遍观壁间所张各画。外室悉近代画，如张大千《仿大涤子荷芙蓉》二大幅，沈子丞《踏青图》，郑午昌《蚕桑》，雪泥及钱瘦铁、贺天健之山水、仕女、果实，皆一时名作。谢之光兄花鸟二幅，陈小蝶各题诗一绝："翠沿红荷满碧池，胭脂草绿用完时。更无颜色为奇画，淡墨犹能寄所思。""独立江头风雨加，沿溪开满紫藤花。东坡近有河鱼病，但愿春时总在家。"丹翁亟称其隽妙。入内古画为多……

郑午昌在《试验与教训》一文中，则点出了此次画展试验与教训的意义所在：

　　本社第一次古今书展，已于十七日闭幕矣。此种渺小之艺术运动，对于社会，实不敢自信究竟有何等贡献，惟本社经此试验，而所得之教训，则有足述者。画展筹备，金以征集古画为最难，以收藏家例不肯出其私蓄，供众展览。而本社费一度之商恳，即蒙曾农髯、阎甘园、丁辅之、张冷僧、项松茂、许小仙、张大千、陈小蝶、李祖韩诸先生概以珍藏见借，为本社光。

　　我国今无美术馆，倘非收藏家出品展览，浮薄之艺术界，将永不能见先赞典型。故如诸先生之热心艺术，实足使吾人心感者也……是则关心艺术运动者所当深喜者也……本画社皆劳苦功高举，以后第二次、第三次、第四次，一年一度一试验，厚望收藏家、参观者及同志之友与本社以更伟大之赞助，更良好之教训。

　　蜜蜂画社非常注重借助媒体扩大自身影响，更是不时在《申报》刊发展览的文章和广告，介绍画社的最新动向。此外，画社多次组织书画义卖赈灾的活动，社员均踊跃参加，履行社会责任。

　　1930年初的冬日。

　　风雪甚猛。

　　路上匆匆行人面色迷茫。用《申报》的话来说便是"瓣瓣梅花，团团柳絮，随风飘舞"。

　　蜜蜂画社为消寒计，"辟新世界饭店，集于一室、围炉煮酒、杀粉调铅，艺界之韵事尽矣。阅旬，检其画件，得精品二百轴，公开展览"。画社还在《申报》上刊登广告："蜜蜂画社消寒合作展览会，假座西藏路新世界饭店大厅，一月廿五日起廿七日止，下午一时至晚间九时，不用门券，欢迎参观。"

南社社员、诗人奚燕子先于《申报》记述了此次画展的缘由：

> 由贺天健、钱瘦铁、孙雪泥、郑午昌、马企周、马孟容、谢公展、熊松泉、商笙伯、叶渭莘等组织蜜蜂画社已阅九月矣。此次为此国赛会，国画品评得全世界第一之荣誉，合社画家更为得意，乃有推广为中国画会之提议。
>
> 自本月五日起假新世界饭店，召集同人，开一谈话会。议决先由画社同人合作山水花鸟人物，开一画展会，将所得之款半充善举、半充会费。连日工作颇勤，已得百余幅，并请词人谢玉岑、奚燕子、沈剑知等题诗，论者咸谓诗、书、画三绝定画者日必数十起，洵破天荒之盛况云。

如果说，蜜蜂画社是一个"试验样本"，那么中国画会则是它的"升级版本"。

早在蜜蜂画社成立之初的民国十九年（1930）六月间，也就是蜜蜂画社第一次常会的四个月后，郑午昌、叶恭绰、黄宾虹等人就已经在思考如何更广泛地联合国画家，组织一个面向全国的国画团体。他们商量先由陆丹林撰写《国画家亟应联合》文章，并在蜜蜂画报上发表，试探艺术界的意见。

一个月后，陆丹林在《蜜蜂》第十二期发表了《国画家亟应联合》一文：

> 现在我国政治上，已有剧烈的革新。一切学术，也达于解放竞进的途径。中国的艺术，实有新兴运动的迫切需要……不过因为绝少有联合的研究与组织，所以还脱不了人自为谋的陋习，幼稚浅薄，距深造的途径尚远……必须有广大的团结，严密的组织，集中力量和精神，共作深切

公开的研究，才能够探究艺术的密钥，发扬国画的宝藏，
贡献世界艺术界的探讨，重立东方艺术的丕基。

民国二十年（1931），蜜蜂画社社务停顿。

中国画会，则以蜜蜂画社为基础，脱胎而出成为上海第一个获
得政府备案的艺术社团。

翌年6月25日，"中国画会成立大会"在南京路美术欣赏社召开，
钱瘦铁被推举为临时主席，共选举执行委员九人。12月，中国画会
于华龙路举行成立典礼。

中国画会堪称全国性的画人组织。会员包括张聿光、贺天健、
郑午昌、孙雪泥、陆丹林、钱瘦铁、马公愚、张大千、王师子、陈
定山、李祖韩、谢公展、汪亚尘、陈树人、经亨颐、张善孖、王一
亭、商笙伯、黄宾虹、吴湖帆、姜丹书、应野平、荣君立、朱屺瞻、
徐悲鸿等三百余人，南至粤、港，北至平、津，均有画人参加。

首先，中国画会宣明了组织的意义：

尝闻欧美各国及东邻日本无不有画会之组织，其间团
体之性质，或公或私不一……反顾我国则何如：虽不乏零
星之组织，而其性质与目的，不外乎俱乐与消闲而已，至
于"整个的组织"及"一致的发展"如东西各国者尚未之见。
能不慨然！同人等本此见地，益觉为适应今日实际之需要，
而中国画会之组织为不容或缓矣。

其次，中国画会指出了组织的宗旨："发扬我国固有之艺术""对
外宣传，提高国际艺术地位"以及"以画家互助之精神，而谋生活的
安定"等。该宗旨明确提出了发扬固有艺术，提高国际地位的新追
求，显示了要使国画跻身世界艺术之林的文化自信。同时，画会建

立的现代展览制度和出版制度等，也标志着现代中国美术社团的发展进入了一个新的阶段。

中国画会通过编印出版《国画月刊》《现代中国画集》，举办书画展览会、代办中外美展、征集作品、开办国画讲座等，广泛开展美术活动，并自觉地将传统的助赈灾民、灾区，转化为以劳军画展的形式加入抗日救亡运动，实现自身的社会责任感。

譬如九一八事变后，中国画会联合中华民国救国团体联合会、上海东北抗日义勇军后援团等多个协会共同发起展览，"展出历代名人书画、摄影、西画、雕塑、古玩、古绣等作品四千余件，售出展品八千余元，全部用于支援东北抗日义勇军"。淞沪会战前夕，中国画会与中国女子书画会联合举办"慰劳前线抗战将士书画展"，出售作品收入悉数作为慰劳金捐赠。

中国画会不设会长，会务采用合议制，即由主持人召集会员代表商议会务，形成决议后由总干事、干事负责执行。郑午昌作为蜜蜂画社与中国画会的发起人之一，也自然地被推为常务理事与监委。

郑午昌参与编撰了《国画月刊》创刊号。月刊设有论述、短评、著作、随谈、文苑、会员消息，以及美术作品选登等栏目，并刊登会员画家润格，以扶助会员生活。由于较高的学术水准，《国画月刊》"定户日多，零售亦旺"，很快就成为沪上最重要的美术期刊之一。

尤具学术比较研究意义的，是由郑午昌组织的第四、第五期《中西山水画思想专号》。郑午昌在《中西山水画思想专刊展望》中阐明：

> 可知新中国文化的创造已为国人共同的目标……我们既不能忘却我们所处的地域，尤不能忘记我们所生的时代。在历史进化的过程中，一时代有一时代的艺术，同

《中西山水画思想专刊展望》

一时代而又有各个民族的独特的艺术，以其环境及历史的条件反映使然也。是故我们不但应做一只蜘蛛，在固定的范围吐着质有的丝，并且应做一只蜜蜂，飞向中西古今艺术的藩篱，吸采其精汁，而熔冶之，消化之，酿成一新时代的佳蜜。

郑午昌在《中西山水画思想专号》中，首开中西画家在国画专业期刊共同讨论学术之先河。精选的二十一篇论文，既有纵向性的"历史的考察"，又有方法论的"技法的演述"，更有中西画界的"思想之分析和比较"。除了论中国画的贺天健、谢海燕、俞剑华、黄宾虹等人，也有谈西画的倪贻德、陈抱一、孙福熙、李宝泉。郑午昌在《中西山水画思想专刊展望》中写道：

> 如《中国山水画在画科中打头的论证》，为中国山水画的意义与价值的评述，兼及笔墨法则，及形成因果。《中西山水画的古典主义与自然主义》，作者以北宗山水定为古典主义，而以南宗为自然主义，并以之和西洋的古典主义和自然主义相较，而末结，认为其演进的过程是无大差异的。
>
> 《中国山水画今昔之变迁》《中国山水画思想的渊源》和《中国画山水画滥觞时期的推考》三篇，均为史的探讨。《西洋山水画技法检讨》对西洋山水画技法的构成有周到

的发挥，并列举名作，以为证佐……《西洋风景画与风景画家》，评述西洋19世纪以前的西洋风景画;《印象派以后的西洋风景画》则为评述19世纪以来的西洋风景画……

在文中，郑午昌进一步阐明了"发扬国画的宝藏，贡献世界艺术界的探讨""飞向中西古今艺术的藩篱，吸采其精汁，而熔冶之，消化之，酿成一新时代的佳蜜"的办刊方针。果然，这两期《专号》不同凡响，备受注目。

然而，好事多磨。坊间有一说是"因为印刷费、纸张费猛涨等原因"《国画月刊》在出版了十二期后，不得不于1935年8月停刊。

所幸，柳暗花明。不出半年，也就是1936年1月，郑午昌和孙光第为发行人，上海中国画学出版社编辑出版了谢海燕任主编的《国画》月刊。

走笔至此，不免心生疑团。

看来印刷费、纸张费猛涨并非主要原因。那么这个"等"原因的"等"字背后究竟是什么呢?

查郑午昌《〈国画月刊〉与〈国画〉》一文，才了解这桩公案的来龙去脉:

> 《国画月刊》既宣告停刊，远近阅者，纷纷责询及予，以为予与《国画月刊》兼负编辑及发行之责。实则《国画月刊》系中国画会之一种刊物，凡是会员皆与有责，不过编校之功，海燕为多;征稿之力，天健为大。初期印行之费，予虽曾为设法暂垫，嗣后定户日多，零售亦旺，所入足以敷出，且有余伏。
>
> 与其他定期刊物之犯贫血症无力维持者不同，后因天健与海燕对于编辑上发生误会，在第八期后，海燕愤然

辞去，天健乃独任其事，天健固自号"百尺楼头一丈夫"，
跌宕不羁，性本不甘烦劳，故勉强支持至十二期而遂以停
刊闻。丹林、剑华、海燕诸君，对于《国画月刊》素抱热
忱，至是深为惋惜，乃与余共谋所以继续之方。

郑午昌对新版《国画》杂志进行了说明：

> 夫吾人之共谋继续，不是图利，是以研究国画，提倡
> 国画，发扬吾国固有艺术为前提。惟期在我黯淡沉闷的艺
> 海中，有如《国画月刊》一类性质的刊物作为明灯，得与
> 海内同志永远在这灯下为我国画学找寻光明之路，于愿以
> 足。因定名《国画》，凡《国画月刊》未了的义务由《国画》
> 来了，《国画月刊》未尽的职责，由《国画》来尽，在《国
> 画月刊》所未曾研究过的种种问题，在《国画》上来研究，
> 希望曾爱护《国画月刊》之同志一样来爱护《国画》。

黄宾虹的《画人画语》，刘海粟的《艺术的革命观》，刘狮的《时
代之画坛》，郑午昌的《中国名画记观摹记序》，王念慈的《国画山水
理论与实际》等，也都通过《国画》与读者见面。虽然历经了半个多
世纪，但当时提出的许多问题和论点，仍然具有现实意义。

上海沦陷期间，中国画会的一部分会员奔赴大后方工作，一部
分会员留居上海，部分会务停滞。所有会员绝未与敌伪工作，1938
年末还举办了"义卖书画展"，为难民购买御寒衣物。后来，又举办
了五届书画展览会。

1945年，抗战胜利后中国画会筹备重建。

1947年4月，中国画会在山海关路育才中学礼堂召开复会大会。

1948年底，中国画会终止活动。

1950年，郑午昌创议上海美术界组建新国画研究会。此为后话。

汉文正楷

1935年1月29日。

郑午昌以汉文正楷印书局经理的身份上书蒋介石。

题为《呈请奖励汉文正楷活字板，并请分令各属、各机关相应推用，以资提倡固有文化而振民族观感事》。郑午昌在《呈请》中首先指出，孙中山的建国方略中重视印刷工业在现代文明中的价值，而要想发展印刷工业，尤需注意字体：

> 我国立国最古，文字创始早……至晋，而正楷遂盛行。以其字体端正，笔姿秀美，运用便利。凡我民族，若有同好而认为最适用之字体。数千年来，人民书写相沿成习。即在印刷方面讲，考诸宋元古籍，凡世家刻本，其精美者，类用正楷字体，请当时名手书刻而成……我国书体，尤其正楷体，无论南北，凡是中华民族几无不重而习之。此种文字统一的精神，影响于政治上之统一甚大。

> 现在所谓"老宋体"，日人亦谓之"明体"，遂成为我国雕版印刷上所专用之字体，致我国文字书写之体与印刷之体截然分离，读非所用，用非所读，已觉诸多隔膜……近又将老宋体改瘦放粗，而成所谓"方头字""新明体"等输入我国，我各大报社、各大书局几无不采用之。是非日制之老宋体字果能独霸我印刷业也？亦因无较好之书体起而代之耳。

郑午昌认为，比"各种书刊封面，报纸题字标语等，概不准用立体阴阳花色字体，及外国文"更为重要的是，在正文的印刷字体选择上，必须解决"我国文字书写之体与印刷之体截然分离，读非所用，用非所读"的问题。

郑午昌的《呈请》，将字体的选用上升到了政治统一、民族精神和国家存亡的高度，并用汉文正楷印书局几年来创制、推行以及全国印刷同业采用汉文正楷活字版铅印已达三百五十余家的事实，尤其是立法院、铁道部、盐务署、中国银行等政府部门机关的使用来增加说服力：

> 午昌有感于斯，不揣棉薄，筹得巨款，选定最通用、最美观、最正当，又为我国最标准的正楷书体，聘请名手制造活版铜模，定名为"汉文正楷活字版"。自民国十九年九月起造至二十二年九月，为时三载……设产试印各种书籍文件，曾有铁道部之《铁道年鉴》，盐务署之《全国盐政实录》，立法院之《各国宪法汇编》，中国银行之《全国银行年鉴》等。成绩之美，已得各界相当之认识……而为现代社会所欢迎者，已足以证明之矣。

当然，郑午昌的《呈请》恰逢一个时代契机。

这就是蒋介石所提倡的"新生活运动"。

其时，距九一八事变东北沦陷已有三年，距七七事变后全民抗战尚有两年。1934年2月19日，蒋介石在南昌行营举行的扩大总理纪念周上发表进行了《新生活运动之要义》的演讲，宣布"新生活运动"开始。

如果概括一下蒋介石的"要义"，大致有以下几点。

一是全国知识分子要负起教导国民的责任，使国民具备国民知识与国民道德。

二是提高国民知识道德要从改善国民基本生活——衣食住行——着手，故非发展教育不可。

三是今后全国国民应开始实践合乎礼义廉耻的新生活运动。国民应以昨死今生的精神，革除过去野蛮生活。

四是新生活运动，要使全国国民生活整齐、清洁、简单、朴素，彻底军事化。

提到"礼义廉耻"，蒋介石还以自己在日本的生活举例：

> 我过去在日本学陆军，受过他们的学校教育，也受过他们军队教育，他们虽口里没有提出"礼义廉耻"来讲，但是无论吃饭穿衣住房子，走路以及一切行动，其精神所在有形无形之中都合乎礼义廉耻！
>
> 他们以这样的教育几十年教下来，然后才造成今日这样富强的国家。我们现在要建立新的国家，要报仇雪耻，不要讲什么强大的武力，就只看在衣食住行上能不能做到日本人那个样子。

两个月后，江西省教育厅下发了一个指令，通知所辖部门发行的"各种书刊封面，报纸题字标语等，概不准用立体阴阳花色字体，及外国文，而于文中中国问题，更不得用西历年号，以重民族意识……"与此同时，上海、南京、北平、广东、安徽、福建、河南等地的政府公报也都"顷奉委员长蒋谕"传达了这一指令。

郑午昌的《呈请》，通过政府行政命令在全国推行正楷字体。

1936年，文化事业计划委员会通过了《文化事业计划纲要》，第十二条明确要求："确定汉文正楷为正规字体，取缔任意变易之不正规之花纹立体字，及横行左书……订定简易正确之文字教育法。"也就在这一年，"教育部规定汉文正楷为印刷教科书的字体"。

"顷奉委员长蒋谕。"

也就是说郑午昌的呈请，正中蒋介石下怀。

那么，蒋介石为何要将"字体意识"纳入"新生活运动"？为何要将印刷字体上升到"民族意识"的高度？

此处，不妨对所谓的"立体阴阳花色字体"展开几句。这种字体，其实是美术字中的一些装饰性较强的字体，较多地应用于广告、画报、电影海报、书刊杂志等。比较常见的，譬如老介福呢绒绸缎广告、新新有限公司的名贵绸缎上等呢绒广告、马利牌水彩颜料广告，以及《良友》《现代》《大众》《电声》《上海生活》等画报杂志。只不过，这些字体大都直接复制或参考日本书籍装帧设计的图案文字，十分明显地带有日式美术的印迹。

事实也的确如此，当年许多中国的设计师，如工艺美术家陈之佛是1918年留学的日本，在东京美术学校工艺图案科学习图案，回国后曾任国立艺术专科学校校长教授兼图案科主任。而擅装帧美术的钱君匋，有资料表明其曾在"上海内山书店"购买了大量的日本美术、图案著作，以供自学之用。可以想见，当时沪上的不少装帧设计师也一定会受到日本书籍装帧设计图案文字的影响。

清末至民国年间上海市中心街头的美术字

另外，还有一个不可忽视的地域因素是，由于上海是华洋杂处之地，受西方文化影响日久，在杂志书刊封面、报纸题字标语上使用外文更是司空见惯。在上海这个当年中国的出版中心，许多出版社、报社用外文来点缀封面或报纸题字以彰显国际化的程度，也是今人所说的"标配"，已不足为奇。

如果分析蒋介石的心理，大致有以下三个考量。

第一，日本书籍装帧设计图案文字在坊间的大肆流行，"立体阴阳花色字体"虽然仅仅是一种符号表征，但背后的文化内涵与他所主张的"固有的民族意识"是冲突的。诸如类似"外国文""西历年号"此类，必须通过行政命令来禁止。

第二，蒋介石自诩一生都在模仿曾国藩的行为、治理乃至书法，其对正楷更情有独钟。蒋书不仅有柳楷的筋骨，还有颜楷的浑厚，其书不失中正之风。老蒋一生题字、日记也多用正楷，美国记者拍摄的那张坐镇重庆指挥抗战的蒋介石手书的"抗战必胜，建国必成"就是楷书。郑午昌在《呈请》中陈述的"我国文字书写之体与印刷之体截然分离，读非所用，用非所读"的问题正中下怀，必须通过行政命令予以解决。

第三，至于为何蒋介石钦定"汉文正楷为正规字体，取缔任意变易之不正规之花纹立体字"以资提倡固有文化而振民族观感，可能完全是由于郑午昌的汉文正楷印书局已创办四年，汉文正楷也已成为中国印刷业创制时间最早、配套最完备、影响最大的楷书字体，不但国民政府部门已经使用，就连日本都争先仿制正楷字体。

若问郑午昌汉文正楷书局和汉文正楷的直接起因是什么？

这就不得不追溯到五年前郑午昌主编的《蜜蜂画报》。

佚名在《汉文正楷活字的创制》中讲得很明白：

　　汉文正楷活字版之创制，其历史有足称道者。当民国十九年间，沪上诸画家有蜜蜂画社之组织，该社曾出一种旬刊曰《蜜蜂》，主其事者，即为郑君午昌。该刊初由某外人所开设之印字房承印，其印字房固有褚书活字者也，居奇要挟，无所不至。

　　郑屡与交涉，卒无效果，一日竟与某外人口角，外人谓中国人不会制造中国字样，只好请君委屈一点。郑亦振臂而言曰，阁下安知中国人不会制造此种字模，或者更比美观，亦未可知。

　　虽然郑午昌出于民族自尊心与审美追求，决意自创楷体铅字，但过程却一波三折。

　　其时，中华书局社长陆费逵已经组织创制了"方形欧体，古雅动人，以之刊行古书，当可与宋椠元刊媲美"的聚珍仿宋字。那部用聚珍仿宋活字印制的《四部备要》行销全国，备受好评。因此，郑午昌、陈小蝶等人萌生了中华书局应该备一套正楷活字的想法。

　　最初的摹版，是奉系军阀头目张宗昌受杨度鼓动，在民国十五年（1926）根据唐代《开成石经》摹刻的十三经，深得郑午昌、陈小蝶的喜爱。但较为遗憾的是，《唐刻十三经》只印了弥足珍贵的一百部。

　　据陈小蝶回忆："张宗昌一生不做好事，他却刻了一部《唐刻十三经》……我觉它刻得真精，字迹的可爱，更远胜过宋版书。其时姚竹天在中华书局发行仿宋字，盛行一时。我们就提倡将莳忍堂的《唐刻十三经》字，用照相照下来，分铸雕剪成铜模，来发行一副正楷字……谁知楷字铸成，上架子一排，不好，失败了。原来，唐经的字，看是个个整齐，谁知分拆下来，却有大小，重行排版，便是有长有短，有瘦有肥，排印出来，竟然不成款式。"

于是，郑午昌草拟了一份制造铜模的计划，写了一份创制正楷字模的意见书，请陆费逵考虑。

但"当时陆费逵因正在添制仿宋夹注字（长体）和仿宋注间连积字，无论在资金、人力、工厂设备等方面都有问题，他委婉地复信给午昌，答应暂缓办理"。陆费逵无法腾出精力铸造楷字，自己的难处还在于编《辞海》的艰巨任务有待完成，他后来回忆"普通汉字，电报书不过七八千字，各印局铜模少者五六千，多者七八千。此次特加制铜模八千余个，共计已有一万六千个，尚嫌不足。其僻字、新字仍须临时雕刻。此种字体，平时不习见，但丝毫不能讹误，其困难殆非局外人所能想象也！"

其实，郑午昌在与陆费逵商议铸模的同时，已请中华书局的同事、擅长欧楷的高云塍书写常用楷字约一万字，以备将来制版。吴铁声说得明白："汉文正楷活字版铜模，头号至五号字、新五号字，自1930年开始制造，历时三年余，至1933年9月全部完工。"

高云塍是中华书局三大书法家之一，浙江萧山人，蜜蜂画社第一期社员。他所写的楷体铅字，延续了中国楷书的传统，比较符合大众的审美，带给人一种"中庸简静"的感觉。刻字工是朱云寿、许唐生、陆品生、郑化生等人。吴铁声在日后评价道："近年来汉文正楷活字，非常流行，因为这种字体，就是我们日常所写的楷书，其能普遍易读的原因，也就在此，在将来必占极优越的地位。"

另据上海书画出版社熊凤鸣叙述："笔者为此事拜访了对文房四宝颇有研究、对书画界掌故极多的书法篆刻家潘德熙。年逾古稀的潘老当听到我一提起汉文正楷印书局后，即说我的印象，当时还请过大书画家符铸符铁年写过字模，由于手臂有疾等身体原因，符铁年后与外界交往不多，故世也较早，给人印象渐渐淡漠。"这位符铁年，就是当年曾与郑午昌、汤定之、谢公展、张善孖、王师子、陆丹林、张大千、谢玉岑结为"九社"的现代著名书画家。

再续郑午昌与陆费逵商议未成之事。

郑午昌最终决定招股自办企业，铸造楷字。此事得到了他众多同道好友的赞成和支持，"先后由李祖韩、李秋君、陈小蝶、孙雪泥、鲍国昌、鲍国梁、王式园、裘配岳、朱心佩、俞季荪、宋音韶、陈近仁、孙伯安、郑午昌等认股，初期资本为五万元"。

如此，由郑午昌、孙雪泥、李祖韩合股的汉文正楷印书局股份有限公司，于1932年在上海正式成立。总局设于山东路，毗邻被称为"报馆街"的河南路棋盘街和被称为"书店街"的福州路。印刷厂设于杨树浦华盛路（今杨浦区许昌路）三益里。郑午昌任书局总经理，王式园等人任董事，业务孙伯安、王企岐，会计宋音韶、郑升三，编辑谢海燕、傅幼真，印刷厂厂长张文龙。

民国二十四年（1935）为维护版权，郑午昌还向上海市政府申请了专利保障。翌年，《内政公报·警政》发文《关于郑午昌呈送汉文正楷活体铅字请注册一案咨复查照饬知——咨上海市政府》。不久，汉文正楷印书局出版了郑午昌为母祝寿刊印的越缦堂节注本《孝经》线装书。

说到此事，则另有一段故事。且听道来。

郑午昌是一个孝子。那年正值母亲杜太夫人七旬生辰。郑午昌写《白衣观音图》祝寿，款识："南无大慈大悲救苦救难白衣观世音自在菩萨。丙子冬十一月十有一日，弟子郑午昌沐手敬造。"图上的一段小记记录了缘由：

> 丙子春正月初二日为我母杜太夫人七旬生辰，朋旧戚党相谋为寿。母曰："先祖姑暨先姑年皆耄耋，于时海内承平、家门鼎盛，未尝称寿。余德不及先人，不可过

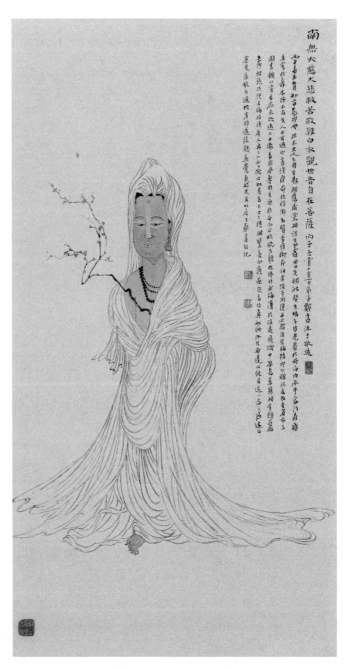

《白衣观音图》
1936年

也。"午昌谨受命,既将乡先贤李侍御节注《孝经》本,用汉文正楷活字版精印,分赠亲友及各省市立图书馆,以资存念,更欲造大士像,为我母寿,因苦无所本而止。昨晚方睡,仿佛行至海滨,于浪花飞溅中忽见慈悲相,金颜庄严,素纱披笼,顶踵手梅,枝横肩上,冉冉入云际,心知其为大士之现相,惊喜而寤,遂起为传真如此。佛法无边,心能自造,一念之感,遽得梦见慈航在迩,彼岸非遥,临颖益觉肃然矣!且以居士郑午昌敬记。

如果说郑午昌刊印《孝经》本的初衷,是谨遵母命之孝,但写观音大士像则得自梦中所见慈悲相之缘。中国古语有云:"日有所思,夜有所梦。"郑午昌平日念兹在兹的一片孝心"心能自造一念之感""遽得梦见慈航在迩"。

汉文正楷印书局的诞生,堪称中国印刷出版界开天辟地的一件大事。

当年《中国出版月刊》《申报》均报道了书局成立的事。陆丹林在《正楷活字版之创制者郑午昌》一文中道:

郑君午昌,善书能画,著作等身,对于印刷事业,凤抱改进之宏愿。在胡适之提倡白话文字之翌年,即致力于改良印刷字体,以求适合于现代文化之需求。书选取精整而适用之楷书一万四千余字,制造铜模,范铸活字。

午昌固寒素,又不喜张罗,屡以经济困难作辍。然有志者得人助,辄获其友李祖韩、陈小蝶诸君之共举……蔡元培、于右任诸老,皆极赞成之,谓为中国印刷工具的新发明,现代文化事业之大革命。

《推用汉文正楷活字版》《正楷活字版之创制者郑午昌》　　汉文正楷印书局海报

　　书局以售卖字模为主，兼营图书出版。在初期未印刷书籍以前，书局先以广告单试验，取得了不错的效果。《中国出版月刊》报道："上海各大药房如宝威、永安堂中西科发等，所用仿单样本，多由汉文代印，虽未正式开幕，生意已颇不恶。足见此种正楷活字，应运而生，颇受社会欢迎也。"在政府明令全国推行正楷字体之后，汉文正楷印书局业务迅速发展。书局除了自己承揽印刷业务，还在全国各地设立分号。七七事变之前，书局已在香港、南京、天津、广州、汉口、青岛、苏州等地设立了经理处。《国画月刊》报道："廿四年春，（书局）先后在南京、杭州等处成立分店，一面增设制模工厂，添购最新印机谋生产，质量之精进、业务之盛，正如旭日初升，于我国文化界不久当更有一番伟大贡献也。"

　　1949年中华人民共和国建立后，汉文正楷加以修正。

　　1992年，汉文正楷被定为中国小学教科书专用字体。

　　1994年，汉文正楷在国标《印刷汉字字体分类》中的适用范围是"小学课本、儿童读物、刊物标题"。

　　2016年，方正字库开始对汉文正楷进行数字化复制，历时六年，于2022年推出了简体、繁体以及家族化字库产品。

《中国画学全史》

首先奠定郑午昌美术史学家地位的，应该是《中国画学全史》。

民国十五年（1926）《中国画学全史》完稿。

那年，郑午昌三十三岁。

三年后，《中国画学全史》由郑孝胥、黄宾虹作序，中华书局出版。吴昌硕扉页的题签为："嵊县郑昶编著，长乐黄葆戊校阅《中国画学全史》。丙寅九月吴昌硕年八十有三。"钤印："吴俊之印""吴仓石"。从题签的日子来看，吴昌硕是去世于一年后，也就是1927年的冬天。

墨绿色封面上，一幅烫金图案的《伏羲女娲交尾图》，手中分别握有的"规"和"矩"是中国古代最重要的绘图工具，《周易》的八个单卦散布于封面下部，别有古典韵味。书的定价为四块大洋。当年的物价是一个什么概念？

举两个例子来说明：著名学者张中行那年在通县师范读书，四块大洋是每个月的伙食费。更早些年，毛泽东在北京大学图书馆当管理员的时候，月薪是五块大洋。《中国画学全史》一出版就大卖，直至八年后仍在加印，版税所得如果购买一栋别墅亦绰绰有余。

穿越百年的去去烟波。

不妨一起来听听当年的那些回声。

蔡元培誉此书为："中国有画史以来集大成之巨著。"

郑孝胥在《序》中写道："画之为艺历数千年而未有汇辑成编者。嵊县郑君著此书以五年之力搜采编撰始克脱稿，体例完善，便于学者。古书所传难以悉见得此，读之其愉快为何如乎。孝胥丁卯五月。"

黄宾虹的《序》里有"画学精微，迭经蜕变，若断若续，绵数千

郑午昌《中国画学全史》
书影

《中国画学全史》
吴昌硕题签

郑午昌《中国美术史》
书影

年而弗坠……有条不紊，类聚群分，众善兼该，为文之府。行见衣被寰宇，脍炙士林，媲美前徽，嘉惠后学"之言。

绘画史论家俞剑华说："吾友郑昶（郑午昌）之《中国画学全史》出版，实为空前之巨著，议论透辟，叙述详尽，且包罗宏富，取材精审，纲举目张，条分缕析，可谓中国绘画通史之开山祖师。"

书画理论家余绍宋评说："吾国自来无完全之画史，而叙述画史，尤以通史体例为宜……惟此编独出心裁，自出手眼，纲举目张，本原具在，虽其中不无可议，实开画学通史之先河，自是可传之作。"

余氏果然颇有远见。《中国画学全史》已成传世之作。

七十年后的1999年，中国领导干部必读丛书十六本中，郑午昌的《中国画学全史》《中国美术史》入选其中。

八十年后的2009年，东方出版社推出"民国经典学术·中国史系列"丛书，全套十一本，《中国画学全史》赫然在列。

直至今时，《中国画学全史》依然是我国美术专业的经典教材和中国美术史研究的重要工具书，并且不断再版。足见此书的学术价值与生命力经久不衰，诚如黄宾虹所言"度世之金针，迷津之宝筏，无以此书"。

谢海燕在《重刊中国画学全史序》中赞郑午昌道:"早年为中华书局征集、审订、编印美术著作及画册,传播艺术,建树殊多。"

其实,中华书局只是郑午昌心路历程的一个重要驿站。早在民国九年(1920)郑午昌辞任嵊县崿山小学校长,受聘于杭州高义泰布庄任家庭教师之时,就已经着手《中国画学全史》的材料整理和论著的编撰。后来,郑午昌在《序》中慨言:"昶欲辑本书久矣。"可以参证。

高家收藏宏富,兼之高氏五仲昆于诗文书画各有造诣,且皆有收藏。前书已表,按下不提。郑孝同说:"父亲在高家说是家庭教师,工作的内容其实相当于半个文书。那会儿在高家,教书之外,父亲也会相帮着对所藏的字画进行一些必要的整理。父亲毕业于北师大历史系,历史和绘画本来就是他的兴趣所在,有事没事也喜欢去博物馆逛逛。正是父亲青年时代的许多的积累,为其后来画学全史的写作打下了深厚的基础。"

郑午昌步入上海滩,受聘于中华书局任史地编辑,旋任美术部主任。与当时的著名书画家黄宾虹,书法、篆刻家黄蔼农,摹古名手许征白等关系甚好。聚会和闲暇时间颇多研习绘画,互相切磋,自云"研讨有得、辑录益勤"。郑午昌平素雅好收集与研读古今各家谈书论画的典籍,遇精辟之处,便抄录或强记于心。不但用以充实自己的教习生涯和书画创作,更丰富了自己的资料库。

综观一部三十五万字的皇皇之作,郑午昌从浩如烟海的书画典籍中,以学术性、系统性、科学理性为统领,对历代书画典籍进行梳理和审视,提炼各个时期的代表性画学著作,构建起了一个能够反映中国画学发展史实的通史宇宙。

《中国画学全史》是完全由中国人自己撰写的绘画通史的开篇之作。

郑午昌身处的时代背景，正处于中国美术史学承前启后转折的坐标点上。《中国画学全史》的破土而出，既是西学东渐所带来的文化冲撞与融合的必然产物，也是近代中国社会巨大变革与美术史学自身发展的逻辑使然。而郑午昌自己，也因全史而成为了中国美术史学一个独领高标的文化坐标。难怪俞剑华会说自己在撰写《中国绘画史》时，也接受了郑午昌的史学方法和编撰体例，"本书多采用郑氏及吾师遗著之说"。

陈佩秋直言，就中国美术史论著作而言，诸如当时日本学者藤冈太郎的《近世绘画史》，大村西崖的《文人画之研究》，中村不折与小鹿青云合著的《中国绘画史》等，都对中国绘画史研究有较大的影响。虽然其后我国也有多人写过《中国绘画史》，但其结构基本上沿袭日本学者的结构，略加增减而已，因此还不能算是真正意义上的著作。因而《中国画学全史》"实开画学通史之先河"。

南京艺术学院博士生褚庆立在以郑午昌及《中国画学全史》为研究对象的学位论文中作过一个比较研究。其指出，虽然在郑午昌之前，已经有过中国美术史相关的作品问世，但大多只是对日常授课讲义的简单整理，很多都是参考乃至照搬了日本学者的论述，并没有太多的个人创见。而郑午昌的这一本"无论从观点还是体例都是自己的东西"。

那么，我们不妨来看看陈佩秋、褚庆立所说的"我国也有多人"是哪些人。

毋庸讳言，近代中国绘画史研究的第一步，即完全笼罩在"日本模式"之下。陈师曾、潘天寿、俞剑华等人都各自撰写有《中国绘画史》，滕固亦有《中国美术小史》出版。

虽然他们的著作避免了传统史著强调叙述忽视评论的缺陷，既具有翔实的史料，也有深入的评论。但正如书画理论家余绍宋所评价的："（陈师曾）此编既非著述，而出于讲席口授，自不免有所依傍。编中采录日人中村（按：《中国绘画史》）、小鹿之说颇多，不为病也。凡分上古、中古、近世三编，更分章节，纯是讲义体裁。"

与此相近的是潘天寿的《中国绘画史》，初版稿体例分古代史、上古史、中古史和近世史四编。余绍宋认为其内容基本译自《中国绘画史》，增补不多，章节也大体相同。他甚至还进行了严厉的批评："是编用白话叙述，近日时髦体裁也……题为编纂，不若题作译述之为愈也。"

而滕固的《中国美术小史》，则是把其在上海美术专科学校任教时的讲稿整理成稿。当然，他以"历史进化论"的思维模式，对自上古到清代几千年的美术的发展进程及其因果关系进行了整体梳理与辨析，具有一定的时代意义。

回到《中国画学全史》正题吧。

全史问世至今已有近百年的时间。那年郑午昌三十三岁，还正在构建自己更系统的精神基座。今人重读《中国画学全史》，在字里行间仍能触摸到郑午昌温热的生命脉动，感受郑午昌"在无人处绿登台"的精神底气，以及中华美学穿越古今的时间尊严。如果稍加概括，大致有以下几点。

其一，郑午昌"我修我史"的紧迫感和使命感。他指出：

> 英儒罗素、印哲泰戈尔之来华，皆以国画历史见询，答者辄未能详。夫以占有世界美术史泰半地位之大画系，迄乎今日而尚无全史供献于世，实我国画苑之自暴矣。

日本研究中国画史"实较国人为勤","深愧吾人之因循而落后"。中国的美术史为什么要由外国人来写呢？中国的美术史理所应当然要由中国人自己来写。

在《自序》中，郑午昌开篇阐明了自己辩证的观点：

> 世界之画系二：曰东方画系，曰西洋画系。西系萌蘗滋长于意大利半岛，分枝散叶，荫蔽全欧；近且移植于美洲，播种于亚陆。东系渊源流沛于中国本部，渐纳西亚印度之灌溉，浪涌波翻，沿朝鲜而泛滥于日本。故言西画史者，推意大利为母邦；言东画史者，以中国为祖地，此我国国画在世界美术史上之地位也。

郑午昌的这种民族主义情结，一如剡溪的静水深流、两岸依依的杨柳，在字里行间表达得如此沉静而坦率，这与同时期傅抱石《中国绘画变迁史纲》、滕固《唐宋绘画史》的行文风格都有所不同。

其二，郑午昌的"优生学"美学史学观。中国史学传统悠久，但长期以来艺术并未成为独立的历史学研究单元。梁启超曾呼吁中国学界应着力研究和撰述文物和艺术的专门史。郑午昌在梁启超等人进化论美术史观的基础上，又引进了"优生学"的概念，并以魏晋南北朝为例来加以论证：

> 魏晋南北朝的美术，是中国与域外文化融合的混血艺术，在吸收了外来思想和艺术样式之后，中国本土艺术获得了新的提升，这是中国艺术史上最光荣的时代。

这段话，历来都是被研究者所忽视的。

那就不妨拓开一笔，说说魏晋南北朝的美术。

这个时期的大背景可以用战火纷飞，民族大融合来概括。

铁马。西风。塞北。

北魏从马上得天下，定都平城，迁都洛阳。糅合胡风，推进汉化，摩崖、石壁、碑碣间响彻金石之声。中华文明走向了健全平衡，走向了雄气勃勃的强大，走向了与其他文明优秀因子的大融合。这个时期的美术展现出一种混合、开放、多元且极具创造性的风格。

一大批杰出的画家群峰耸立。诸如顾恺之、戴逵、陆探微、张僧繇，以及杨子华、曹仲达、田僧亮……画家这一身份，也逐渐地进入了历史书籍。据唐张彦远《历代名画记》的记载，画家人数达百人以上。事实上，此时的人物画和走兽画都达到了成熟的阶段，而以敦煌莫高窟为代表的佛教壁画则成为了异域绘画的殿堂。

魏晋书法既承汉之余绪又极富创造活力，呈空前繁荣景象。楷书、行书、今草等新体齐头并进，钟繇的《宣示表》，王羲之的《黄庭经》《兰亭序》，王珣的《伯远帖》……各种书体异彩纷呈、蔚为大观。并且形成了王氏家族、庾翼庾氏家族、谢安谢氏家族、郗愔郗氏家族、卫夫人卫氏家族等书法家家族，堪称是中国书法史上的里程碑，带来了一种极其广阔的社会必需性与整体上的社会性诚恳。

当然，随着书画艺术的繁荣，仿制品也逐渐有了滋生的土壤。从书画鉴藏的角度考察，真正需要鉴定的古画也正始于这个时期。从皇室和私家的收藏来看，也已不限于单纯的收集和保管，同时还开展了鉴别、评级、著录等一系列活动，拉开了我国早期鉴藏史的帷幕。如顾恺之《论画》、谢赫《画品》、葛洪《西京杂记》等为代表的有关绘画理论及史料著作相继出现。

郑午昌的《中国画学全史》用西方史学的观点、方法和思维方式对中国画学史进行了重新的梳理和研究，并以近代科学观对传统画学著作进行观照，无论是编撰风格、体例，还是史学模式和方法，都已具备了基本近代史学的特征。

其三，郑午昌"时代观照"下的方法论。

《中国画学全史》作为中国画史从古代到现代转型的衔接，郑午昌的特别贡献是在传统史学模式下找寻到一种不同于先前任何一部画学著作，但又与它们有着不可分割的联系的编撰方法。

郑午昌明确地提出了自己的分期法。在他看来，传统绘画史的痼疾是叙述上缺乏系统性、科学性。在研究方法上，传统画史割裂了绘画与时代的关系，热衷于画家的传记和著录，整部绘画史好似一部画家人名史，更忽视了宗派源流分合的论述，不能说明画学的演进与发展。

郑午昌在《自序》写道：

> 画为艺术之一种，当就其艺术上演进之过程及流派而述之。然其演进也，往往随当时思想、文艺、政教及其他环境而异其方向，别其迟速；而此种种环境，又随时代而变更。如我国数千年来，专制政府前仆后起，一代一姓，各自为治。其间接或直接影响于画学者，亦各异趋。

因此，《中国画学全史》的编撰非常强调方法论和编撰体例与史学模式的统一，注重把政治、人文等与社会价值密切相关的思想体系联系起来，超越了传统画史忽略绘画与社会时代关系的局限性。郑午昌认为："无论从事史学研究还是绘画创作，都要对社会有促进作用，不可竞尚空言。"这种科学而理智的态度，无疑是《全史》取得成功的基础。

郑午昌将整个绘画史分为四大时期："实用时期""礼教时期""宗教化时期"与"文学化时期"。这种大的主题分期，表现出他在新旧学术的转型期中对"画学"命题及其内质的深度认知，不仅比崇古抑今的旧艺术史观前进了一大步，也有超越了简单的进化论的历史观。

在四个大的分期框架下，郑午昌以传统画史资料，即画家传记、画迹名录、画论为主要内容。自汉代起，各代分章叙述，每章四节分论此代概况、画家、画迹、画论。为了有助于读者及时回顾小结，郑午昌在每章结束都配以图示和简要文字作小结。

这样的体例安排，使得整部《全史》条理分明。尤其是在书的附录部分，郑午昌利用分类统计学原理将画家著作、画种兴衰、画派、历代画家的百分比、近代画家传略等制成图表，利用数学演算出百分比，甚至用坐标来标记。

最后，还需要特地指出的一点是：郑午昌在每章中对画论文献的重视，可以看出他对前代画论经典文献的敬意，以及稽考、整理的热情，这也是本书在编撰形式上的宝贵经验，值得后人借鉴。

除了《中国画学全史》，郑午昌还撰写了《中国美术史》《画余百绝》《石涛画语录释义》《中国壁画历史的研究》等多部著作。当然，就目前而言，人们对于郑午昌在中国画论、画史方面的成就研究尚有待深入。

第六章
画不让人应有我

云林用干我用湿，一样笔墨意更密。
————郑午昌题画诗

画坛宗匠

钱瘦铁题签的第一辑《蜜蜂画集》人物小传里这样推介郑午昌：

自幼好读书，其家富收藏，暇则临古书画，稍长寓西
泠攻画亦力，山水胎息宋元，喜用水墨。仕女古媚近周
昉，花卉劲逸比复堂，为当世精鉴者所推服。曾游学平津
沪汉，所至辄交其贤士大夫……移家海上任中华书局编辑
及审鉴书画。富著作，关于诗文史地之学行世者颇多，而
《中国画学全史》尤为中西学者所称述。为人谦和质直，
尝与贺天健、刘海粟论画，往往经日不已，有时意相左辄
奋臂而争，旁听者骇走而君复欢笑如初。诚学者态度也。
年三十有六。

这篇人物小传颇得司马迁史记笔法之精髓，为人"谦和质直"，论画"经日不已"，意相左则"奋臂而争""旁听者骇走""复欢笑如初"……一口气读下来，生动逼真、个性鲜明的郑午昌宛在眼前。想必，郑午昌争辩用的语言，无疑是始终未改的绍兴宁波乡音。

苏州沧浪画会发起人郑定裕，在郑午昌《稽山积翠图》获纽约世界博览会金质奖后，曾于《中艺画报》上撰文《画坛宗匠郑午昌》。

> 剡溪郑午昌氏，为当代画坛宗匠，门墙桃李，亦皆一时俊秀。所作苍逸奇伟，以古人笔墨，写自我意境。生平名作，结构无一相同，而各新奇。尝谓余曰："画家的宇宙，比自然的宇宙更大。自然所没有的美色奇景，都在画家胸襟笔墨中。"于此已可想见其艺术见解之高，造诣之深……

陆丹林亦在《郑午昌——著作等身的画人》(《中国生活》1948年)中写道："画人郑午昌(昶)，在艺坛的人们，都知道他是一位已经成就的画家。是的，他是用了天才和学力，替当代画坛另辟了一个庄严而美丽的宇宙。"

郑定裕、陆丹林在文中都提了"宇宙"这个词。那么，郑午昌是如何来看中国画中的宇宙观呢？他在《中国画之认识》中说得好：

> 我国画以纸面为大自然的宇宙，画外空处，不必用色，即可代表宇宙一切景物。如画山水，其空白处，即为天或为水；画人物，其空白处，即为天、为地、为屋壁，或其他种种。

胸襟阔了，气象盛了，画家心中的"宇宙"自然就大了。

画家心中的宇宙大了，画纸上的"宇宙"也就大了。

郑午昌胸襟由何而来？

人物小传里已经给出了答案：譬如家富收藏，暇临古书画；寓西泠攻画亦力；游学平津沪汉，广贤士大夫；与诸名家经日论画等。《中艺画报》亦给予了肯定，"郑氏绘事之余，每喜致意典籍，借以开拓胸襟，尝游国内名山，肆意饱览景物，昔人谓：读万卷书，行万里路，而后绘事始能精，郑氏有焉"。

那就先说说"读万卷书"。

郑午昌尝言："书宜读，而之其义，画亦宜读，而悟其理。"

读古画，师古人，是郑午昌一个最基本的绘画理念。当然，"传摹移写"为六法之一，临摹是必须的。他主张，手摹古本固为学画入门，切不可专摹一家。临摹，尤当于似与不似之间，变而化之，使心手相忘，不知是我还是古人为要。

郑午昌在《中国山水画的师资》一文里，举例阐述了自己的心得：

> 云林（倪瓒）为元季四大家，作品之神逸，冠绝今古，审其画法，大都树木似营丘，寒林山石宗关仝，皴法似北苑，惟自变耳。石田（沈周）为明季大家，作品之雄奇，驰名中外，而于胜国诸贤名迹，无不摹写，亦绝相似，或出其上。南田草衣（按：恽寿平，清代画家，创常州派，为清朝"一代之冠"）名亦不亚于云林、石田，于清初"四王"（按：王时敏、王鉴、王原祁、王翚）外别树一帜，亦尝自言画能斟酌，于云林、云西（按：元代画家曹之白，具清疏简淡之风格）、房山（按：高克恭，元代官员、画家）、海岳（按：清代僧人）之间，别开路径，沉泳

墨采，润以烟云……

"戎马书生"嘉善孙筹成在《记画家郑午昌》中，有一段关于郑午昌"摹古十年"的故事："临摹时手若不透到，是犹囫囵吞枣，不知其味，或将食而噎，鲜有不致痼疾者。郑先生每得名画，先晤对数日夜，然后下笔，洎其完幅，复悬诸壁间，隔时细观，以察神韵之与原本合否，不合则弗惮摹之再三，如是者十年。"

这个故事极短，然给人的启示极大。得名画，晤对数日夜，下笔。复悬诸壁。隔时细观。郑午昌的目的只有一个，就是"察神韵之与原本合否？"若不合，则不厌烦与畏难仍然摹之再三。如此十年有余锲而不舍地读画、临摹，无疑是"画坛宗匠"最初的底本。

郑午昌继而认为，古画不但要"摹"，还宜"玩读"，以致有所"悟"：

> 古人的手迹，展示给今人的虽然是笔墨痕迹，但其精神妙谛皆蕴蓄于笔墨间，而不是今人稍加阅览就能够体会与领悟到的。如果吾人仅对笔墨之遗迹孜孜焉象之，于其神则茫然置之，即学之终身，适自造成为古人之奴隶而已。

郑午昌另有一段自叙文字，可以参看："十年前尝客杭州，居停复以沈石田册页见示，并极道其高逸。时余方好摹石谷子（王翚），以为笔墨如此草率，直顽童涂鸦耳！以后学稍进，始悟沈氏所作，趣味却远出石谷子上。"

可见，郑午昌通过玩读古画，已经渐渐领悟到了一幅山水画作品中笔墨本身透现出来的审美价值，要远远高于再现对象的形态。因此郑午昌在参研之后得出自己的判断，即明代沈周的画趣味要高于清代"四王"之一的王翚。

转益多师，是郑午昌之所以成为郑午昌的不二法门。

就以郑午昌对沈周的兴趣为例，我们除了在他早期的《松荫高士图》等构图之外，以后很少能够看到沈周的影子。郑午昌在《万壑松风图》题识中更明确指出：

> 落笔何曾宗一家，群山万壑任横斜。
>
> 荆关骨气吴黄肉，点染勾皴眼欲花。
>
> 辛巳冬十月，剡溪弱龛郑午昌写于如是楼。

王诚的《沪地文人画四家相》写了四个人："梅景书屋"主人吴湖帆、崔然居士李健、北野山樵汪声远、"鹿胎仙馆"主人郑午昌。文中是这样写郑午昌的：

> 郑氏在国画界的地位，本早有定论，那是无可否认的事实……郑氏绘画的作风，并不囿于一家一派，这可以说是他对于中国绘画的历史与理论有过深切的研究与认识的关系。他的风格的创立，原是由于综合研究了古大家作品而完成的，像关仝、董源、李成、刘松年、马远、黄公望、倪瓒、王蒙、文徵明、董其昌等的作品，都有过刻意的临摹与探索。

郑午昌还进一步将"读画"喻为参禅，"盖画犹禅也"。

说得真好。如果我们能对古迹静而参之，必能了然于古人用心处，"画宜读，须先对之详审细品，使蹊径及用笔、用墨、用意，皆存于胸中，然后下笔，灵气则自然奔赴腕下"。

王石谷尝谓："生平所见叔明（按："元四家"王蒙，董其昌称为"天下第一王叔明")真迹，不下廿本，吾从《秋山草堂》一帧，悟其法；于毗陵唐氏观《夏山图》，会其趣；最后见《关山萧寺》本，一洗凡目，焕然神明，吾遂穷其变。"诚然。参悟之法，可谓知止而后有定，定而后能静，静而后能安，安而后能虑，虑而后能得。做学问与治画本为一理，古今皆然。

再来看看郑午昌的"行万里路"。

在"师古人"的基础上，必还要确立一个"师自然"的理念。郑午昌在《中国画的师资》里以黄公望为例阐发自己的论见：

> 安知描写天地间之生物，不在形似，而在笔端之妙合天趣。欲其笔端妙合天趣，则非熟察生物之性不可。状物如是，画山水亦然。黄子久（公望）尝终日坐荒山乱石丛木深筱中，意态忽忽，人不测其所为，而子久悠然若自得。又每往泖中通海处，看急流轰浪，风雨骤至，水怪悲咤而不顾。于是知痴翁画笔之所以沉郁，几与造物争神奇者，非偶然也……

郑午昌复深发一问："一概画之，版图何异？"强调的是以自然为师，最重要的必须取之精粹的论见：

> 夫郭河阳取真云惊涌以作山势，李日华略写奇树以当锦囊，凭心中慧眼，觑着大块，自是画法上乘。顾千里之山，不尽奇，万里之水，岂尽秀；太行枕华夏而面目者林虑，泰山占齐鲁而胜绝者龙岩，一概画之，版图何异？故以自然为师，亦在所取之精粹。大痴爱佳山水，至虞山见其颇似富春，遂侨寓廿年，湖桥酒瓶至今犹传胜事。可知

古人师自然之法矣。

由此，我们大致可以追溯郑午昌摹古、治画的心路历程。他经过十多年读经典、摹古画的苦功历练，便即进一步地向大自然追求。"既师古有成，乃志于游"，隐隐然，我们似乎看到了其绍兴老乡谢灵运志向游历大自然的影子。

从下面一段带有古人诗赋风格的自叙文字中，我们更能够强烈地感受到郑午昌"倚尺剑于天外，蟠文笔于胸中"的浩然之气：

> 余将以自然之胜恢所学之用，于是船头马背，驶心灵于元冥，如天台、雁荡、普陀、禹陵、泉唐、天目，此近乡名山。宿所蜡屐者外，江淮河岳之间，在苏则虎阜、天平、鼋渚、栖霞、北固、金焦、蜀岗；在齐则泰岱孔林、劳峰，层峦危磴、烟云变幻，皆徘徊不能已；北至榆关登长城，西入晋，历云岗、五台、太行，渡孟津、摩龙门，循太华之麓还历中原；南渡武胜关漫游武汉，浮江入赣登匡卢，泛鄱阳，饱览鹿洞、圭峰、龙虎山诸胜；转向皖南取道黄山，经苕霅还浙。每至一地或居住宿或留旬月，山势水态，树姿石色以及人物城野，春秋朝暮之变，风雨雪月之景，无不细察默识。倚尺剑于天外，蟠文笔于胸中，而其理尽得。某也荆、关，某也董、巨，某也刘、李、马、黄，某也黄、王、倪、吴，有契于心辄拟成稿，凡得七百五十余幅。

"驶心灵于元冥。"
"以自然之胜恢所学之用。"
"有契于心辄拟成稿。"

应然。郑午昌"船头马背"的三百六十五里路的游历,目的是把名山大川视为名画来饱览、参研。凡风雨霜雪、朝暮、树形、石理、云态、水纹、峰势等,逐一与画的理法相参证,由是融会贯通,即景构图,先后得七百五十多幅,作为绘画的范本,诸如《秋山读书图》《富春泛棹图》(见彩图18)《龙虎山图》等。郑午昌还将心得记录于题跋:

四明山之《满壑飞瀑图》,题识:"飞峰舞瀑绝尘寰,策杖新从雪窦还。满壑云藏天下雨,太平重看四明山。戊寅夏,郑午昌。"

江西鹰潭之《金钟峰图》(见彩图19),题识:"峰在赣东,遥望如金钟覆地,近之则林壑雄秀。兹写其仿佛,郑午昌并记。"

保定云岩山之《云岩高隐图》(见彩图20),题识:"云不离山山自尊,云山豁处是天门。人从鸟道千盘上,只见松枝睡古猿。丁亥六月。郑午昌客海上。"

《西崖钓篷图》,题识:"潭烟月色雨溶溶,夜景西崖属钓篷。何日纷纭能谢世,若耶溪上作渔翁。"

《黄岳云影图》,题识:"奔腾过云影,横侧逗峰情。何必说黄岳,心同造化争。"

正是由于郑午昌深厚的学古修养,师自然、师造化,从而把握住自然的真与理,将自我的性灵所感与自然打成一片,从而改造自然的平凡,创造出一个合乎自然真理的美的宇宙,一个超越了自然的艺术世界。难怪王诚会在《鹿胎仙馆主人:郑午昌》中给出郑午昌成为"画苑宗匠"的肯定论断:"郑氏的第二步功夫,便是研究画史与昔人画论,更进而作名山大川的漫游,这是对于画家有着巨大的收获的。郑氏所游,每至一地,必饱览其景,山势水态之变,风雨雪月之情,契神默会,抒为杰作,固宜崇为画苑宗匠了。"

综观郑午昌20世纪40年代的作品,构图用笔,各臻其妙,在合于理法中尝试千变万化，并创造自我之法。陆丹林说得好："我们同仁中懂得艺术的，无不公认他是有独特的作风，对于中国画有开继之功的。"

郑午昌尝言："师古法而立我法，才不为古人所囿。"且自制印章"画不让人应有我"抒其胸襟。他曾写有一首《谈画》诗，论其"无法得至法，没骨更有骨"的艺术追求：

> 宇宙自混沌，造化天地阔。
>
> 四气运五行，万有呈行色。
>
> 智者饰诸文，绘事天工夺。
>
> 末学竞言法，法立天全失。
>
> 我意不为然，传神不拘迹。
>
> 无法得至法，没骨更有骨。
>
> 知君行内人，莫笑腐鼠嘿。

在《画苑新语（九）》一文中，郑午昌再次强调：

> 夫我之为我，自有我在。我以画表现我之真与实耳，岂能为天地万物役耶！画于山，则灵之；画于水，则动之；画于林，则生之；画于人，则逸之。灵也、动也、生也、逸也，固不在物，而在我也。不然，物自有真，物自有实，何必画，又何必以画传其真、写其实而始贵也？尝以此语告海粟。海粟为之拍案叫绝。

郑午昌的艺术境界追求与超拔自我的精神，是一以贯之的：

题画

云林用干我用湿，一样笔简意更密。

平林远岫自多姿，奇山异水景尤别。

题画

不学瞿山与个山，此中出入有禅关。

得心且似船行顺，千里江陵一日还。

诗中的瞿山，说的是明末清初"黄山派"画奇松的高手梅清，《宣城县志》称其"善画理，墨松尤离奇，苍雄秀拔，为近来未有，海内鉴赏家无不宝贵"。个山，即明末清初画家，中国画一代宗师朱耷，号八大山人、雪个、个山。

陆丹林在《郑午昌——著作等身的画人》中说："他生平是富于创造性的，什么事都不肯人为亦为，尤其是学术方面，他有敏锐的见解，高玄的思想，下刻苦的工夫，上新颖的前途。他有诗说：'画不让人应有我，诗如无物便非天。'可见他治学的方针，是'有我''得天'。"

"有我""得天"，这就是当年英姿勃发的郑午昌。陆丹林还曾记叙了一段郑午昌的往事：

我还记得二十多年前，他初到上海，那时正是吴昌硕走红运的时期，有人劝他加入吴氏门墙，他说："昌硕的艺文，诗、书、画、篆各部门，真是吾师。但是，我自我，昌硕自昌硕，即使能够学昌硕，那末，天地间何必有我！"当时大江南北，吴派的书画，风靡一时，他却致力在工整秀逸的一路。

王西神在《蜜蜂画报》
著文评郑午昌画风

　　南社著名文人王西神，诗文词章极有名声，书法亦入妙品，尤擅篆隶和楷书，时人称其："丰采翩翩，有太原公子褐裘而来气象，文亦似之。"王西神曾在《蜜蜂画报》上著文《评郑午昌画风》："郑君午昌，富有艺术天才。造诣之深，一时无两。近于友人斋头，握手言欢。"

　　接着，王西神转述了一个郑午昌讲的小故事：

　　说的是郑午昌曾在朋友画室，见到"扬州八怪"之一的李复堂（李鱓）画的《月下啼乌图》巨帧。李复堂是康熙五十年（1711）中的举人，五十三年（1714）召为内廷供奉，其宫廷工笔画造诣颇深。后受石涛影响，擅花卉、竹石、松柏，中年画风转入粗笔写意，挥洒泼辣，气势充沛。

　　郑午昌观此巨帧，自有所感。

　　郑午昌认为，《月下啼乌图》在普通人心目中，此题注重必在一个"月"字，画中必绘一圆月。然"复堂所作，殊不尔尔"，以焦墨画两棵巨树，两树中间，只见得敷以淡墨的啼乌，绕三匝而飞，了不见月。而李画的妙处正在于此淡墨之乌，与浓墨之树相烘托，若有月色映射于乌背影之上。令人联想起曹孟德《短歌行》"月明星稀，乌鹊南飞。绕树三匝，何枝可依"的诗意。故郑午昌深赞李复堂"殆深有味于此二语，特出新意为之"。

信然。有故有实，方称佳作。

关于作画写诗之"意"，郑午昌在《鹿胎仙馆杂录》中记录了一段关于蒲田林韫林的诗话，可以参看：

> 作画写诗意最难。宋以后，善写诗意者得号专家。蒲田林韫林女史，有诗云："老树深深俯碧泉，隔林依约起炊烟。再添一个黄鹂语，便是江南二月天。"或有图此诗景著黄鹂者。女史见之曰，画固好，但添个黄鹂，便失我言外远情矣。盖诗中再添云云，系假设语。所谓远情，即寓此假设中。图者不察，实写出之，便吃力不讨好矣，此犹例之粗者。其他诗意之幽拗难状，更有十倍于此。其可率意为之耶。

再来说一段郑午昌与苏龛（郑孝胥）的故事吧。

郑孝胥以夜起而名龛，"盖每夜三时必起"。郑孝胥曾写有一首《夜起》诗曰："林杪春江月上时，楼中清影久参差。四更欲尽五更转，犹有幽人恋夜迟。"他为了夜起，中午十一时必小睡，自谓"一日可当二日也"。郑孝胥曾嘱郑午昌绘《夜起图》以记之，郑午昌则回答说："至今尚未落墨，殆以'夜起'二字觉无故实，一时不易着墨耳。"

古人认为，作诗应"无一字无来处"，也就是郑午昌所言的"故实"。

郑午昌的画，一贯坚持"画意应有古诗之'故实'，要有典有故"的原则。综观郑午昌的画，画中有诗，诗中有画，颇具古风。无不得益于其"绘事之余，每喜致意典籍"的深厚文化内涵。

民国二十九年（1940），上海美术界曾发起过一个记录"美术界一日"的活动，海上画家纷纷响应，郑午昌亦写下了自己的一日《作画与填词》。中国文人历来有写日记的习惯，后人亦可从中了解当事人的内心世界及当时的社会形态。郑午昌"午社"的师长夏承焘有《天风阁学词日记》，徐志摩有《府中日记》《留美日记》，郁达夫有《郁达夫日记》，坊间独不见郑午昌日记流传。其中原因，当然可以揣测梳理出若干合理的解释，还是留给考据家们去做研究选题吧。下面，不妨让我们一起进入郑午昌一日的日常：

　　三月十二日晴。晨七时起，临戴本孝（按：清代新安派画家）画册一页。此册纸本，水墨极精，仅六页。拟以十日之工临毕。九时至望平楼。复香港梁君、北平李君、重庆赵君等函，皆系印刷营业往来文件。本埠何君函，以林半樱先生作古，嘱挽以词。拟填《瑞鹤仙》一阕应之。画松亭款泉山水立轴一帧。

　　十二时，至天衣午餐。老同学吕素先亦在座。吕系经营煤铁，获利甚厚，但布衣粗食，不改书生本色，亦可佩也。一时郑梅清（按：民国上海著名招贴画家）来索画，坐谈片刻去。叶葵持程庭鹭（按：清代画家、篆刻家，嘉定人）、李涵美画册求售，以索价太昂作罢。陈子善以李善长（按：明开国辅运推诚守正文臣）山水长卷嘱题。为署观款而去。李画极少见。曾往征白（按：摹古名手许征白）处见一立轴。价四百元。视此卷较精。

　　四时，娄咏芬（按：郑午昌"鹿胎仙馆"学生）来，观其创作《竹趣图》。笔致松秀，较前进步，可喜。嘱其仍临查梅壑（按：明末清初画家）山水册。六时，至同春坊郑家晚饭。在座有名票包小蝶。包系吾师蝶仙（按：包公超，浙江吴兴人，居杭州。处清末及辛亥革命后的一段时期，历任图画教员。仕女、山水、花卉俱有声于诗）之长公子。丰采俊爽，与谈甚快。九时回寓。读梦窗（按：吴文英，南宋词人）词。十时睡。

郑午昌在日记中既然提到了"鹿胎仙馆"学生娄咏芬。那就荡开一笔，说一说女性书画家话题。

娄咏芬是浙江宁波镇海人，号迟云阁主，曾任《卿云画刊》主编。娄咏芬初从吴青霞，后入郑午昌"鹿胎仙馆"门下，遍游南北山川之胜，画中富含奇崛之气。娄咏芬多才多艺，工篆籀、擅京剧、善诗词。其有诗云："萧萧叶落逼秋兰，忽忆荷尽强起看。昨夜池塘新过雨，罗衣更觉不胜寒。"（《暮秋病中见残荷》）又有诗曰："湘水流无尽，孤帆万里征。可怜江上月，几得慰离情。"（《湘水留别》）诗风婉约。

当时的上海滩，已经集聚了一大批女性书画家，而且不少女性书画家都出自名师门下。招收女生较多的，诸如鹿胎仙馆（郑午昌）、冷月画室（陶冷月）、铁砚山房（汪声远）、砚云山馆（张石园）、获舫画室（江寒汀）、大风堂（张善孖、张大千）等。七七事变及九一八事变后，女性书画家多次举办各种展览会，如华北急赈展、慰问前线战士作品展等。

更值得一提的是，早在民国二十三年（1934），上海就已经成立了中国第一个规模最大的女子美术社团——中国女子书画会，有宗旨，有章程。会员中有李秋君、陆小曼、吴青霞、潘玉良等著名人士，何香凝曾担任画会名誉会长。是年6月，画会在上海宁波同乡会举办了第一次展览——中国女子书画展览会。后来，画会在编辑出版《中国女子书画》特刊之外，还每年举办一次群体展览。史料言及：何香凝、李秋君及郑午昌"鹿胎仙馆"门下娄咏芬、贝聿诏等人，为画会、展览贡献良多。

1948年4月，正值内战时期。上海书画界合力推新，由陈定山、马公愚、唐云、郑午昌、吴青霞、李秋君等三十二位书画家联名发起，在大新公司举办温州籍女画家鲁藻的个人画展。当时上海的女画家中，顾飞的山水、周炼霞的仕女、顾青瑶的书法，以及陈小翠、张红薇的花鸟，鲁藻的兰花各擅胜场。《申报》以"兰后"誉鲁藻，有"画兰古不如今，秀健绝伦，有学士风，却不似管夫人，不作折笔与断笔也"的评价。

本次画展盛况空前，《申报》《新闻报》《大公报》等十余家主流新闻报刊纷纷报道。郑午昌、郑逸梅、丁辅之、孙筹成等沪上名流悉为鲁藻画展题咏以庆贺。郑午昌欣然写下五绝、七绝各一首：

遍地多荆棘，清香不可闻。
何如风雨夕，幽逸如灵均。

忽见幽兰满地开，清香馥馥袭襟来。
知从九畹分颜色，却羡璇闺擅妙哉。

再续前书吧。郑午昌日记里的"十时睡"，坊间悉知。
晚苹在《苹庐补碎》一文写道：

画家墨鸳鸯楼主，现时声誉甚隆，已为上海第一流画家矣，其人颇风趣，山水之外，善画密梅（按：元代画家王冕首创密梅画法，即枝叶繁密之梅花瓣以淡墨轻染，仅

花蕊处重加墨点，用笔简练，风格清绝，画意空灵萧散），
且画如其面。凡□之艺苑名家者，固皆能道其姓名也。楼
主每日闭门作画，自午睡以后，迄晚间十时许为止，概不
见客。十时后，绘事结束。

由此观之，临画、作画、鉴画；课徒、填词、读典籍，是郑午昌的
日常，也是其能够被陈小蝶列为文人画派的缘由。

晚苹是何人？

此处插叙一段徐晚苹的传奇轶事。

徐晚苹号绿芙外史，上海嘉定人，据说嘉定三状元的徐郙是其
祖上。徐郙是清同治元年的状元，先后授翰林院修撰、南书房行走，
后官拜协办大学士，世称徐相国。徐郙不但擅画山水，而且工诗精
于书法，慈禧晚年御笔作画，常命徐郙题志以添喜气。

得祖上余荫，徐晚苹在上海邮局谋了个闲职。但他平日里热衷
的却是诗词歌赋、绘画摄影。他曾在《礼拜六》担任过编辑，1933
年《礼拜六》的元旦专辑摄影版就是由他主刀。这本《礼拜六》杂志
可称是鸳鸯蝴蝶派的大本营，云集了一大批鸳鸯蝴蝶派的知名作家。
该刊除了登载长、短篇小说外，亦刊有译述、笔记、诗词、琐言、
时事评论、名流美人、风景等内容，可称是"一编在手，万虑都忘，
劳瘁一周，安闲此日，不亦快哉"。

徐晚苹与周炼霞一段才子佳人的婚姻更令人感慨世事无常。

周炼霞出生于湖南湘潭的书香门第，六岁就能书"迎新春寒梅，
映雪梅更红"对联，十四岁始学画画，十七岁学诗。周炼霞才貌双
全，当年与吴青霞、汪德祖、陆小曼并称"上海四大美女"。1927
年，徐晚苹与周炼霞的婚事成为轰动一时的新闻，夫妻二人联合推
出的《影画集》，摄影和绘画珠联璧合，更是一度风靡沪上。

抗日战争时期，徐晚苹借邮局工作之便，帮助爱国人士秘密刊印和邮寄救国刊物；周炼霞放下画笔，发表了大量的抗战诗词。抗战胜利后，徐晚苹被临时调往台湾接管曾由日寇占领的邮政系统。不料想两岸烟水苍茫，两人这一别就是三十多年，直到1980年才在美国旧梦重圆。2000年10月10日，徐晚苹、周炼霞的骨灰归葬在上海市嘉定区长安墓园，终于落叶归根。

郑午昌有一幅"写意于墨鸳鸯楼"的旧作《一帆风顺图》，不承想竟然勾连起一段他与吴湖帆多年之后的隔空轶事来。

1949年某日。

吴湖帆友人携此画造访梅景书屋。

展卷观之，岸边一株旱柳，自左往右上斜向伸展，几乎占据了七成画面。焦墨写苍老硬重之干，中锋写披针柳叶，笔笔不苟，健枝劲叶浅赭染色，满纸秋风瑟瑟。湖中，有一小舟正鼓足风帆顺势而行，几抹新绿扫出远山微云，蕴含生机。

吴湖帆与郑午昌曾是午社词友，一为倩盦，一为弱龛。吴湖帆因近时正读到清代词人纳兰容若的《雨霖铃·种柳》词，见午昌画中充满诗意，深有感触，遂提笔在《一帆风顺图》画作空处题跋曰："己丑春日，晋丞携示午昌同庚旧作，适读纳兰容若《雨霖铃》，词曰：'回阑恰就轻阴转。背风花、不解春深浅。'题于空，以志倾倒。吴湖帆。"

《一帆风顺图》

张大千对郑午昌亦是敬佩有加。其1972年侨居美国后，在《张大千四十年回顾展自序》中，记录有一段和徐悲鸿的谈话：

> 先友徐悲鸿最爱予画，每语人曰："张大千，五百年来第一人也。"予闻之，惶恐而对曰："恶！是何言也。山水石竹，清逸绝尘，吾仰吴湖帆；柔而能健，峭而能厚，吾仰溥心畲；明丽软美，吾仰郑午昌……"

郑午昌以下，张大千点评的亦有多人，一并录之：

> 山云瀑空灵，吾仰黄君璧；文人余事，率尔寄情，自然高洁，吾仰陈定山、谢玉岑；荷芰梅兰，吾仰郑曼青、王个簃；写景入微，不为境囿，吾仰钱瘦铁；花鸟虫鱼，吾仰于非闇、谢稚柳；人物仕女，吾仰徐燕荪；点染飞动，鸟鸣猿跃，吾仰王梦白、汪慎生。

可见民国沪上画坛云蒸霞蔚，直令人如行山阴道上，应接不暇。

陈小蝶（按：鸳鸯蝴蝶派陈蝶仙长子）在《从美展作品感觉到现代国画画派》中写道："郑午昌焦墨神韵，全似瞿山晚年细笔，而淡远则近戴本孝。"陈小蝶曾将现代国画画派分为五派：一是新进派（按：以石涛为主），二是折中派（按：参用西法，吴历晚年从利玛窦学，已开此派），三是美专派（按：刘海粟自号叛徒，立美专学校），四是南画派（按：金城，原为清前法官，后与陈师曾同时享誉北京画坛），五是文人派，自古逸品，每在神品之上，其妙处，在似与不似之间，"吴湖帆画小李将军，而近南田……狄子平不染一尘，郑午昌焦墨愈神"。

至20世纪40年代，郑午昌山水画达到巅峰。可以说，那时其山水画造诣与张大千、吴湖帆、贺天健已形成四足鼎立之态势。

2011年，北京翰海曾在"翰海重要书画古董夜场"上，拍卖张大千、郑午昌、贺天健、吴湖帆的设色纸本山水四屏。

张大千仿王蒙笔意，写蜀中山林烟霭，策杖高士；郑午昌浅绛皴点写明朝诗人马中锡《晚渡咸阳》诗意，秋山红叶，深寺高僧，扁舟一叶；贺天健思鲂思鲤思山，忆兰江故地，写云拥西山；吴湖帆深山森林浓密之云山图，仿佛南田诗意，荆浩真迹。

画上，四人皆有款识，郑午昌题曰："僧归黄叶林间寺，人唤斜阳渡口船。乙酉冬写唐人诗意，国梁先生教，郑午昌时客海上墨鸳鸯楼。"

据说，题识中的这位国梁先生是抗战时期流寓四川的收藏家，其于1944年春请张大千绘第一屏，后又请郑午昌、贺天健作第二、三屏，郑午昌于1945年冬完成此屏。1946年，吴湖帆真力弥满的第四屏完稿。如今看来，这位国梁先生也确实眼光非凡，此四屏也确实能够代表民国时期传统山水画的最高水平。

虽然郑午昌自我期许"有我"与"得天"，但其对艺术境界的追求却始终孜孜不倦，恳切而虔诚。其在1947年所作的《云山探幽图》中，写有一段题识：

> 大家画无不以气势胜，气势生于理，而笔墨赴之，气势属于天分，似不可学而能，此大家之所以不易得也。偶念及此，殊深愧馁。丁亥秋，郑午昌并记。

那年，郑午昌五十四岁。离去世不到五年的时间。

纽约国际艺术博览会

如果从九一八事变算起，中国艰苦卓绝的抗日战争已经打了八年，打得很苦、很惨烈。

1939年4月，第二十届世界博览会在纽约举办。这也是第二次世界大战欧洲战场开战之前的最后一次博览会，主题是对未来充满希望的"明天的世界和建设"。

4月30日下午。纽约市弗拉辛广场。罗斯福总统的演讲充满了对和平的希望："所有参加纽约世博会的人，都将会受到最热烈的欢迎，引领我们的依然是友谊，与国际间的善意，更重要的是和平。"现代精神分析之父弗洛伊德也在信中写道："一切促进文化发展的事物都是反对战争的。"但谁也没想到，这种建设明天世界的和平呼声，五个月后就淹没在纳粹德国入侵波兰的隆隆炮声中，一直要到1958年，世界博览会才得以继续举办。

郑午昌的参展作品是《稽山积翠图》。

郑午昌素来主张"国画实具缔造世界和平的感化力"。

不妨将日历翻回到民国十八年（1929）。那年4月，中国历史上首次由政府出面主办的"第一届全国美展"在上海举行，展出作品约七千件，中外观众近十万人。郑午昌入选的作品有《江城落雁》《太华揽胜》《柳岸话月》《双筱柳图》《杨柳晓风残月》。

是年，由徐志摩等主编的《美周》创刊，共出版十二期。郑午昌在《美周》发表了《中国的绘画》，首次提出了"国画实具缔造世界和平的感化力"。他的这个论见，被后来众多的研究者所引用，遗憾的是大都语焉不详。如果仔细研读全文，郑午昌《中国的绘画》大致可以概括为以下几点。

第一，国画的精神与同化力。他指出"我国艺术成绩最繁富而精进者，厥推绘画"，"我民族对于文化事业，遂养成一种和平淡泊之精神。惟其和平淡泊故能包含同化。此种精神尤在绘画上显现"。因此，我民族之伟大，及我民族对世界文化之前途，应负之责任。

第二，他认为，国画是由和平淡泊最高人格所表现的绘画。"美育果足以代宗教，而中国绘画果得随宗教性的美育，流布于全世界，世界人类亦能有相当之认识，则人类心理将见新建设，而真正的和平方能实现"，而国画本身之奇伟高贵，"已足使吾人所当奉为民族文化有光荣的权威者"。

第三，他阐明，国画为民族精神所寄托，亟宜发扬光大。中国绘画之所以成为中国的绘画，"殊非偶然，与历史地理宗教风习有密切的关系，并从而养成的一种特殊民族的文化，即我民族精神之寄托"。

第四，他呼吁，国画已受世界文化侵略之压迫，宜速自觉而奋起。"就以纯粹的艺术观念而论，纯艺术运动，吾人故不能不承认艺术之有世界性。"并且，他充满民族自信地表示："我民族既以久远之历史，构成特异之文化，其根基实难撼动。"

第五，他倡导，国画实具缔造世界和平的感化力，亟宜传播。"我国画派之多，随其历史之久远愈演愈杂，其以轻描淡写之方法，传和平淡泊的精神，使见者怡然神往，或望其身者，为我国画一般之妙用。如果能够得到广泛传播，那么世界上厌乱惧祸之人类，必能认识我国画之精神之伟大而尊奉之。"

郑午昌还讲了一个小故事。说的是有一位曾经参加过大战，颇有威名的德国将领，一日，在某美术馆看到一幅中国南宋画家赵千里的《春郊放牧图》卷后，不禁喟叹道："人类之乐如此，一切战争，真为多事矣。"诚然，面对战争的阴影，所有渴望和平的人，太需要一种"缔造世界和平的感化力",如我国的国画,亦如我国五代时需要佛教的传入一样。

郑午昌认为,中国山水画里还体现了人和人之间的关系,譬如构图中的"留白"。"留白"为何独特,为何经典,因为它不仅仅是一种自我意境的表达,更是作者留给观众的想象权,从而达到作品与观众共生的目的。如果上升到"为人之道"的境界,即所谓"多留余地铺明月,不筑高墙望远山",意在告诫人们满足自己的同时,也要让别人有一线空间,绝不可贪得无厌。

在该届纽约世博会上,郑午昌山水画代表作《稽山积翠图》,被选为世界七十二国代表画家之一,荣获金像奖章。

郑午昌的山水画钟情于以家乡的风景风物入画。稽山,即会稽山。大禹封禅、娶亲、计功、归葬都发生在此地,秦始皇亦曾"上会稽,祭大禹"。顾恺之的诗"千岩竞秀,万壑争流,草木蒙笼其上,若云兴霞蔚",极言稽山美景。到了唐代,李白、杜甫等文人骚客四五百人更是踏歌而来,留下数以千百计的诗篇。

观《稽山积翠图》,笔墨松脆灵动,设色柔和淡雅。采用高远法,间用平远、深远法。山体多峰相叠,交替穿插,兼有构成排列意识。

1939年,郑午昌作品在美国纽约国际艺术博览会荣获金像奖章

山石积翠而上，生动有致，既显雄伟又觉清丽。图右前景的松树丛，是会稽山常见树种，高大劲挺。树木姿态各异，雪霜摧折犹见苍郁。虬松的灵动与高山的静穆，这种动静的组合，使画面恢宏壮观。看似外美实是内美，体现了十足的国人审美精神。山石、树木的勾染皴擦中，可见王蒙、黄公望诸家画风，显现出郑氏对古人笔墨融会贯通的能力，以及从传统中出新的意识。此画题款堪称一大特色，郑午昌一改中

《稽山积翠图》（根据老照片意临）

国传统诗词而采用西画标题的形式，想必是期许将中国画走向国际的一种新尝试。

1939年4月。

几乎与纽约世博会同时，郑午昌、刘海粟、吴湖帆、俞剑华、李健等书画家、收藏家举办的"中国历代书画展览会"，在上海南京东路大新公司开幕。

其时，大新公司开业才三年，可谓是名副其实"大新"的公司。

不妨先来说说这个大新公司的故事。

大新公司创始人是蔡昌兄弟，在香港发迹后又到广州设立分店，再后来将目光投向了上海。

民国二十三年（1934）上海闹市区十字街头。天空，交织着密布着的电网，有轨电车与无轨电车，新式的双层公共汽车，私家小轿

车往来穿梭，偶尔可见有邮政包裹车、红十字会的防疫注射车、汽油运送车乃至殡仪马车缓缓而过。巡捕则独自踞立在高高的岗哨台上，以红绿灯的切换维持着马路的交通。高视阔步的外国水兵，头戴派拉马白帽的高等华人，身着各色旗袍的女子穿梭其间。

年近六旬的蔡昌在嘈杂声中站立街边，连续数天观察、记录经过的车辆与行人流量，用今人时髦的用语，应该说是"市场调研"与"数据分析"吧。不到两年的时间，一幢十层高楼矗立在南京东路西藏路口，并且全面超越先施、永安、新新，成为上海四大百货公司之首。

从美国 OTIS 公司引入的两座扶手电梯尤其夺人眼球，每小时吸引四千人使用。《现代上海大事记》载："1936年1月10日大新百货公司开始营业，公司总监蔡昌，为国内独家拥有自动扶梯的商场，开业三日，为争睹和乘坐自动扶梯的顾客如潮水般涌来，后又首辟地下室商场，为沪上独创，并专售廉价物品和'不二价'号召，在营业上独具一格。"据说由于商场内被挤得水泄不通，于是不得不在下午四时提前关门，进行盘货整顿。

在大新公司这个上海新地标，召开"中国历代书画展览会"，旨在吸引更多的市民，唤起民族自尊心，支援抗战、赈救灾民。展览会门券所得，悉数交予上海医师公会，作为医药救济之用。郑午昌在《文汇报》上撰文，向民众阐明《历代书画展览会之意义与作用》：

> 神州陆沉，黄裔流离，而视为沦陷区域之上海，遽有历代画展之举行……一角淞滨，繁华逾昔，幕燕釜鱼，托谁之庇？举目河山，烽烟方炽。效死将士，呻吟于疆场。失家老弱，转侧乎沟壑。以视吾人犹得苟延残喘，雅结古

欢者，何啻地狱天堂之别。且彼效死者，固何为乎？失家
者，固何罪乎？设身处地，同为覆巢之卵耳！倘能稍移日
用酒肉之资，多购入场参观之券，使历代名贤精神遗产之
余息，因得惠及战士与灾黎，以明我托庇于人、偷安旦夕
之淞滨同胞……

　　画展之意义与作用，鄙见所及，不揣多言，甚愿都人
士怵心世变，关怀国故，毋以偷安旦夕而自足，视前线垂
死之战士与难民为无关休戚，毋以欣赏艺术为闲事，视
先贤名迹之于国于民为无足重轻，相与共举，相与共勉，
幸甚。

郑午昌情绪激愤、措辞激昂，似同仇敌忾之檄文，若唤起民众之宣
言，抗战必胜信念跃然纸上。

"中国历代书画展览会"举办的翌年，也就是1940年1月20日至
29日，郑午昌与刘海粟、工济远等九十二人参与的"中国现代名画
筹赈展览会"在印度尼西亚雅加达举办义卖活动。

1月的爪哇正值雨季，连日细雨绵绵，颇有些凉意。

筹赈画展在雨中开幕。

中华商会，车水马龙。参加画展的有侨胞各界领袖，荷属东印
度公司经济部长夫妇，内政部长夫人，巴城府尹夫妇，以及美国、
法国、瑞士等国家的领事，欧籍画家、记者等，极一时之盛。

八时三刻。开幕典礼。

仪式隆重、庄严而简单。先是慈善会主席致开幕词，并报告画
展筹备经过。继由中国驻雅加达总领事演说，语颇多鼓励，其中"观
乎岁寒三友能无后凋之志，观乎青山流水能无锦绣山河之想"两句，
更引起人们无限感怀。

众所周知，松、竹、梅"岁寒三友"是我国画家所喜爱的题材，也代表了海外华侨的民族思想。国破山河在，海外华人北望祖国锦绣河山，正在暴风雨中艰苦奋斗，"岁寒三友"足以代表中国人在风雪中成长之人格，"亦正在朝向长成之路径迈进，胥有赖于艺术以鼓励之"。

一年之后，也就是1941年2月23日，新加坡星华筹赈会主办在新加坡中华总商会举行的筹赈画展，展出郑午昌、刘海粟、姜丹书等人的二百余件作品。海外筹赈画展，激发了华侨极大的爱国热情，并在南洋美术界掀起了一股中国画的热潮。

同年9月1日，《郑午昌山水十二幅》在上海出版。

此画册，由镇江丹徒郑梅清制版，徐胜记橡皮印刷厂印刷，中国美术教育出版社出版。各大公司各笺纸店，以及大东、博览两书局代为出售。

此处，不得不提一下藏版者镇海鄞县人鲍叔光，其在郑午昌获纽约世界艺术博览会金像奖章后，精心挑选了不同笔法的十二幅山水画，结集彩印出版。鲍叔光所选，大多数为郑午昌1938年至1941年所作，其中多有郑午昌在纽约世界艺术博览会参展的同期作品。

《郑午昌山水十二幅》由余杭褚德彝题签，永嘉马公愚撰序，金陵仇埰填词，可称集书画诗词之大成。

其中，褚德彝、马公愚与郑午昌是浙江籍同乡。褚德彝年长郑午昌二十三岁，马公愚年长郑午昌四岁。

褚德彝原名德义，因避宣统讳而更名德彝。其书宗褚遂良，隶书学汉《礼器碑》，功力深厚。侄女褚保权，是沈尹默夫人。褚德彝的博闻强记尤令人赞叹不已，据说清代金石学者王昶所著《金石萃编》百六十卷，其中有些不识的字只能用方框来代替，褚德彝见后，

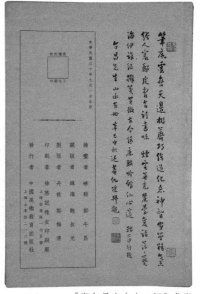

《郑午昌山水十二幅》书影

在方框处多有所填补。当时，马公愚与褚德彝同住沪西襄阳路颐德坊，一阅之下便惊佩其学识渊湛。

再来说永嘉马氏一门。

自清以来，永嘉马氏以诗文、金石、书画传家二百余年。马公愚幼承家学，篆隶真草无一不精，于山水、花卉、鸟鱼一路也颇多心得，素有"艺苑全才"之美誉。马公愚与兄马孟容曾在家乡创办永嘉启明女学，创设东瓯美术会、永嘉新学会等，积极倡导新文化运动。

马公愚是民国十三年（1924）到的上海，先后担任多所美专、大学的教授。马氏昆仲热心参加沪上各种赈灾、医疗、救济、国难等慈善活动，积极捐献作品、募集资金。全面抗战初期，马公愚在上海邮局兼职。"珍珠港事件"后，邮局被汪伪政权接管，他毅然辞职，蓄须明志，以卖字为生，一度生活困顿。曾经有同乡介绍他去汪伪政府担任挂空衔的要职，改善生活，马公愚正声回绝，并书写《正气歌》抒怀。他与朋友聚会小酌时，常侃侃而谈，纵论捭阖，不亦乐乎，标志性的一口长髯飘动间抖擞贫贱不能移的气节。

郑午昌曾写有《赠行》一首诗发表于《新闻报》：

　　公愚老友哲嗣大恢大任，暨令媳文广莹，奉派赴美深造，喜赋赠行：
　　　　百代文明委后尘，故教彼岸学扶轮。
　　　　新从旧陆替新陆，争道今人胜古人。
　　　　超将多才成国士，匡时没路愧山民。
　　　　儿曹几辈承天降，回首神州重此身。

诗中所写的是1947年马公愚儿子马大恢、马大任公费赴美留学之事。受父辈民族大义的影响，马大恢、马大任也都积极投身抗日活动。全民抗日战争之时，两人就以弱冠之年慷慨投笔从戎，加入了湖南青年战地服务团，赴陕西凤翔为国民党第一军工作。马大任曾在"飞虎队"担任陈纳德将军的译电员，后在美国旧金山辞世，享年一百零二岁。

从当今各大拍卖行的拍卖纪录来看，马公愚与郑午昌合作并流于世面的扇面还是比较多的，诸如《秋江待渡图》《木叶行雁图》《柳艇秋航图》《春柳渔舟图》《云横寒雁图》《柳岸相约图》等。马公愚在《郑午昌山水十二幅》的《序》中，有一段对郑午昌评价极高的话：

仲尼曰:"生生之谓易。"若郑子者,所谓得生生之气者也,不拘泥于一方而随意挥洒,自有丘壑。盖植基孔厚,师古能新,世推为画苑宗匠岂偶然哉?是册山水十二幅为其友人鲍君所选印,每幅之笔墨意境不同而超然神妙,各臻远到于豪楮,识者当能概见郑子之学之博,功之深及其胸襟气概之非常焉。辛巳秋永嘉马公愚时客海上。

那么,我们不妨来看看马公愚所说的"每幅之笔墨意境不同而超然神妙,各臻远到于豪楮"的《郑午昌山水十二幅》吧。

《深柳草堂图》(1940年)

柳枝垂垂。柳荫深深。烟柳浓淡相宜,柳下有客来。柳荫深处一草堂,溪水清浅潺潺流过。草堂内一白衣儒士静读书。屋后湖上白帆过,春山隐隐现。一派田园春光。这柳,这屋,这山,这湖,那样的恬静、悠闲。时值抗日战争,哪来这等风光?郑午昌题识为:"老怀湖海悔风尘,闲读奇书理钓纶。自有仙源心外世,绿杨深护草堂春。"

这幅画的主角是柳树。画界常谓"画树难画柳",郑午昌却极擅画柳。山水中配以柳树的景色,成为郑午昌山水的一大特色。他画柳先行干,后出枝,柳丝由最上头画起,由上而下,密密层层,前后左右,各尽其态,春夏秋冬,风雨晴雪,各俱面目。柳丝除用墨线以外,再用花青色加补,增加了柳丝的质感和层次,然后再用花青色烘染,无不传神。在抗战期间,郑午昌的柳景山水屡见不鲜,可见画家的用意了。

此图其实还有一段"艺苑奇遇"。壬午年(1942),也就是郑午昌完成此图的第二年,"冬晚坐如是楼,偶检旧藏,得余秋室《万柳草堂图卷》,其取景也与余庚辰旧作《剡溪(深柳)草堂图》不相出入,亦艺苑奇遇也。戏为重摹，弱龛郑午昌并记"。

《四明春霁图》（1938年）

岩石累累，立地顶天。近山若黛，远山葱翠，云雾缭绕。近处飞瀑细细，劲松傲然，红树粲然，山间小道上，高士从（奉化）雪窦寺（山）而还，环顾山色，策杖而行……此图构图平稳，山势不失峻险。山体由下而上，由近及远曲折延伸，展现了巍峨而深远的意境。体现了他画要"深入物理，精察物态，取形用势，写生揣意"的主张。占画面三分之一的近景，画的是古松、飞瀑、巨石，又施以色彩较厚重的墨青色，将整幅画稳住了。画面后景采用墨青、墨赭及青绿色交叠互衬的手法，画面清丽可人，明朗滋润。山石暗处复以皴擦，用笔工而不刻，使山石极具立体感。山上留白，云烟及顺山体曲折而下的流泉给画面营造了动感。

郑午昌题识："飞峰舞瀑绝尘埃，策杖新从雪窦还。满壑云藏天下雨，太平重看四明山。"可见画家亲近山水之心。画家生于斯长于斯，对四明山再熟悉不过了，具有特殊的情感。郑午昌作此画时正值"满壑云藏天下雨"，抗战军兴之时。犹如暗喻从雪窦寺（山）走出去的总指挥蒋某人，期盼能早日抗战胜利，凯旋而归，"太平重看四明山"。可见画家之家国情怀。

《仙源鸣琴图》（1940年）

此图是以桃花源武陵溪故事营造的人间仙境，可视化地再现了陶渊明笔下的良田、美池、桑竹，芳草鲜美、桃花缤纷的理想仙境。云间有出尘的楼阁，潺潺的流水从白云缭绕的深山洞中潺潺而来，汇成小潭。清水潭边，虬松古槐下，两位宽袍大袖的隐士席地盘腿，相对而坐，膝上隐约可见一床宋人的"松风"古琴。松风拂过处，仿佛有《风入松》古琴曲声从画中传来，神曲中犹闻洞中传来的晋时鸡鸣，一股汲天地精华之气在人胸中回荡。见此画，仿佛进入了洞天福地的仙境。

郑午昌题识曰："仙源艳说武陵溪，流水桃花路久迷。一曲松风神自远，洞中如耳晋时鸡。"此画，是一幅小青绿山水。精工细作，清幽淡雅。具有南宋赵伯驹以水墨为重，施以青绿色的画风。既有北宋自然主义山水的体貌，又颇具文人的书卷气。郑氏绘画"清厚"之说可见一斑。

《翠野放牧图》（1941年）

绿杨如烟。板桥。泊舟。田野阡陌间，有牧童横吹。郑午昌题识："乱离无地问桑麻，叱犊唤鸡乐忍夸。写取江南春梦景，绿杨多处两三家。"这是一幅在特殊年代里，充满田园风光的江南春梦。乐忍成慧，不论是逆境、灾祸，都要有明心见性的自信，不是逃避，不是软弱，而是心灵的超脱豁达。当一个人格局足够大时，就能有力量战胜一切，就会收获真正的"江南春梦"，享受"绿杨树下"的美满生活。

郑午昌素有"郑杨柳"的美誉。这是一幅以画杨树为主的作品。杨树沿河由近往远蜿蜒排列，错落有致，各尽其态。笔法精到墨色富有层次，每棵树都是立体的，特别是丛树繁而不乱，整幅画绿杨如烟，清新脱俗。

《西岩夜泊图》（1940年）

满纸澹澹月色，岩树森然。画面右下角的泊舟之上，画一旅人抬头望月，若有所思。郑午昌题识："浅水芦花倚钓竿，露衣岩下不知寒。可怜一片松间月，胜傍雕栏玉砌看。"

此图展现的是崇山密林、山涧月夜的幽静画面，占据一半的是茂密的松林。郑午昌虽采用了石涛的笔法画松，但他对树枝的随意皴擦，加之墨色烘染出的浓淡气韵，生动地画出了夜间松林在朦胧月色下所表现出来的丰富的层次，表现手法又跳出了石涛笔法。

《晴岚暖翠图》（1939年）

此画写雨后溪山。雾霭山岚与古树密林尤为显眼，尽显苍茫浑厚之美。并以画幅中央一棵红树点题，颇有古人"万绿丛中一点红"之诗意。画幅左下，一持杖老叟正缓缓步过独木小桥，桥下有股股流水涌过。郑午昌题识："入夏溪山忽雨晴，浓阴高下绿成城。寻深小步柴门近，饱听蝉声与水声。"

整幅画用笔工而不刻，说是写溪山，实质重点在画树。浓荫高下数十棵树，十分繁密。层层叠叠，疏疏密密，各尽其态，各臻其妙。精实处细节尽显，虚淡处依稀可辨，形神俱得，既清又厚。完全出自画家对荆、关、董、巨历代大家技法的融会贯通，境界不断升华，形成自己的笔墨程式。

《层崖飞瀑图》（1939年）

有山。有水。山是水之根，水是山之魂。郑午昌题识："飞流百重挟雷声，奔壑悬崖夺涧行。泽被原知河海大，素心莫负在山清。"

这是一幅构思新奇名副其实的飞瀑图，采用石涛截取法以特写之景传达深邃之意。"奔壑悬崖夺涧行"，从山的左上方倾泻而下直奔悬崖，其气势在山谷中引起雷声般轰鸣。瀑布是写实的，我们能看见众多纵横交错夺涧而行的支流脉络，最后汇聚成四股飞流直下。但在画的左下方，苍郁恣肆，纵横奇绝的山体仿佛隔绝了飞瀑的雷鸣声，沿路拾级而上，云雾处有一绿树环抱的山村，显得十分宁静。郑午昌在构图上采用了动静对比的手法，不仅画面变幻生动，又产生了画虽无声胜有声的效果。

《西风野桥图》（1940年）

此画仿李晞古本略事增减。李晞古即李唐，对南宋初期山水画具有开派作用。郑午昌题识："万木经霜艳似花，莼鲈时节最思家。西风驴背催人老，采药何年入九华。"

此画采用远景山水和突出主题局部的构图方法，以造成迫在眉睫的视觉感受。画的下部，野桥周边，那摇曳的树，流动的水纹，飘动的衣袖以及左边山石上房屋飘动的窗帘，都能直接感受到习习"西风"。画中山体层叠，景色和谐统一，用笔细腻，石块之间墨色有过渡变化，染色时花青赭石分染，墨色罩染，最后薄薄地罩一层石青或石绿，体现山石铁青色的质感。山石皴法以小斧劈为主，近山山石结构斜势皴法清晰，远山结构作直立式，无论外轮廓还是皴笔较前山模糊，拉开了空间距离。树木葱茏，姿态多变。山头丛树点缀密集且富层次。可见郑午昌对古画研习至深，技法娴熟，信手拈来。

《秋林赏晚图》（1939年）

秋。落日。秋林萧疏，飞雁成阵。晚来天气霜林染，枝头红叶，归鸟投林。树林里，溪桥送客，雅士赏晚，抬头望人字雁阵向南飞。真是一幅层林尽染秋高气爽的神品佳作。郑午昌题识："丹林斜照若耶溪，踏叶惊看雁阵低。有约不来秋又晚，缄愁谁寄锦江西。"

这幅画的重点难点是树林。画树难画林，林木多种杂植，参差无绪。郑午昌画树，疏密有致，巧夺天工。画面缜密秀润，妩媚明朗，颇具沈周、文徵明清朗明洁的画风。画中近树用笔粗放大气，犹见黄公望、王蒙的书写性用笔。有人称郑午昌是用色高手，此画色彩丰富，暖色不艳，冷色清朗，黑色协调。画面华滋清厚，书卷气跃然纸上。

《万壑松云图》（1940年）

画中千峰壁立，万树丛生，劲松耸立。云雾间一条细细的危路直上云霄。大有"绝壁过云开锦绣"之感。郑午昌题识："奔腾过云影，横侧逞峰情。何必貌黄岳，心同造化争。"

此画，上部之峰峭壁如削，直插云霄。下部山石峰峦在云中时隐时现，部分山石用淡墨渲染、轻擦，见飘逸云影。小道随山势蜿蜒向上，连接了前后山体，可达山居。画境莽苍雄秀，清雅灵动。

《江城焕彩图》（1940年，见彩图21）

此画深秋之景。满纸云雾弥漫。郑午昌题识："乱离何处问乡关，梦逐烽烟日往还。闲福犹堪寻纸上，白云红树写青山。"

此画虽景象清明，然河水伸向远处，层层云霞下却大地昏沉，云开处隐现一角城阙。用清明与昏沉的对比手法，凸显出"乱离何处问乡关，梦逐烽烟日往还"的江城愁绝的梦境。这是幅青绿山水。画青绿细腻易，苍厚难。设色之法自唐以还，极绚烂之致。郑午昌采用重彩法，较夸张地描写了白云、红树、青山，加上大块黑色的山石，又使这幅画不同于传统的青绿山水。可见艺术之心手已超乎自然，一任画家性灵所至，用色如墨，极生动浑厚之致。

《溪山钓鱼图》（1940年，见彩图22）

此画水墨淋漓，满纸重峦叠嶂，浓树、淡岩水墨浑成，溪中独钓者与板桥行者两相呼应。展现了"万壑千山俟雨风"的壮观。郑午昌题识："水墨淋漓意着空，何须点染学南宫。胸中自有龙蛇在，万壑千山俟雨风。"

整幅画取俯视构图，但在表现手法上并不泥古，采用米氏皴与披麻皴相结合的手法，透过米点渲染出来的云雾、树丛，窥见山峦起伏的脉络和山石的结构，如实地描绘了山色空蒙的意境。可见郑氏作画，纵笔于"有意无意，有法无法"之间，画法随内容而异，变化多端。

其时，抗日战争已经打了十年，上海沦陷亦已有四年。

在郑午昌的题识里，我们可以深切地感受到其对国破的悲愤与对和平生活的向往之情。前者，如"踏叶惊看雁阵低""乱离何处问乡关，梦逐烽烟日往还""乱离无地问桑麻，叱犊唤鸡乐忍夸"等，后者如"自有仙源心外世""仙源艳说武陵溪，流水桃花路久迷""莼鲈时节最思家""太平重看四明山"等。

接下来，应该说到仇埰了。

郑午昌初入午社的雅集做东者就是仇埰。仇埰年长郑午昌二十一岁，具有爱才若渴的性格，凡是在学术上有所成就的人，无论少长无不尊崇。仇埰避居上海后，屡次拒敌伪威胁利诱，以卖文售字谋生，虽贫而志不移，高风亮节为时人敬仰。

仇埰阅读《郑午昌山水十二幅》后，欣然填《踏莎行》词一阕以贺："笔底云峦，天边树荠。巧侔造化恩神智。画堂精气绘人寰，郑虔胸有诗书味。　烟云英光，麓莹琼诣。茫茫艺海伊谁从。摊笺贯彻古今情，鹿胎吟馆仙心邃。《踏莎行·题午昌先生山水画册》，辛巳中秋述庵仇埰拜观。"

陆丹林曾在1947年的《中国生活》杂志上回忆了这样一件事，抗战胜利时，他正在重庆抗战司令部，路过几家笺扇店，欣喜地见到了《郑午昌山水十二幅》彩色画册。画册，是由书估（贾）辗转运过去的。当然，在重庆所有相知的人，因爱重郑午昌的艺术和风节，争相购买，一叶画片，值五千元。

一时堪称佳话。

墨鸳鸯楼

说到中国书画鉴藏，宋代是一个绕不过的话题。

陈寅恪说得好，"华夏民族之文化，历数千载之演进，造极于赵宋之世"。插花、挂画、焚香、点茶，是宋人的"四般闲事"，亦成为了今人艳羡不已的"宋潮"雅事。

尤其是北宋，皇家的审美品位影响并带动了一个时代的风尚。如今我们在文人士大夫现存的诗文题跋以及相关的著作中，便可以感受到当时"务广藏蓄"的繁荣景象。邓椿在《画继·卷八》描述，"每三伏中曝之，各以其类，循次开展，遍满其家，每一种日日更换，旬日始了，好事家鲜其比也"。而宋人赏玩方式的奢侈程度，更令今人瞠目结舌。

甚至有这样一种说法，说的是宋人凡收名画，一定是先收五代南唐书画家"江南绝笔"唐希雅、徐熙等人的雪图；巨然或本朝范宽的山水图，然后"齐整相对者，装堂遮壁"，以作为悬挂更重要名画的裱褙托底，再于其上覆盖年代更久远的名笔，并且绢素大小必须相当成对。难怪有人戏言："若晋笔，须第二重挂，唐笔为衬，乃可挂也。"风雅若此，奢侈至极。

明代的书画收藏，尤以前文所述之民间收藏家项子京的"天籁阁"为最。据说仇英曾在项家为仆，得赏宋元名画真迹，绘画技艺亦大进终成一代名家。清代的《石渠宝笈》，收录了清廷内府最鼎盛时期所珍藏的最为珍贵的历代书画精品，卷帙浩繁，极显皇家气象。清末民国时期，出现了恭王府及张伯驹、袁克文、溥儒等一批大收藏家。

郑午昌的书画鉴藏，应该始于杭州府中时期的那条"青云直上"的青云文化老街的发蒙；而在京师大学堂求学的那些日子里，学校

行书《煎茶学佛》十五言联

图书馆与故宫博物院的藏书、藏品，琉璃厂及附近厂甸一带的文房四宝书画老店、线装书古旧书店，以及日后受聘于杭州高义泰布庄，饱览高家收藏宏富的藏品，烟云养眼，得益匪浅。郑午昌在上海中华书局担任美术部主任期间，更是得天独厚，尽窥名作。

"墨鸳鸯楼"斋名从何而来？

郑午昌具有深厚的骈文与律诗的底子，其藏品主要是以明清书画名家及文人名士对联（楹联）为鉴藏内容。中国传统楹联内含"太极生两仪"的哲学思想。对联无论长短，鸳鸯成双成对，且以流动千年的墨色写就，"墨鸳鸯楼"之斋名有形有色、神采宛然。

郑午昌自己，就是一个撰联高手。

郑夫人，嘉定望仙桥朱颜女史（又名文莺，号鹿胎仙侍、如是楼主，见彩图24），曾以家常生活之事为题，让郑午昌撰一联。郑午昌即刻写就一长联应对：

煎茶煮饭扫地洗衣自家有力自家做
学佛读书养花作画终日如痴终日忙

在 2002 年苏富比拍卖会上，曾出现过郑午昌的一副行书对联，亦可视为其待人接物、为人处世的真实写照，颇受藏家青睐：

多积德多读书多吃亏以多为贵
寡意气寡言语寡嗜好欲寡未能

郑午昌以海上对联集藏大家而闻名书画鉴藏界。据说，郑午昌所收的明清书画名家及文人名士的对联多达五百多幅，如董其昌、陈老莲、伊秉绶、金冬心、吴昌硕、吴大澂、溥儒及沈尹默、马公愚、白蕉等。吴湖帆曾为此专作"墨鸳鸯楼藏联画"相赠；湖州凌虚亦刻"墨鸳鸯楼"印相赠。

在"墨鸳鸯楼"中，郑午昌时常邀请诸多海派书画家、收藏家好友如吴湖帆、钱瘦铁、汪亚尘、沈尹默、马公愚、白蕉、王个簃等翰墨联谊，共同欣赏其所收藏的明清对联。"兴酣之时，互相共作联语，并挥毫作书作画，墨鸳鸯楼成为当时海上一个颇具艺术特色的收藏家沙龙。"

据 1948 年《申报》载："郑午昌近征集现代书画家楹联，准备影印存真，名为《墨鸳鸯舞（楼）》。"算算日子，离郑午昌去世还不到四年的时间。可见郑午昌对楹联收藏及普惠后人的矢志不渝。

郑午昌钟情楹联，吴湖帆喜好状元扇。

吴湖帆是苏州人。有清一代的状元仅苏州就有二十多人，扇面，无非是他们高中后赠送亲朋好友的"一纸人情"。吴湖帆旧藏有若干把状元扇，便动了搜集清代状元扇的念头。没想到状元扇收集的过程却颇费周折，譬如嘉定"三状元"王敬铭虽喜作画，但书写扇面极少，后来由收藏大家硖石钱镜塘代为觅得，一了吴湖帆心愿。

书行至此，不妨再叙一段郑午昌与吴湖帆的故事。

　　说的是1934年，国民政府行政院决定选送中国艺术品参加"英伦国际展览"，以达到让西方人士得见"中国艺术之伟美"的目的。筹备委员会选聘艺术专家若干人组成专门委员会负责征选之事，吴湖帆是专委之一，征集研讨工作历时数月。翌年四、五月间，筹备委员在上海中国银行旧址举行预展会。一时国人之好古者，争来参观，不下数十万人。

　　郑午昌参观后"心滋骇感"愤然曰：

　　　　予盘桓其间者二日，顾所见书画多非善本，内府珍藏，胡宁止此，换日移山，心滋骇感。旋晤湖帆，专委也，云所选者，概从英国专委之意，彼等切信乾隆御览、项子京珍藏者为可宝。真赝精粗，不暇别也。以故希世之珍，辄落孙山，混珠之货，竟登实笈云云。

　　吴湖帆虽然是中国征选专门委员会委员，但是必须与英国专家交换意见后最终决定甄选作品，"所选者，概从英国专委之意"，"以故希世之珍，辄落孙山，混珠之货，竟登实笈"。因此，导致了郑午昌的拂袖而呼："夫欲选我国宝供世展览，犹须仰从人意，致不得尽我艺术之伟美。我奈专委之责任何，言之曷胜怅恨。"此情此景，不禁令人再次联想起郑午昌与贺天健、刘海粟论画"有时意相左辄奋臂而争"。只不过，这一次郑午昌争的不仅仅是学术问题，而是关乎"中国艺术之伟美"的国际形象。

　　郑午昌素来主张美术应该"属诸国人全体"。他在《所谓收藏家者》一文中指出：

　　　　中国素乏收藏美术品之公共机关，所有美术品，除秘之内府，供奉宝赏外，多散于有势力有富力者之家。一般人民，非为食客幕僚与彼等相近，皆不获一见，资研习焉。然美术是国人文化之结晶，应该属诸国人全体。国家既无公共机关，收藏一国之美术，而私家以相当之势力与机会，得其所谓班望者而保存之，自当以阐扬文化为怀，于适当时会，出其所保存者以与国人共欣赏之共研习之。如此，既发扬往哲，又嘉惠后学，其为风雅，艺林所美。否则，视之如布帛，持之以贸利，纵知宝贵，爱若头目；实同毁没，投之水火；其为罪过，甚于盗金矣。

解读郑午昌此文，大致可以概括为几层意思。

一是美术是中国的文化结晶，应该属于人民大众。

二是除了内府与有势力、有富力之家，中国历来缺少收藏美术品的公共机关，人们大众一般无缘得见。

三是私家收藏者除了以保护美术品为己任之外，更重要的是在适当的时候将其藏品与大众共享，发挥中国"文化结晶"的欣赏与研习的作用，"既发扬往哲，又嘉惠后学"。

因此，郑午昌身体力行，数次在美术展览中增设"中国古代美术参考品"部，并呼吁各大收藏家尽力阐扬文化的义务提供藏品，以次陈列，使一般观众"皆得见所未见，多所观摩"。

郑午昌自有非常独到的书画鉴藏眼光。在《画苑新语（九）》一文中，他记叙了一段在陈蝶仙长子陈定山（蝶野）处赏画的故事：

午夜大雨，乘兴访蝶野十云之居。得读其所藏文衡山（文徵明）仿赵大年（按：北宋书画家赵令穰，宋太祖赵匡胤五世孙）《水村图卷》。卷长三尺许，纸本，水墨，"大风堂"（按：张善孖、张大千画室。因张氏昆仲收藏有明朝张大风所画《诸葛武侯出师图》，遂将上海西门路西成里居室的厅堂取名为"大风堂"）曾藏之。

> 卷中垂柳数十树，临溪三五成林，都从枝头楚楚披下，如画竹叶，渍以淡墨，临风照水，姿态嫣然。远峰近滩，或浓或淡，全用墨笔皴染，干湿互用，实处醇腴，空处幽秀。山头往往以焦墨点破，尤有奇致。间于树荫桥畔，著人物如蚁大，彩笔简勾，须眉俨然可分。全卷温雅妍静，耐人寻味无穷，以校衡山平常所作，大不类；然无一笔，非衡山不办。

最后，郑午昌发出一声感慨："变其权，工于化，殆衡山之神品欤？"

中国古代书画界一直有"神品""逸品""能品""妙品"等说法。概而言之，所谓神品，"气韵生动，出于天成，人莫窥其巧者，谓之神品"。（明陶宗仪《辍耕录·叙画》）有的评论家则做了一个简要的概括：能力够、境界够叫"神品"；能力够、境界不够叫"能品"；能力不够，但境界够叫"逸品"；意趣有余叫"妙品"。

正如前书所述，"随着书画艺术的繁荣，仿制品也逐渐有了滋生的土壤"，中国书画真正的鉴定应始于晋南北朝。郑午昌在《画苑新语（一）》中谈自己的主张：

> 画家有一时名者，必有人窃冒其名，以欺世而牟利。冒石谷者有王荦，石谷深恨之。翁小海（按：晚清花鸟名手）自谓有程某，数十年来托名拙笔，画花草充塞四方，而其贫如故，戏以诗伤之曰："侏儒不饱况东方，依样胡卢自在忙。可惜蓬门劳十指，为他人作嫁衣裳。"意亦深憾之也。余以为画虽小道，乃千秋事，冒效而善，于我何

伤；冒效不善，则我自有我，亦复何伤；且假以浮名，可
使贫者乏者为我与，惠而不费，固不惟于我无伤，于人或
有补也。因以为恨，未免器小。

还是郑午昌性情豁达。

郑午昌举例说，当年董其昌、文徵明往往应人为题己款，而两
人的身价，数百年来丝毫无损；吴昌硕生前，冒效者何止数十家，
然而欲得到吴昌硕画的人反而更加多了。所可惜的，是那些具有天
赋聪慧之质，又好习绘画的那些人，因为贫困而冒效他人之作以求
谋生，反而埋没了自己的才华。郑午昌又讲了一段曾被读者质疑的
轶事：

余辑《当代名人画海》，或有盗人仿石涛之作为己有，
以应征者。出版后，有客自岭南来，指谓余曰："鉴今成
盲，何况于古！月色朦胧中，君竟不辨雌雄耶！"余无以
为答，笑曰："可欺以方，我固不失为君子！"客又谓官广
州时，曾与夫己氏谂，时有画家曰王竹虚者，笔墨仿佛新

《当代名人画海》书影及其中收录的郑午昌跋和《南山翠屏图》

罗，实为夫己氏捉刀。王既以穷死，夫己氏画遂以绝。旋
复借手以高某，然狂怪粗率，而面目尽变矣。君如不信，
请籥灯而读其画，知君将骇艺苑奇谈，无独有偶也。相与
南向捧腹。

文中提到的王竹虚可称是一个异人。祖籍浙江，定居广州，家
道中落后则安于清贫、潜心山水画艺，"出笔便合古人"，代客摹古更
是一绝。据说当时广州的一些收藏家，也常常会将所藏的残缺古画
请他代为补笔。有意思的是，王竹虚虽具独门武功却有个疏于临池
的"空门"，其摹本落款多请精于书法者代笔。思之趣之。

走笔至此，插叙一则花絮。郑午昌去世后不到一个月，也就是
1952年8月12日。据《上海市文化局档案》载："上海市文化局邀请
吴湖帆、唐云、张石园、朱屺瞻、沈迈
士、钱瘦铁等沪上鉴赏名家，对亚洲文
会一百零九幅古画进行鉴定，结果其中
绝大部分为伪作。"此为后话。

民国时期，沪上诸多金融家、企业
家多财善贾、雅好收藏，刘寒枫就是其
中一位。

刘寒枫，海上金融巨头，酷爱收藏，
与张大千、齐白石、吴湖帆、于右任等
人亦颇多来往。刘寒枫旧藏的一批名家
作品颇为可观，曾在上海、苏州举办个
人收藏展，影响甚广。抗日战争胜利的
那一年，郑午昌为刘寒枫画了一幅《溪边
柳隐图》，表达了对太平安宁的江乡田园

《溪边柳隐图》 1946年

生活的渴望。

　　画幅右下方的一片岩石，郑午昌用赭色过渡至青绿。石下，有两组点景小人，一为三位隐士或俯仰或沉思，一为笠帽钓翁。溪水波平。汀渚垂柳密密层层，墨线柳丝，花青色层层渲染。柳荫下，参差上下分别画有泊岸两叶扁舟，其上，一为宽袍大袖老者，一为盘髻仕女。溪岸青山外，隐然一抹绯红染远山。郑午昌题识为：

> 溪边杨柳齐头绿，雨后燕莺掠面斜。
> 风物江乡春最好，赏心都在野人家。

　　该说到郑午昌与诸宗元的故事了。

　　诸宗元（贞壮）是民国藏书家、书画家，年长郑午昌十九岁，绍兴老乡。诸宗元素好交游，颇富诗名，时人称为"笔札雅驯，诗文渊懿"。其书斋取名"默定书堂"，坐落于杭州西湖红柏山庄，富藏古今名人字画。诸宗元在《稼轩词补遗跋》中有一段自述："早藏居南昌，馆俸所入，先大人命以聚书。竭十年之力，得书数十万卷，宋代文籍尤所笃嗜……"黄宾虹曾以《红柏山庄图》相赠。

　　无奈世事无常。民国十八年（1929）诸宗元五十五岁，藏书楼在火灾中化为灰烬，一夜黑发尽白头。悲伤过度的诸宗元此后大病一场，"晚来扶病强登楼"。诸宗元病起后，将所撰七十二首七言绝句取名为《病起楼诗》，并嘱好友郑午昌绘《病起楼图》。

　　诸宗元曾见过郑午昌为陆丹林所绘的《顶湖感旧图》，欣赏之余赋《题午昌为丹林画顶湖感旧图》律诗一首："渡瀣曾言别春后，看山为忆画中人。一亭本在松风里，胸次何容着点尘。风絮光阴感少年，即无往恨亦凄然。图中新史皆成旧，记取人天第一禅。"

　　郑午昌在《画苑新语（一）》中亦提到了此事：

贞壮以诗名，与散原、苏戡、拔可诸老并称，亦好书画。著有《书学浅说》《画学浅说》行世。于近人画，殊少许可，谓其无诗趣也。余尝为丹林作《顶湖感旧图》，丹林以之乞题于贞壮，贞壮见之大喜，时方久病新起，自署其居曰"病起楼"，因索余为写《病起楼图》。图成，贞壮报以诗云："病起成诗易，图工倚扇看。犹思壮萧寂，更为写高寒。横卷宜行箧，高篁护画兰。亭台分纸上，吟望亦能宽。"盖欲更为作《病起楼》横卷也。

郑午昌追绘贞壮《病起楼图》
丹林嘱题

从郑午昌文中大致可知晓几个信息：

一是诸宗元诗、书、画皆善，且眼界甚高"于近人画，殊少许可"，原因是近人之画毫无"诗趣"。回溯前文郑午昌与郑孝胥的故事，诸宗元嘱郑午昌绘《病起楼图》所嘉许的是郑午昌的画有诗意有趣味，"有典有故"。

二是诸宗元见图甚感欣慰，"图工倚扇看"并"报以诗"。

三是此图应是长幅立轴，故诸宗元暗示郑午昌"横卷宜行箧"，意欲再索请一横卷。

然而，诸宗元所托，竟成了郑午昌日后的一件憾事：

无何，贞壮病，病竟不起。丹林谓贞壮病革（危）时，犹问《病起楼》横卷成未？噫！余以懒散，致区区翰墨，有负故人生前，抱憾何如！然季子有剑，誓践宿诺，所痛者，不能起我贞壮一见耳！（按：诸宗元卒于火烧藏书楼后的第三年，享年五十八岁）。

"还慰深情重一诺。"

郑午昌最终完成了诸宗元生前的心愿。

王秋湄在《收藏家采风录》中有一首《郑午昌补绘诸贞壮〈病起楼图〉丹林嘱题》诗写道："天地无情秋一室，维摩病起欲呼出。回头隔世又成尘，不似与君论诗日。向怜岛瘦并衡愁，昔壮今衰语亦休。还慰深情重一诺，寒林如泪落山楼。"

可以佐证。

鹿胎仙馆

自从孔子二十三岁在乡间收徒讲学之"私授"开始，"师资传授"就成为了我国历代教育的传统教学方式之一，山水画教学亦是如此。西方教学方式的传入，遂使这种古老的教学方式渐渐式微直至最终消失。20世纪上半叶的上海，曾经有过一段最后的余晖，书画名家讲堂就有：

清末民初篆刻名家李健的"鹤庐"。

清末诸生赵叔孺的"二弩精舍"。

嵊州郑午昌的"鹿胎仙馆"。

苏州吴湖帆的"梅景书屋"。

四川内江张大千昆仲的"大风堂"。

常熟虞山江寒汀的"荻舫"。

杭州唐云的"尺庵"等。

这些讲堂无不秉承"有教无类"的古训，志在招集有志治艺的青年，研习画艺，赓续文脉。讲堂之间不时也都有互动。据1947年

8月1日《申报》载："鹿胎仙馆与梅景书屋两大画派画家，晚上八时假西摩路（今陕西北路）128号上海市文化运动委员会西区办事处举行联欢。"

郑午昌的"鹿胎仙馆"，名字从何而来？

当然"有故有实"。嵊州有一座山就叫鹿胎山。说的是当时有一个姓陈的猎户到剡山狩猎，一头怀胎母鹿正从面前走过，他一箭便射中鹿的头部。只见那头带箭的母鹿急急跑向树林深中，跳了两下，竟然生下了一只小鹿。当母鹿把小鹿身上的血舐干净之后，便倒地而亡了。猎户见此情景忏悔不已，抛了弓箭，投寺为僧。后来，在鹿死之处生出一株草来，人们取名为"鹿胎草"，剡山也就从此改名为鹿胎山。

陆丹林在《郑午昌——著作等身的画人》中也给出了答案："午昌的画室，署名'鹿胎仙馆'。有许多人不知道他的取名的意义，猜三度四的揣测。其实他是李白诗'自爱名山入剡中'的剡中人，和中国画史上首先以山水画著名的戴逵是同乡。鹿胎，就是嵊县名山之一，把他做室名，是不忘桑梓的意思。他又有'嵊县人'石章一颗，当着昔年沪市帮匪横行、乡誉最坏的时候，他却钤用此章在画幅，这又是他不失'有我'的精神。"

郑午昌客居沪上，尽管在此地乡誉最坏的时候也不忘桑梓与"不失有我"的精神，令陆丹林赞叹。在谈及郑午昌个性化的课徒方法，以及与门下弟子的"敬爱融洽"之风，陆丹林更是褒奖有加：

> "鹿胎仙馆"及门男女弟子，多是一时俊秀，如：丁庆龄、潘君诺、王宸昌（王端）、蒋孝游、娄咏芬、贝聿诏、尤冰如、王弱男们，在海上艺坛，各有相当位置。他

对于门弟子各随他们的性分个别指导，绝不限于一家一派之法。所以他的弟子们，很得博闻广益之效，而各有所成就。他们师弟之间，也很敬爱融洽，风谊之高，在社会中，是不可多见的。

郑午昌平时作画，从不避人，每当亲友在座，边谈边画。对学生绘事有问必答，并常常作示范教导。王宬昌曾写有一幅《渊明高纵图》，郑午昌看到后十分高兴，并写了两首绝句赠与弟子，勉励他们不要当误国的名流，哪怕是洒尽新亭楚囚泪，也要立志一念清神州：

其一

折腰始觉官还小，挂印原为俸不多。

倘使督邮无此役，永抛三径菊松何。

其二

好逸务高士气浮，晋人误国是名流。

河山举目今犹昔，愿与新亭作楚囚。

郑午昌课徒，深得孔子"因材施教"之法，且"绝不限于一家一派之法"，门墙桃李极一时之盛。文艺评论家啼红曾在《画报》上发表《鹿胎仙馆论画语》评论道：

学画难，教画尤难，而论画则更难；世有工于画而不善教画者，又有画名精甚而不贯作论画文字者，全才固不世出也。嵊溪郑午昌氏，以山水蜚声艺坛，垂二十年，亦当代第一流画家也。门墙桃李，极一时之盛，较之吴湖帆、赵叔孺辈殊不多让。

郑午昌除了在教学上鼓励学生"绝不限于一家一派之法"外，亦支持学生转益多师。试举二例为证：

据潘季华《忆郑午昌》中记叙，郑午昌为人胸襟宽怀，交友很广，其入郑氏门下后，又经友人介绍给吴湖帆。先生知晓后说，倩庵是我老友，你去拜师，当然很好。倩庵家中收藏甚富，名迹亦丰，得能细心临摹，再经其指点，一定大有收获。郑午昌非但不阻止并极力鼓励，使潘季华很感动，足见郑午昌的大家风范。

另外一件事是民国三十四年（1945）年末，张大千自蜀至沪举行画展，郑午昌弟子王康乐参观画展后欲拜张大千为师，郑午昌慨然应允。王康乐是浙江奉化人，十八岁时就在商务印书馆图画科黄宾虹手下工作。有幸的是，王康乐师从的这三位先生虽然都是重视传统的"国粹派"，但都主张中西融合。起点如此之高的王康乐在三大"龙门"博采众长，坚持数十年在"厚"字上用功甚勤，在创新方面有所超越，并以"国画中的油画"美誉而自成面目，时人有云"跳出龙门得真龙"。八十岁以后的王康乐，更着意在浓墨重彩的结合中开拓山水画的审美意境，终于形成了气势磅礴、凝重敦厚、翰墨淋漓的独特风格。2005年，上海美术馆举办了"王康乐先生百岁画展"，并由上海人民美术出版社出版大型画册《王康乐百岁画集》。王康乐之女王守中，长于画层峦叠嶂、山重水复的全景式游观山水，以"敦厚中见灵秀"的山水画风格而令人瞩目。

《现代书画家史乘·郑午昌》一文有以下记叙：

郑的做人，有一点便是"量大"，他对于门人，学画有点成就，尽他们更从别师，多得一些教益。他说："好为人师，昔贤所患。绘事奥博，有学也学勿到的。做师不是更难吗？何况各人的天赋不同，好恶不齐，限定他们从一个师，是强众人而学一人，这种独夫之学，岂能窥绘事之大？画不论宗派，各择其性之所近。好的画法，应该一一学之，于众法并一法，取人法为我法。一旦融会贯通，自具面目，古人是我法，造化亦是我，否则局促一师之法，不过一师而已。那不是为学之道。"

这些话，精辟透彻。一般画家，也许还不知道，或知而不肯言，俗语叫作"卖关子"。至于不肯门人从他人，那是"要面子"，这都是艺术进步的障碍。郑独能排除传统的心理，他的智、勇、识，胜人一等，而且识真正忠于艺术的人。

可见郑午昌之人品与胸襟，为时人所折服。

走笔至此，不得不提到日后郑午昌及弟子与《中国美术年鉴》的故事。

1947年，中国有史以来第一部美术学科的年鉴《中国美术年鉴》出版。这部年鉴，由郑午昌弟子王扆昌主编，蒋孝游、郑孝廉、汪灏师同为编辑。并由郑午昌杭州府中时的国画教员姜书丹、挚友陆丹林、美术评论家俞剑华等担任校阅。

虽然说是"年鉴"，其实涵盖了清代中晚期乾嘉以后及民国元年（1912）以来的美术作品、论著，全国各地的美术社团史料、师承纪略，一千四百五十四个人名的目录与索引，以及包括郑午昌、颜文樑、汪亚尘等所撰写的十三篇《序》。全书洋洋洒洒七十万字，内容相当丰富，史料价值弥足珍贵。《中国美术年鉴》的出版，在当时美术界及社会各界产生了巨大的影响。

这部《中国美术年鉴》编辑、出版之时，正是解放大军直逼江

《美术年鉴》封
面和潘公展题签

南，上海的经济处于"物价飞腾，一日数惊"的时期，"其间受经济
影响，将陷于停顿者再三"。（王扆昌《编后记》）现代著名剧作家、
诗人王进珊在《序》中感慨：

> 梅苞腊雪的残冬，转瞬已是春满江南，草长莺飞，又
> 快临到蚕眠豆熟的黄梅时节，参加年鉴编纂的朋友们，已
> 经孜孜不倦地工作了半个年头以上了。我相信他们在这半
> 年之中，局处陕西北路的一间斗室，白天的写字台就是夜
> 间的卧榻，虽然早已忘记了窗外的阴晴寒燠，花开花落；
> 就看编辑室内，从各方搜集来的美术文字和图片，非但琳
> 琅满目，而且光辉灿烂——也就可以了解编者的辛苦了。

郑午昌在《序》中慷慨陈词：

> 我国美术家无不自力更生、埋头苦干的。政府从来不
> 帮助美术家，美术家亦从来不仰求政府。每从冷落清苦的
> 环境，自求灵妙愉快的安慰，不忧箪瓢陋巷，不嫌轻视冷
> 笑，而兢兢于美术之研习。偶逢水旱兵火，需要救济，则
> 无不尽心力以赴；而于发扬文化，为国争光，尤肯群运群

力，惟恐或后，并不期有所报酬。

这部年鉴的编辑得到了美术界众多人的支持与物资捐助，"捐助物资者，为马公愚、汪声远、陈巨来、张大壮、吴野洲、陆元鼎、张溪堂、江寒汀、朱积诚、张公威、姜丹书、吴青霞、俞剑华、戚叔玉、商笙伯诸氏，尤以郑午昌夫子最多"。

接续前文，再表鹿胎仙馆故事。

郑午昌在民国早期金石书画刊《鼎脔》上，曾以"鹿胎仙馆"之名发表有《鹿胎仙馆杂录》系列文章：论画艺，评画人，多有卓见。所叙艺坛轶事亦有声有色，文人情谊跃然纸上：

> 征白招饮半斋。余先至。候征白等久不来。乃出。徘徊久之。方欲复登。而征白踵至。云与蔼农、丹林相候久矣。君竟何往。余还责征白迟到之过。并戏占一绝以证云："真有客来主不来，半斋楼上独徘徊。歌声四杂杯盘响，一听饥肠□一回。"相与大笑。

> 席间分韵索联，酸态毕露。赠蔼农联云："比邻小谷称高士，每对青山想异书。"盖蔼农别号青山农，卜邻郑小谷（按：清代著名教育家、经学家、诗人，有"江南才子"和"两粤宗师"之称）墓，曰邻谷草庐。末联系黄仲则（按：清代诗人黄景仁）句，又切蔼农姓也。故云。又为丹林题《红树室图》云："门前几树粲于霞，秋色谁分处士家。却笑逋仙真好事，孤山满地种梅花。"（按：北宋著名隐逸诗人，隐于西湖孤山，有"梅妻鹤子"之称）惜四人皆不能酒。倘□翁在座，更不知添几丈豪气也。

《鹿胎仙馆杂录》

曾与征白用破笔枯墨合作《骏马图》。嫌其粗率，弃之纸篓。不知何时为好事者所得。托南海（康有为）书"天马腾空"四字。谓即南海戏作。上海书报影印。传称圣人名迹。近且有人出二百金购之，主人犹坚不肯让。真艺林异数。

郑午昌在文中提到的"招饮半斋"的许征白，是江苏江都人，擅长国画：人物、仕女、山水、花鸟及杂品皆无师自习。许征白曾在上海美专任国画教授十余年，著有《清籁诗集》《箕颖草堂画集》等。尤为人称道的是，许征白是民国年间摹古的名手，所仿唐宋名迹悉能不落痕迹，古意盎然。时人有"人莫能辨，允称个中高手"之誉。

郑午昌老友黄蔼农，福建长乐人。其书法挺拔雄厚，篆刻苍劲庄严，亦精于鉴定藏家之鼎彝钟彝、宋元书画。黄蔼农与郑午昌同一年到的上海，也就是1922年，一个进商务印书馆，一个进中华书局，且两人都任美术部主任编审。商务印书馆招牌原来是郑孝胥所书，后因郑孝胥任伪满洲国国务总理大臣，遂易为黄蔼农书法。商务印书馆内所有出版物及教科书封面，十有八九出自其手。

黄蔼农辞去商务印书馆职务以后"在沪以鬻艺自给"，寓居慈孝村蔗香馆，屋里堆满了图书典籍、金石碑帖。黄蔼农平素好抽卷烟，烟蒂则常常随手乱扔。据说有一日烟蒂余烬焚及书籍，虽经及时扑灭，但还是损失了不少书画碑帖。所幸的是，那幅出自一众名手为其母亲祝寿的《百松图》，仅烧焦了裱缘，未殃及内幅。思之可唏。

1947年，黄蔼农得了一场大病，便赋诗自遣。郑午昌步诗《蔼农老友大病初起，赋诗自遣笑嘱为制〈蔗香馆复苏图〉，谨步原韵》一首曰："于病于时治相伴，复苏功比勃安刘。河山如旧世犹隔，岁月重新老莫忧。大矣生死原有了，忽尔啼笑岂无由。青山常在人常乐，天意林泉许画留。"可见黄蔼农与郑午昌都是生性豁达之人，想必"天意"如此"许画留"的画，也包括那幅烟熏火燎中幸存的《百松图》吧。

从传授书画艺术的角度来看，郑午昌可称是一位学者型的导师。今人所编之《海派书画文献汇编》（上海辞书出版社，2013年版）录有郑午昌《中国山水画的师资》及四篇《画家之学养》，可视为其课徒的讲义。

郑午昌课徒，首先强调的是山水画的"法则"。

在《中国山水画的师资》一文中，郑午昌强调"绘画之术，在能运用个性之灵，传写自然之美"。

然而如何运用性灵？

如何能够传写自然之美？

郑午昌教导学生必须得求其法则，"法则既得，则我欲如何，笔墨自能赴之如命"。譬如樵子渔父，日日面对青山绿水，云岚烟波，当然识得山川之美景。但是如果真的要让樵子渔父为山川写照，类似于唐代王维晚年隐居辋川时绘就的《辋川图二十景》，元代虞山画派开山鼻祖大痴道人黄公望所绘的《虞山图》等，这当然是根本不可能的事。

因此，郑午昌主张初学者要得其"法则"，必有所"师资"。

师资何来？曰师古人，曰师自然。

在师古人方面，郑午昌倡导的是"临摹"。当然，他的意思是"虽然专摹一家，固不可；而初学时，则宜专摹一家始"。因为古人入手临摹，也是遵循一定的次序，先求其善者而从事的。正如"要仿元笔，须透宋法，宋人之法一分不透，则元笔之趣一分不出"。只有在通晓了中国山水画传承关系的基础上，再由"一家"进一步拓展到"别家"。

谈到"立雪郑门"学艺之事，陈佩秋动情地回忆道：

> 我年轻时临画七年，同学都说我没出息，只晓得临画。当时我向郑午昌先生请教，他说"清六家"还是吴历、恽南田最好，后来他还借给我古画的照片让我临。一次我在图书馆找到赵幹的《江行初雪图》（按：该图描绘叶落雪飘、北风呼啸时节江岸渔村渔民捕鱼之艰辛生活状况，用笔方硬劲挺，水纹纤细流利，笔法生动活泼，气韵苍润高古，天空用粉弹洒作小雪，似见雪花轻盈飞舞入水即融之景，人物形象生动。图中有"神品上"三字），我一看很喜欢，就临了起来。
>
> 那时学校请黄宾虹从北京过来，他看见我临赵幹（按：五代南唐时画家。擅画山水、林木、人物，长于构图布局。所画皆江南风景，多作楼观、舟楫、水村、渔市，点缀花竹，表现"烟波浩渺、风光明媚"之山光水色尤其独到），就说这个是匠人画的，不能临。后来我问郑午昌先生，先生则说学这个东西是有用的，古人都是从临摹起头画的。对我而言，临画的目的不是去模仿，而是从前辈的笔法中慢慢领悟参透其中奥秘。最终，我们自己的作品还是要回到自己的生活上来。临摹是学习，写生是创作，缺一不可。

陈佩秋的学画心得，应该与郑午昌的教学主张有关。郑午昌对学生"师自然"的要求是:"所谓师自然者,尤须随时随处留心,平日摄诸物象于脑海心巢中,临时乃得,一一发之如囊中物。学者固能随时随处留意,则举笔若有稿本在前,自不难得心应手。彼古人作画,往往以真实景为题,与朋友登涉名山大川,辄有图以记其遇。"

郑午昌这里提到的"有图以记其遇",其实与西洋画提倡的"写生"异曲同工。初学者除了师古人、师自然之外,要成为一个真正的画家,郑午昌还认为必须具备八种学养,即立品、习字、读书、旅行、养气、乘兴、虚心、认真。

文如其人,画亦有然。

郑午昌强调:"学画者而不先立品,其画虽可观,亦若有一种不正之气隐濯毫端。"在为人处世上,郑午昌要求:"学画最宜虚心探讨,不可稍有得意处便诩诩自负。见胜己者,勤加咨询;见不如己者,亦内自省察。天地之大,物类之众,皆足供吾虚心研究。""作画时,即偶尔应酬,亦不可轻率。盖每写一处,必有着精神处,若率意草草,此最是病。"

可见"鹿胎仙馆"教规之严,门风之正,难怪陆丹林会发出感慨:"他们师弟之间,也很敬爱融洽,风谊之高,在社会中,是不可多见的。"

郑午昌行为师范,因此"鹿胎仙馆"门下弟子读书风气甚浓。

郑午昌时常教诲学生的是,"画贵有士气,即谓其有书卷气也。书卷气当从多读书来,故不读万卷书,不能作书。盖不读书,即不能穷理,不能观物。不能穷理观物,即不知生意所在。不知生意所在,虽欲守神专一,皆死笔也"。当然,大自然亦是无字之书、有声之画。郑午昌进而说道:"蛰处斗室以户限自局者,纵有精妙之笔墨,恐无多丘壑于胸中供其挥洒也。"

郑午昌主张的"养气"，其实与庄子所说的"画史解衣盘礴，此真画家养气之法也"是同一个道理。也就是说，画家在创作的时候首先要做到从内而外地放松，洒脱自如，身心俱悦。当然，这种畅快胸臆、抒发情志的内心的释放是需要由一定的外部条件来激发的。

比如，晋人顾恺之常于"时景融朗"之时含毫作画，天地惨阴，则不操笔，这就是善能养气而又能够审慎用之的意思。元代诗僧觉隐更有意思，常以喜气写兰，以怒写竹。原因是兰花叶子势态飘举，花蕊吐秀，具有"喜"的神态，而竹枝纵横，如矛刃错出，铁骨铮铮有"饰怒"之象。郑午昌说得好，"是即可知气与笔神意相通，无是气，即不能状是神，写是意"。

画家如果能够读书养气，意态冲和，就善得"喜"气。郑午昌告诫弟子："凡作画，积堕气而强之者，其迹必软懦而不决；积昏气而汩之者，其状必黯淡而不爽。不决则失分解法，不爽则失潇洒法，此最为作者大病。"

1941年10月，郑午昌众弟子成立"鹿胎仙馆同学会"，旨在"联络同学感情，研讨学业，秉承师旨，推进艺术运动"。两年后，也就是1943年，郑午昌五十岁生日，师生于5月7日举办的"郑午昌师生书画展览会"，在南京东路大新公司四楼画厅展出。

据《新闻报》当日简讯称："名画家郑午昌氏，画艺绝高，卓然成家。自今日起与其门弟子蒋孝游、娄咏芬等二十一人，举行师生书画合展于大新画厅，出品共计一百五十六件，除每人各选出杰作一幅，充作义卖外，其余悉属非卖品，仅为展览性质，借以就正以道，且义卖之件可以复定，俾助学之款，多多益善。"

又据《申报》消息："郑午昌师生画展在大新公司四楼画厅举行。出品弟子有蒋孝游、娄咏芬、潘君诺、吴苦苹、尤其侃、朱旌圣、王吉轩、吴子余、谢宝树、王宸昌、丁庆龄、汪海澜、陈静子、陈石濑、潘季华、贝聿珆、翁潜、吕哲民、尤冰如、张宇澄、郑克乡等二十一人。展品共一百五十六件。除每人选出一件充作助学义卖外，其余悉属非卖品。义卖之件可以复定，郑氏更愿为清寒子弟挥毫。至九日止。"

此次画展，郑午昌师生二十一人，卖品二十一件，拍卖一空。其中郑午昌的《松鹤鸣琴》，竞价十一次，以四千元成交；朱雍圣《临梅道人》竞价九次，以一千三百元成交；贝聿珆《仿大痴》竞价四次，以五百元成交。共得中储券一万六千八百四十元，悉数捐予《申报》《新闻报》助学金。

在展出作品中，有一幅郑午昌为众弟子画的《老人砍柴图》，题诗颇有深意，"欲行殊蹩蹩，无以展吾足。努力劝山翁，为除当路竹"。恩师的谆谆教诲，令潘季华记忆犹新。

啼红在《鹿胎仙馆论画语》中评论这次画展：

> （郑午昌）及门如谢宝树（按：词人谢玉岑长子、谢稚柳侄），为名山老人（按：晚清进士、常州大儒钱名山）之外孙，初从张大千游，今列郑氏门，艺乃大进。与蒋孝游、丁庆龄、吴子余、朱雍圣等并以山水称。而潘君诺、陈石韵则花果草虫见长，女弟子尤冰如、娄咏芬、贝聿珆等亦均不弱。谚所谓，"名师出高徒"。郑氏不特工画，而论学画集教画之语，且足为艺海之津梁。最近出版之《鹿胎仙馆同砚书画集》，有郑氏一跋，所论甚精。

啼红在文中提及的谢宝树即谢伯子。这不禁又让我们记起了前文所述的谢玉岑与郑午昌、张大千的友情。谢伯子自幼失聪，学艺之艰难可想而知。其自幼受外公钱名山亲自教诲，叔父谢稚柳、姑姑谢月眉亦潜移默化地熏陶，为其花鸟绘画打下了初步基础。

谢玉岑临终之时，托孤张大千，后列郑午昌"鹿胎仙馆"门下"艺乃大进"。二十三岁时，谢伯子就在上海青年会首次举办了画展，大获成功。外祖父钱名山欣然题诗曰："六法天开别有门，谢家玉树茁灵根。生平不解师松雪，却有王蒙是外孙。"感怀谢家有后，青年才俊，老人欣喜之情溢于言表。

据《申报》1944年5月11日消息载："谢伯子近作展在八仙桥青年会青年画厅举行，展品百余件，并名家合作扇面二百页，至17日止。谢氏为钱名山先生外孙，玉岑词人长子，王师子、符铁年、郑午昌为其刊发介绍启事。"

此次展览亦大受市民欢迎。《申报》5月19日消息："青年画厅刊出启事云：本厅此次举行鹿胎仙馆弟子谢伯子先生画展时，承各界参观，出品业已订购一空，致始后来有向隅之憾，兹特商请谢君续陈新作，展期四天。"

"鹿胎仙馆"入室弟子多达四十余人，其中有今人熟知的谢伯子、潘君诺、蒋孝游、王康乐、赵丹、陈征雁、陈佩秋等。后来，郑午昌的照片、艺术生平、作品乃至"鹿胎仙馆"同门录，被收入民国唯一的《中国美术年鉴》，郑午昌不但为年鉴作了序，还为《国画》章节名题字，可见当时郑午昌的艺术地位及艺术影响。陈佩秋曾不无感慨地说："郑午昌先生是继任伯年、吴昌硕之后的海派书画领军人物。"

2018年5月。

上海吴昌硕纪念馆。

海上兰亭书法院主办的"纪念郑午昌先生诞辰一百二十五周年名家书画展"在此展出。时年九十六岁的陈佩秋专程赶到现场。展厅

陈佩秋女士多次出席"纪念郑午昌先生诞辰纪念书画展"

里，一幅郑午昌、陈佩秋师徒二人合作作品《叠嶂清秋图》(见彩图23)，引出一段穿越三十余年的佳话。

原来，《叠嶂清秋图》是郑午昌生前未完成的遗作。

1982年，因举办郑午昌遗作展览的需要，郑午昌公子郑孝同请陈佩秋补笔。陈佩秋在款识中写道：

> 此为郑午昌先生晚岁所作，始写右侧半幅后即不幸逝世，今秋同门丁庆麟、娄咏芬、张宇澄诸学长多方旋斡筹得重金，在上海美术馆为先生举办书画遗作展……此图为孝同所藏，因以出示，盼余补成。囊昔先生在西湖国立艺专执教，余多次临抚先生范本，皆未得其神理，忽已三十五年有余，展图犹聆师教，不觉信手抚之，勉成左半幅，而右半幅山径、杂树、人物，先生不及敷色者亦代润饰，想先生豁达大度，必不至有所怪罪也。壬戌九月佩秋记。

今人读之，师生情谊令人动容。

陈佩秋对郑午昌身后的情义更加令人动容。

据郑孝同说："由于当年还小，父亲的有些事情我自己其实已经不记得了，是陈佩秋告诉我的，我叫她姐姐，她是我不是老师的老师，不是亲戚的亲戚。她说你父亲最喜欢你，上课的时候还把你带过来，我们下课之后也都会跟你玩。那时候我四五岁吧。

"后来我父亲过世，陈佩秋把母亲接到自己家里赡养，我因为要读书，还是留在嘉定钱门塘。但是每到寒暑假，我都会去陈佩秋家里住上几天，他们的画都摊在桌子上，随时都可以站在边上看。我也说过要拜她做老师，但她说你不要拜师了，画拿来我给你看就是了。"

　　郑孝同日后任嘉定的陆俨少艺术院院长，接触到一些陆俨少的东西，在自己的画上也表现出一些陆派的风格。陈佩秋看了之后，对郑孝同说："还是要学宋元。陆俨少画得也很好，但是不适合你去学，你直接学宋元的，学你父亲的。"

　　郑孝同将陈佩秋视作父亲之后第二个最崇敬的人。

　　郑孝同说，有了陈佩秋，"我这根断掉的风筝线又接了上去"。

第七章
笔墨壮吴钩

戌鼓沉沉月光黑，不知今夕是何年。

——郑午昌题画诗

"千龄马会"

在中国的不少地方，都有过虚岁生日的民俗。

这种民俗将十月怀胎作为第一岁，所以叫虚岁。其实是在提醒人们终身不忘母亲怀胎十月的孕育大恩，蕴含着中国人尊老爱幼的传统美德。

上海全面沦陷后的第二年，也就是民国三十二年（1943）农历正月初十。

此日是公历2月14日，恰值西方"情人节"。郑午昌五十虚岁生日，沪上名流挚友纷纷前来祝寿。其中，有梅兰芳和吴湖帆。

吴湖帆生于甲午年。十三岁时，吴湖帆曾东渡日本，有幸觅得祖父吴大澂以及清末爱国将领、民族英雄壮节公邓世昌的肖像画。

后来，这两幅画像一直珍藏在他的梅景书屋。吴湖帆三十一岁时，因直皖军阀齐燮元、卢永祥江浙会战，苏州处于战火之中，他便离开苏州寓居上海。

吴湖帆的《丑簃日记》，可视为今人研究抗战史的珍贵的第一手史料。日记有七八万字，其中有关于九一八事变后的华北变局、七七事变后的淞沪会战等报刊新闻的摘录，以及身居上海的亲见亲闻亲历。尤其是在淞沪会战的三个月期间，吴湖帆每天的日记几乎均为淞沪或华北战事记录。除了用文字记录，吴湖帆亦用画笔真实地描绘战争，并慨然发出"学国画而欲做大画家者，必先爱吾家邦"之言。

梅兰芳，出生在北京一京剧世家。八岁学戏，九岁拜师学青衣，十岁登台。三十九岁时，因日军侵占东北进犯华北，便举家南迁寓居沪上。越年，梅兰芳在上海天蟾舞台上演创编新戏《抗金兵》。三年后，在上海天蟾舞台上演了创编新戏《生死恨》。

民国二十七年（1938）年初，梅兰芳为躲避日伪政府的各种活动，携家眷和"梅家班"再次赴香港演出，留居香港。三年后，日军占领了香港，梅兰芳蓄须明志，息影舞台。1942年夏，梅兰芳由香港返回上海。从此闭门谢客。大汉奸褚民谊曾亲赴梅宅，软硬兼施逼他出来登台为日伪军演出，梅兰芳丝毫不为所动，甚至不惜注射预防伤寒针剂，拒不合作。

席间，众人言及二战的国际形势与国仇家恨，更添感时愤世之感。

其时，中国的抗战已经打了十一年有余。去年，中国军队在第三次长沙战役中顽强奋战击败日军；东北抗日联军将领赵尚志英勇就义；滇湎路战役中国远征军戴安澜在缅甸殉国；上海亦已全面沦陷……在国际方面，新加坡落入日军手中；菲律宾沦陷，盟军三万六千人在菲律宾被日军俘虏；日军占领荷兰殖民统治的印尼群岛……

贺客中，梅兰芳、吴湖帆等人与郑午昌同庚，也就是都生于光绪二十年（1894）。中日甲午战争的惨败，中日不平等条约《马关条约》的签订，让中华民族蒙受耻辱已经整整五十年。而今日，日寇的铁蹄仍在华夏的土地上肆意践踏。

日本当局不但在上海频繁举办日本军人画家河合健二等各种画展，伪中日文化协会上海分会以沟通两国艺术、融贯中日书画之名成立书画研究会，分为书、画两部，书部有真草篆隶、日本书体等数组，画部复分中国古画、日本版画及油画、水粉等数组，声称由中日双方人士就其习性共同研究。就在2月初，日本驻汪伪国民政府大使馆上海事务所文化部与上海公共租界工部局教育处拟订《文化教育思想及施策大纲》，企图向青年学生强化推行奴化教育。在此之前，日方已向上海大中小学校派日语教师三百名，实施此项奴化教育大纲。

"莺花地老余人骨，鱼米乡空换马蹄。"

为了警醒国人不忘甲午之耻，进一步激励国人抗战意志，郑午昌、梅兰芳、吴湖帆慨然发起倡导成立一个以甲午同庚为桥梁的民间爱国社团，和衷共济，用特殊的形式与日伪抗争。该倡议，立刻得到了沪上文化艺术界、教育界、工商界等社会知名人士的积极响应。

社团成员一共有二十位爱国之士。因每个人的年龄相加为一千岁，故取名"甲午同庚千龄会"。又因甲午之年生肖属马，又称为"千龄马会"。依生辰前后排序为：郑午昌、李祖夔、章君畤、陆兆麟、范烟桥、秦清曾、孙伯绳、吴湖帆、汪亚尘、张君谋、席鸣九、

甲午同庚千龄会同仁摄影

汪士沂、蔡声白、梅兰芳、陆铭盛、陈少苏、徐光济、张旭人、周信芳、杨清磐。

李祖夔祖上为江南望族，幼年时随父亲寓居上海。他曾跟随叔叔李征五参加辛亥革命，担任过上海县知事兼沪海道尹。后来李祖夔弃政从商，在多家家族企业担任要职，因此有"老犹太"之称。李祖夔雅好收藏文玩字画，亦是缂丝和田黄印章的大收藏家，故斋号为"佰黄千缂之斋"。上海沦陷期间，据说有一个日本富商曾劝诱其将收藏品献于日方，被李祖夔严词拒绝。

中华人民共和国成立前夕，李祖夔毅然留在上海迎接解放。1949年11月，李祖夔在上海康平路1号寓所遭国民党特务凶杀身亡。此案，轰动了整个上海滩，震动了上海市军管会和上海市人民政府。陈毅闻讯勃然震怒，立即下达了限期破案的死命令。最终，中华人民共和国成立后的第一起抢劫杀人刑事案件，被神探端木宏峪所破。

秦清曾是近代著名画家。锡山秦氏以北宋后期"苏门四学士"秦观为始祖,秦氏一门颇多热爱诗书、古籍、绘画、古物收藏者,文人雅士代不乏人。秦清曾自幼习书画金石,能书善画,尤精青绿细笔山水。他的"艺苑真赏社",专门经营珂罗版影印中国历代书画和碑帖名作,品种多达五百余项,有"秦艺苑久飞声,竟使前贤畏后生"之美誉。

出生于吴江同里范仲淹一脉的范烟桥,自幼不喜经文,偏好苏州弹词和小说。袁世凯复辟时,范烟桥写就弹词《家室飘摇记》十回,讽刺袁世凯的皇帝梦。范烟桥因敬慕南宋词人姜夔,遂取其诗句"回首烟波十四桥"中的"烟""桥"两字,合而为号"烟桥"。他是中国近代小说鸳鸯蝴蝶派代表作家,任《珊瑚》杂志社社长和主编,致力于文化救国。九一八事变后,《珊瑚》曾刊登《抵抗日记》《国难家仇》《纪念"九一八"》等抗日檄文。

杭州汪亚尘,二十一岁时就曾与陈抱一等人组建中国第一个画会组织"东方画会"。汪亚尘曾任新华艺术专科学校教务长兼师范学校校长,上海沦陷后,日寇为控制上海,再次限令汪亚尘主持的"佩文绘画音乐补习学校"进行登记。汪亚尘为保持民族气节,与日伪划清界限,不愿在日寇统治下办事,便解散学校,停止一切活动。中华人民共和国成立前夕,汪亚尘赴美国讲学并举办画展,介绍中国画。据说,美国前总统肯尼迪夫人杰奎琳亦拜其为师学习中国画。

张君谋是国民党四大元老之一张静江之侄,曾任国民政府驻比利时国特命全权公使,后辞职返国,寓居上海养病。上海沦陷期间,闭门谢客,以书画文物收藏鉴赏自娱,过隐居生活。张君谋在史学方面亦颇有研究,著有《世界大战全史》《希腊史》《罗马史》等。

宁波帮金融家陆书臣,是上海"顺康"钱庄经理,上海钱业同业公会代表。该公会在与日斗争几件大事中,态度鲜明、立场坚定。

尤其在九一八事变后，陆书臣断然与日本厂商绝交，甚至连经销日货的商行也不再往来，坚持民族气节。

二十人中，因郑午昌年最长，被公推为"马首"，周信芳则自称为"马尾"。

周信芳是京剧"麒派"艺术创始人。七岁以七龄童艺名登台演出，十四岁在上海演出，改艺名为"麒麟童"。抗日战争爆发后，周信芳积极参加救亡活动，上演暗喻"亡国之痛"的京剧《徽钦二帝》《明末遗恨》，在面对敌伪附有子弹的恐吓信后，依然不屈不挠，继续策演《文天祥》《史可法》等具有爱国主义、民族意识的戏剧。

郑午昌素来敬佩周信芳的铁骨铮铮、一身正气，在"千龄会"聚会之时，特以亲绘梅花扇面一幅赠之，题诗云：

> 万木方寒苦，暗香林下来。
> 自怜颜色好，故向雪时开。

是年中秋（公历9月14日）。

甲午同庚千龄会在魏廷荣的私人花园榕园举行第一次集会。

"拓地甚广"的榕园，叠石引水、曲径通幽，堪称上海滩上流社会的网红"打卡"之地。

先说魏廷荣其人。魏氏在民国初年可称是"海上闻人"，兼营地产、古董，为收藏大家。其祖籍浙江慈溪，生于上海。魏廷荣早年由法公董局公派留学法国，回国后历任中法银公司经理、法租界中华义勇队队长（法租界商团司令）、公董局临时行政委员会首任华人委员等职，法国政府曾授予其荣光宝章。

此次集会，《甲午同庚纪念册》《申报》均有报道：

甲午同庚千龄会在魏廷荣私人花园举行第一次集会。该会由1894年即甲午战争出生的郑午昌、吴湖帆、汪亚尘、杨清磬、秦清曾、梅兰芳、周信芳、李祖夔等二十位沪上知名人士组成，是年当他们五十虚岁时，祖国更遭日本侵略，有感于此，发起是会，并定每年春、秋聚会两次，加强联系，增加团结，永不忘国难。

范烟桥在自定年谱《驹光留影录》中亦有记载。在《寄琐散叶》一文中，范烟桥列出了按生日先后排序的千龄会全员名单，并记叙集会"二十人分坐两桌，另外四桌都是亲友"，"与者各以器物互赠，以能书画者多，故卷轴累累，满载而归。会中制飞鸟章及牙箸以为纪念。并定每年元宵茶话，中秋酒会以联欢焉"。在《千龄宴》中范烟桥写道："事事取吉羊，菜属诸'万寿山'席六，以花好月圆人寿为序，饮以'千岁酒'，招万氏摄影。"

范烟桥后人范慧静、范崇清亦在《我父亲范烟桥与千龄会》一文中提及："当时每位成员收得四份请帖，可携眷同往……参加这次宴会的女画家、吴湖帆的外甥女徐玥，家里还保存着当时的一份请帖。"由此可知，身为无锡望族荣氏后人、范烟桥夫人荣君立，吴湖帆的外甥女徐玥亦是当年亲临其会的见证者之一。荣君立至今仍然珍藏着一张当年聚会的照片，徐玥保存着当时的一份请帖，史料价值弥足珍贵。

素有"江南第一枝笔""小报状元"之称的嘉定唐大郎亦是见证者。他在《海报》的《定依阁随笔》专栏中，有一段补充叙述："中秋节之千龄会，凡是寿翁，每人可另约亲友四人，共得百众，分坐十桌。愚为信芳所邀，昨日，信芳过我，以'千龄宴证'见遗，并请柬一份。愚以外，复为信芳邀请者，有笠诗、中原，及江寒汀君。"

此次活动的组织者是李祖夔和汪亚尘。李祖夔之子李名慈在《"甲午同庚千龄会"的尘封往事》一文中提到"千龄会"首次聚会之事：

> 家父李祖夔生前与汪亚尘是挚友，又与梅兰芳、周信芳交往甚密，他亦属甲午马年生辰，参加千龄马会砥砺心志、毋忘国耻，自是义不容辞之事，遂积极参加。据家中老人回忆，当年首次聚会时，为避人耳目，须寻觅一处僻静地方，后经了解离市区较远的桂林公园附近有一个私人花园，家父知道它乃是沪上名人魏廷荣的私宅，因与魏相熟便亲自登门求助，魏得知事由后慨然允诺。聚会后，众人拍照留念。

活动中，大家或题字、或作画，并互相赠送礼品。梅兰芳纪念馆藏品里，有一本集会当日陈少荪赠送大家的纪念册，另有一份"甲午同庚千龄宴互赠礼物表"，礼单右下方盖有"甲午同庚千龄会之章"字样的红色方章。按照生日先后顺序排列，礼单内容如下。

郑午昌，自画自写连骨扇面二十把；李祖夔，日用品二十包；章君畴，彩条毛巾二十条；陆兆麟，白雪公主麻纱手帕二十打；范烟桥，养正中学校训信笺二十束；秦清曾，元明名人法书六种二十册；孙伯绳，《孙竹堂观察书牍辑要》二十本；吴湖帆，自书字对重绫裱二十副；汪亚尘，自画重绫裱鱼屏二十幅；张君谋，铜质墨匣上镌自画马图二十只；席鸣九，景泰铜烟盒二十套；汪士沂，朵云轩仿古信笺二十盒；蔡声白，丝织被面二十条；梅兰芳，自画扇子二十把；陆铭盛，绿锡包香烟二十听；陈少荪，弹簧活页甲午同庚纪念册二十本；徐光济，玻璃杯子二十盒；张旭人，"千岁酒"二十瓶；周信芳，杨振华楷笔二十对；杨清磬，自画册页二十张。

范慧静、范崇清记得很清楚，当年的纪念品为5厘米高、4厘米阔的竖式小摆设，上端是银圆大的景泰蓝制品，一面是蓝底白色骏马，下书"民国三十二年癸未"；另一面是蓝底上书"甲午同庚五十岁纪念"九个金字，下端则是设计大方的红木底座。

吴湖帆用陈章侯的诗句书写了一副对联："何以至今心愈小；只因已往事皆非。"郑午昌在扇面上题写了两首七律，记录当时的情景，其一为：

> 大河东去夕阳西，独立苍茫首自低。
> 湖海放怀犹有酒，江山入梦已无鸡。
> 莺花地老余人骨，鱼米乡空换马蹄。
> 幸蜀恨深南渡恨，三春风雨杜鹃啼。

郑午昌《赠张君谋扇面》题诗道：

> 当头皓魄满神州，佳节名园集胜流。
> 花木有情纷彩舞，歌筋不夜足清游。
> 弟兄四海人同岁，忧乐百年月共秋。
> 去日休教愁锦瑟，如今国步仗驿骝。
> 词赋江关枥自怜，千龄一席鬓华妍。
> 生从忧患初知命，乐得图栾凤有缘。
> 少长只差先后日，是非休问昨今年。
> 丈夫功业时当午，相勉耆英史并传。
> 　癸未中秋甲午同庚千龄会宴于魏园，赋呈君谋同庚同
> 学兄。剡溪郑午昌。

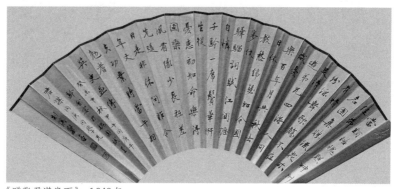

《赠张君谋扇面》 1943年

　　范烟桥则填词《贺新凉》一阕："秋月凉如水，邀俊侣、榕园小聚，闲情偶寄。五十平项都未老（只湖帆、清磬有微髭），正好放怀一醉。尽尝够风尘滋味。生不逢辰何待说，况前程、锦绣漫无止。扬鞭去，志千里。双声玉笛铜琶倚（指兰芳、信芳）。更座中名流几辈，诗情画意。落落鲰生骥附尾，腼腆人前欲避。问萍水因缘能几？各有千秋佳话在，只兰亭、莲社差堪比。论年纪，皆兄弟。"

　　"千龄马会"的爱国义举，激发了国人的爱国热情，更是吸引了众多属马的知识分子和进步人士纷纷入会，会员人数一度发展到数百人之众。远在重庆的徐悲鸿，特意托人从大后方送来一幅他绘制的马首折扇扇面，上款"午昌道长为甲午同庚马首。悲鸿写此祝其长年"。

　　素有书、画、诗文、医学、拳术"五绝"之称的永嘉郑曼青题曰"午昌生甲午，文会同庚首。马首尽人瞻，寿君以啤酒"，向郑午昌致贺。1952年，"马首"郑午昌去世，吴湖帆书挽联一副，题曰"辰年竟遭厄，马首何是瞻"，表达了诸位同庚挚友的深切怀念。此为后话。

翌年1月29日（正月初五）。

福州路。万寿山酒楼。甲午同庚千龄马会举行集会。

万寿山酒楼英文名"SUMMER PALACE RESTAURANT"，位于上海西藏路220号（今西藏路和福州路口），是当时非常有名的"高尚粤菜"馆，更因千龄马会在此聚会而名动一时。

友人曾藏有一份当年的中式空白请帖。封面右上角红色龙纹中央是竖排的"万寿山酒楼"店名，封面正中是平行的两列朱丝双线。请柬背面，左上是一列英文店名，右上角竖排颜体"万寿山酒楼"五个字，下则为"高尚粤菜"四个楷书。中间的广告词分两列写的是"对外筵席　另设专部承办　全市公馆　从此庆宴称便"，今日得见，尤显珍贵。

行书至此，不妨荡开一笔说老上海"菜兼南北"的饮食往事。

据说，沈钧儒、邹韬奋等"七君子"与其他爱国人士发起成立的"救国会"地址，就是在他们经常聚会的功德林素菜馆。鲁迅定居上海后，对浙江菜更加情有独钟。从《鲁迅日记》中可以发现，在三年的时间里他就上了八次杭帮菜馆"知味馆"一解乡愁，对馆子的龙井虾仁、西湖醋鱼尤为赞赏。鲁迅还曾宴请福民医院院长等日本朋友在此吃叫花鸡，"知味馆"的美味令东瀛客念念不忘。

兴之所至。以下参考《上海指南》等资料，仿孟元老《东京梦华录》笔记体散记文笔法，为读者连缀出20世纪30年代上海人"舌尖上的美食"：

> 上海开埠日久，人物繁阜。集四海之珍奇，皆归市易；会寰区之异味，悉在庖厨。凡沪上酒肆瓦市，骈阗如此，不能遍数；珠帘绣额，彩楼霓虹，上下争辉。
>
> 若夫番邦西餐，真正欧美派者，则虹口之礼查、法界

天主教街口之密采里诸家，多碧眼金发。邑人苟喜西餐，大约万家春、倚红楼、大观楼等最合式。法界静安寺路之别克登、宁波路之卡尔登等，悉为外国饭店，洁净优雅。除悠扬之西乐助兴外，绝无嚣杂喧哗之声，灯光、炉火皆能适度。

至若吾国中餐，则有闽、川、扬、广、苏、徽、鲁、京等诸帮。闽则若三马路之小重天、别有天，云南路消闲别墅之神仙鸡、南市岭海楼之清蒸清蟹美味尤特。川菜，当数小花园之古渝轩粉蒸肉为最。扬州镇江菜，则三马路之老半斋、新半斋、大雅楼，炒鳝背、肴肉、煮干丝、白汁鲴鱼、清炖蟹粉狮子头、雪菜黄鱼面等最受青睐。广东馆则美华、翠乐居、新雅、杏花楼为最著，冬菰鸭饭则以燕华楼为佳，其次若春江、东亚诸酒楼。鲁馆大者，数京馆兼济菜之雅叙园，燕云楼的北京烤鸭独一份。京馆，则洪长兴的涮羊肉火锅，宝善街顺源楼、大新街春华楼的紫参镶肉圆、盐水鸭、炒牛肉丝为最佳。苏锡菜若正兴馆之炒圈子、春笋塘鲤、青鱼秃肺、油爆虾等甚是可口。徽馆，则当推聚宾楼、来元馆、同乐楼之炒鳝丝、煨羊肉盛极一时。梅龙镇则是淮扬兼济川菜，金鼎素火腿、酱鸭腿、陈皮牛肉、干烧明虾、水晶虾仁颇负盛名。酱鸭，四马路尽美斋为最佳，熏鱼必须大马路春申楼对面老大房，宣德楼羊肉面人尽皆知，得和馆的鸭面浇头与面两相地道。高级应酬、喜庆宴会则首选粤菜馆，烤乳猪、金钱虾、烟熏鲳鱼皆味美绝伦，芥末、辣椒酱、梅子酱三味调料尤为贴心。

据李名慈后来回忆，自从甲午同庚千龄会成立之后，每逢农历正月，二十位同庚必在万寿山酒楼聚餐相会，聚时每人各携一件礼品互赠……以画金鱼闻名的汪亚尘素常绘制多幅金鱼作品赴会，作为互赠礼品。

李祖夔的"适可居"，坐落于徐汇区康平路1号。浅黄色的花园外墙，见证了历史的沧桑。李名慈说："根据每次聚会的签到单，康平路1号是聚会最多的地方。"2016年12月16日，甲午同庚千龄会聚会地旧址铭牌因此而挂上了康平路1号的墙面，展现了这栋历史保护建筑的人文内涵和历史价值。

千龄会历年的活动，当时的《申报》悉有记载：

> 1944年10月1日，吴湖帆、郑午昌、汪亚尘、杨清磬、秦清曾、梅兰芳等在康平路1号适可居（李祖夔住宅），参与甲午同庚千龄会的活动。

> 1945年2月27日（正月十五），吴湖帆、郑午昌、汪亚尘、杨清磬、秦清曾等于成都路中国画苑内之清赏轩，参与甲午同庚千龄会的活动。

> 1945年9月20日（八月十五），吴湖帆、郑午昌、汪亚尘、杨清磬、秦清曾、梅兰芳等于康平路1号适可居（李祖夔住宅），参与甲午同庚千龄会的活动。

> 1946年2月16日（正月十五），汪亚尘、郑午昌、吴湖帆、杨清磬、秦清曾于马斯南路（今思南路）梅花诗屋（梅兰芳住宅）参与甲午同庚千龄会的活动。

> 1946年9月11日（八月初十），汪亚尘、郑午昌、吴湖帆、杨清磬、秦清曾、梅兰芳等于芸盦（张君谋住宅）参与甲午同庚千龄会的活动。

> 1947年2月6日（正月十六），汪亚尘、郑午昌、杨清磬、秦清曾、梅兰芳等于嵩山路梅景书屋（吴湖帆住宅）

参与甲午同庚千龄会的活动。

1947年8月1日（六月十五），汪亚尘、郑午昌、吴湖帆、杨清磬、秦清曾、梅兰芳等于哈同路（今铜仁路）33号吴同文住宅参与甲午同庚千龄会的活动。

1947年9月30日（八月十五），汪亚尘、郑午昌、吴湖帆、杨清磬、秦清曾、梅兰芳等于金神父路（今瑞金二路）114号花园画厅出席甲午同庚千龄会活动。

可见甲午同庚千龄会的活动，历时近五年之久。

中国早期抗战电影《狼山喋血记》《渔光曲》主演之一，后为电影导演的洪警铃（洪醒），曾以"周穆王八骏"的故事，策划邀请八位著名画家为郑午昌、吴湖帆、梅兰芳、周信芳、汪亚尘、范烟桥、杨清磬和自己共八人绘制《八骏图》。绘制者八人是：熊松泉、赵敬予、戈湘岚、殷志湘、谢之光、谢碧月、陈英泉、徐韶九。当时的社会名流、爱国元老踊跃题志作跋，轰动一时，产生了较为广泛的社会效应。

冯超然题："锡鸾和铃，雍容于康庄之上，皆今之龙骧也，伏枥老马安能附骥尾，聊一笑。"

冯超然的学生张谷年题："眼中骨相尽收奇，风入霜蹄意欲驰。不负平生附骥愿，晴窗读画一题诗。"

沈尹默跋："苜蓿花开枝叶浓，竹批两耳气何雄。承平闲却金丝络，留作观风御史骢。"

洪深题："还有一匹不在群中之野马。"（按：洪深亦生于甲午，聚会时恰被遗忘，只得深表遗憾。）

西泠印社创始人王福庵题识曰："洪君警铃热心社会教育，现身银幕，表现世俗丑恶，以警以劝，其有功于世道心者綦大。生于逊清光绪甲午，支属马，集沪上文艺之友与同庚者八人，曰郑午昌、吴湖帆、梅兰芳、周信芳、汪亚尘、范烟桥、杨清磬、洪警铃为《八骏图》，意存各展骏足，为社会奔走，任重致远相勉。窃念我国甲午战后，丧师失地，屡受侵略，几濒危亡者有五十余年之血史。今虽强敌归降，国耻已雪，而河山重新，一切建设，有待于识途老马为之先驱。诸君生长忧患，而才识艺事，名重当世，固皆骏足也。其将有造于我国之前途，必有一日千里之势，余特以此图证之。"

《八骏图》包括作画题跋，历时十个多月方得完成。

洪警铃身为策划者，出力甚多，此图亦由其收藏。在1951年至1952年之间，洪警铃病重入院，因经济困顿难以支付高额的医药费。好友"力学斋"斋主、收藏家王京盙得知情况后慷慨解囊，在一年时间内为洪警铃付清了所有医药费用。洪警铃为感谢好友，将《八骏图》移送王京盙，嘱其择机将此画售，以还清费用。

后据王京盙家人的回忆，此画一直留在王京盙处。"文化大革命"中，王京盙接到通知，家中收藏的字画属"四旧"物品，必须全部上缴。但王京盙将《八骏图》悄悄转移到了杭州，藏在妹妹家的阁楼上有十八年之久。1984年，王京盙以其最擅长的小篆在图上写下"力学斋世守珍物"七个字，将此图带回上海，邀邹梦禅、陈从周和沙孟海观题，并让儿子、书法篆刻家王运天带往上海博物馆重新装裱。留下了一段难忘的历史，一段艺坛的佳话。

另据记载，1944年春，梅兰芳与叶恭绰联合举办了一场画展，共展出一百七十多件作品。国人交口称赞、争先认购。梅兰芳将卖画所得款项，除留下一部分维持生计，其余部分则赠给数十位生活陷入困境的京剧艺人。

周瘦鹃为梅兰芳《瓶梅图》题咏诗曰"梅君歌舞倾天下，余事丹青亦可人。画得梅花兼画骨，独标劲节傲群伦"，颂其高风亮节。

郑午昌也以亲绘梅花扇面赠梅兰芳，并题诗云：

> 争羡东风第一枝，曾经冰霜有谁知。
> 功名自古从寒苦，请看此花灿烂时。

是年，郑午昌亦在上海永安公司举办"郑午昌卖菜画展"，轰动沪上。

卖菜画展

白菜。清白之菜。

古称"菘"。古人认为菘有松树一样的耐寒品质。菘之其名雅致，其节不失高雅。宋代陆佃说得好，"菘性凌冬晚凋，四时常见，有松之操，故曰菘。今俗谓之白菜，其色青白也"。

每个中国家庭的厨房都离不开白菜。

每个中国画家的心中亦都有一棵白菜。

而在郑午昌心中，白菜堪称菩提如来一般，具有一种超凡脱俗的境界：

白菜

> 白露青霜岁暮天，绿云满圃色肥妍。
> 要知此是菩提种，长食能致寿百年。

《白菜图》
1945年

菜

本来食色是天性，食不求鱼色即花。

借得荒园三五亩，树阴种菜此婆娑。

民国十九年（1930）郑午昌，对月泼墨写菜，并题诗中抒怀道：

人家写佛我写菜，一样慈悲大士心。

太息世人贪口福，充疱鸡鸭血漓淋。

庚午春正月既望，对月泼墨写此，粗率处愈见雄厚，
江都不烦子詀为复堂（按：李鱓，清"扬州八怪"之一，
其《花果册》中出现了最早的结球白菜形象）无此胆量，
然耶？否耶？

如果从一部中国绘画史的角度来看，白菜画在中国画坛占有一
席之地应该是唐以后的事了。

晚唐之时，边鸾、刁光胤等以花鸟画而闻名，除常见花卉之
外，诸如木瓜、芭蕉、石榴、茄菜等蔬果开始入画。有宋一代，除
山水画之外，梅、兰、竹、菊亦见功力，文人墨客"皆别出心裁，
生种种变化，用笔神妙，遂能自成家数"。《宣和画谱》按创作题材
的分类有"画分十门"之说，蔬果题材排在最后一门。在所记载的
二百三十一位画家中，专事蔬果者有六人。

郑午昌在《新中华杂志》的《艺苑新语·画菜谈薮》中指出：

古人以画菜名者，北宋有钱易，五代有陶谌，元有钱
选，但皆勾梗染叶，以形似为能。明陈道复，清李鱓、石
涛和尚，间以水墨写之，故觉富有田野风味。余亦好用破

笔泼墨，为老圃传神，游戏之作，每逢知音，一帧之值，有价四五十金者，二三年来，所作不下百帧，大半应水旱灾捐之征，随画随题，绝不留稿。沈生奇逢，尝为录之，得若干首。

郑午昌文中提到的杭州钱易，是吴越王钱俶之子。钱易才思敏捷，学识渊博，十七岁时考进士。但因在殿试时，三道题目不到半天时间一挥而就，被斥之为"轻俊"，不仅御试通不过，连进士资格也被免去。这也难怪司马光说他"彼年少则历事未多，资浅则众所不服，轻俊则举措率易"。

然而，钱易却由此"轻俊"一事而闻名于世，博得"才子"的美名，坊间称其诗才不在李白之下。钱易为官能体察民情，举贤良方正，后为翰林学士。南宋年间，配享孔庙的文靖公鹤山魏了翁有诗赞道："儒林仪表，国家栋梁。风云翰墨，锦绣文章。驾长虹于寥廓，听鸣凤于高冈。"走笔至此，忽生联想。对比那位"奉旨填词"、在杨柳岸晓风残月间徘徊的柳永柳三变，钱易的确可以称得上"儒林仪表，国家栋梁"。

至于元代的湖州钱选，则因朝代更迭而断然绝意于宦海，立志不仕元朝，退避隐居湖州，从此"不管六朝兴废事，一博且向图画开"，他的《归去来辞图》现藏美国纽约大都会艺术博物馆。元代的画家蔬果少有涉及，而钱选的花鸟、蔬果以及人物、山水、鞍马等，被誉为"老钱丹青近世无""真成一纸直千金"。他的《秋瓜图》现藏于台北故宫博物院，《瓜茄图》现藏于美国弗利尔美术馆。

接着郑午昌的《画菜谈薮》，不妨继续掉一下"书袋"。

明人陈道复（陈淳），绘画师从文徵明，擅长写意花卉极尽"疏斜离乱之致"。在绘画史上，陈道复与徐文长（徐渭）并称为"青藤（徐渭）白阳（陈淳）"。郑午昌评价陈道复为"山水蔬果人物花鸟无所不能"，代表作《水墨蔬果卷》《薜荔图卷》《折枝柿》等"生意具足"。明清以来画家，尤其在花鸟画方面，受陈道复的影响很深，"淡泊旷达、放逸不羁，擅作写意花卉，笔致超逸，深受后世追捧"。

苦瓜和尚石涛，幼年遭变后出家为僧，后半世云游四方以卖画为业。郑午昌说石涛画白菜"间以水墨写之，故觉富有田野风味"。石涛曾在白菜画上题有一首七绝："冷淡生涯本业儒，家贫休厌食无鱼。菜根切莫多油煮，留点青灯教子书。"说的是他尽管身处业儒生涯的冷淡、家贫无鱼的窘境，但是中国人"诗书传家"的优良传统依然不改。莫多油煮菜根，为的是留点青灯教孩子读书。

郑午昌在《艺苑新语·画菜谈数》中说自己的白菜画，"随画随题，绝不留稿。沈生奇逢，尝为录之，得若干首"。现将"若干首"题画诗录其下：

赠越臣孝廉还湘作

邶泽丘墟金谷空，繁华绝代付西风。
绿云满地霜初降，清福何如种菜翁。

寄曼弟作

完了租钱酒可赊，闲愁便不到田家。
要从贫里还求乐，卖却菜根更买花。

游瘦西湖为榜人画菜

苍烟何处认离宫，艳说纷纷任老农。
犹有南朝金粉气，醉人三月菜花风。

《蔬菜草虫图》
1949年

据郑午昌统计，民国前后的画家中有至少二十三位以蔬果为主要描绘题材。

譬如任伯年的《蔬果册》（现藏于朵云轩）、《花果草虫图册》（现藏于沈阳故宫博物院）；吴昌硕的花卉、蔬果图常以葫芦、枇杷、蟠桃、荔枝、葡萄、南瓜、白菜等入画，满纸弥漫田园气息。齐白石亦是钟爱画白菜之人，曾在《白菜》上题诗曰："不独老萍知此味，先人三代咬其根。"又题："牡丹为花之王，荔枝为果之先，独不论白菜为菜之王，何也？"

此处，不妨仿照白石老人的句式，试问一句：世间写白菜之人甚众，为何郑午昌独享"郑白菜"之名，何也？

白菜，不但反映了市民阶层的平常生活，也是人们"清清白白做人"的精神寄托。在郑午昌看来，画家不过是借寻常的白菜之画"澄怀味象"，表现自己身为文人而应有的清远脱俗的人品与气质，并以此来"成教化，助人伦"。

他的《写白菜》诗说得好：

> 南家市肉北家菜，菜价千钱肉万钱。
> 隔夜肉生蛆如发，还看积菜苗新芽。
> 食鲜自是为生气，食肉何啻病自延。
> 菜味清庾肉性鄙，古人语我意缠绵。
> 世俗无如夸口福，淋漓血污已垂涎。
> 于时杀气弥三界，只见罗刹不见仙。
> 泼墨为写青白菜，素心一片吐金莲。

郑午昌的白菜，虽然自云"好用破笔泼墨，为老圃传神"，其实"胸中富甲兵"，他在《应灾捐杂作》一诗中抒怀道：

江南江北乱鸿哀，无计聊生菜自栽。

一纸要君输一石，墨花深处见如来。

中秋过后又重阳，海上仙人酒满肠。

闻道横流曾到处，草根还比菜根香。

沿门托钵钵生尘，画个菜根卖与人。

一样存心求普渡，不知谁肯恤沉沦。

百万金钱掷善人，虎头画笔妙通神。

愿将尺幅当疏乞，此亦摩维示病身。

　　这首《应灾捐杂作》诗沉郁顿挫、忧时伤乱，咏叹国难民苦，充满了忧国忧民之情。

　　君不见，"乱鸿哀"的战乱与灾荒，遍及"江南江北"。甚至，"横流曾到处"，许许多多的灾民流离失所，连"菜自栽"的无计聊生都成了"草根还比菜根香"的奢望。在大上海的大街小巷，到处可见"沿门托钵"的乞讨灾民，而"钵生尘"一句，更是写出了灾民乞讨悲惨现状。与之产生强烈对比的却是："中秋过后又重阳，海上仙人酒满肠。"郑午昌的这句诗，与老杜的"朱门酒肉臭，路有冻死骨"一样，揭露了旧时阶级对立，贫富悬殊的社会事实。

　　世上疮痍，以诗写史；民间疾苦，笔底波澜。

　　与古人宁可以自己手中之艺乞食，也要保持人格的纯真、精神的独立有所不同的是，郑午昌则以"济时肯杀身"的忧国忧民情怀，以自己"虎头画笔妙通神"之笔，唤起"一纸要君输一石"的仁人志士的义举。

　　《应灾捐杂作》，虽然仅仅记录了一个"满目悲生事""穷年忧黎元"的历史片段，但充满了对生灵涂炭的悲悯，继承的是老杜《三吏》《三别》的中国现实主义诗歌的传统，在很大程度上具备了"诗史"的性质。

那么，郑午昌《应灾捐杂作》的背后，牵连着怎样的一段历史呢?

在1942年至1943年间，河南接连遭受了水旱蝗、风雹霜等自然灾害，几乎"无县不灾"。据资料载，"全省三千万人口，灾民达一千五百万以上，饿死三百万，流落它省的二百万"。到处可见"赤沙原野无食物，树皮剥尽草根没""卖儿卖女处处见""到处都见饿死骨"的凄凉景象。极端的一个例子是，一位老太太，竟然杀食了自己的亲生女儿。

国难兵荒交乘。

日军在河南占领区，实施惨无人道的"三光"政策，并颁布了极其严酷的征兵令"应征逃亡者，惩其家长，充公其家产"。国民党政权在自然灾害面前，非但不发动、组织人民群众向灾荒作斗争，开展互救互助，官员贪污肥己之事更是接连发生。

河南灾起，郑午昌在1943年所作《菜芋图》上题诗道：

> 闲来无事做，写此当长歌。
> 海上居不易，长歌亦奈何！
> 煨芋徒有梦，嚼菜已无多。
> 投笔绕床走，四海付干戈。

郑午昌对沦陷区人民的苦难的同情和对时局的愤然之情跃然纸上。

1944年，郑午昌在上海永安公司举办"郑午昌卖菜画展"。展览的百幅作品在一周内便销售一空。白菜画的画价，则以画中的菜数论，所得钱款悉数捐给赈灾单位。郑午昌借"菜"抒怀的白菜画，深受时人喜爱。

（一）

一钱买数斤，一斤卖万千。

菜价贵如此，相隔才半年。

兖兖食肉者，哪知小民艰。

（二）

青霜白露入高秋，野眼萧然绿绕畴。

鄙绝侯门弹铗客，食无鱼肉暗生愁。

（三）

龙门身价重荒年，一菜贵于买肉钱。

总觉得时非素愿，万家茅屋几家烟？

（四）

满地烽烟草不春，有谁无食吊斯民。

一片慈怀秋愈阔，寒家犹有素心人。

（五）

荒园十亩旧离宫，浴露含霜碧几丛。

莫道苦寒犹此色，本来清白是家风。

其实，郑午昌早在1931年就曾以白菜画参加赈灾。

九一八事变后，江淮大地遭遇百年罕见的特大水灾，灾区涉及湖北、湖南、安徽等八个省区，时人有"洪水横流，弥溢平原，化为巨浸，死亡流离之惨触目惊心"之谓。

灾情传到上海，沪上立刻开展了一波又一波的急赈义举。其中，

郑午昌、谢公展、王个簃、诸乐三、吴苿之、张天奇、陆一飞、顾坤伯、朱文侯等合作《白菜集锦》

就活跃着郑午昌的身影，仅《申报》所载就有：

蜜蜂画社刊出征集书画助赈启事，称社友每人至少捐助作品五件，非社友加入者尤为欢迎。收件处上海卡德路80号李祖韩，南京东路德裕里50号孙雪泥、中华书局编辑所郑午昌。

鄂赈会驻沪筹赈办事处书画筹赈股假惠中旅馆大厅召开征求书画筹赈大会，到会者张善孖、谢公展、郑午昌等七十余人。蜜蜂画社同人于陶乐春设宴为郑午昌、钱瘦铁洗尘，兼商征集画件助赈。议决请各人签字认画若干。

现代名画展在宁波同乡会举行。郑午昌之水墨四尺立轴，画一菜一枯石，别具一格，画上自题为："霜青露白倍精神，水墨淋漓写得真。一纸要人输十石，不知谁肯恤沉沦。深秋时节忆田园，不写牡丹写菜根。富贵浮云人易老，好留清白儿与孙。"谢公展在画上戏题"食尽菜根"。精品展出尤以符铁年、郑午昌、钱瘦铁、陈小蝶等人作品最受欢迎。

富春泛棹

郑午昌先生四十藏其稿
先生名昶　浙江嵊县
人　而天台雁荡湖山水
并致力于探画史画理
之研究　为海上一大家
此图系共一九三二年舟
次富春　积雨潇江情
景之写富　自谓笔意
纵横水墨淋漓残兔拓
陶斯羅提笔示无已志
之危也　四十藏育昔春调素
毋庸置辩属示易肥繋哲

彩图18
《富春泛棹图》
1952年

彩图19
《金钟峰图》

彩图 20
《云岩高隐图》
1947 年

彩图21
《江城焕彩图》
1940年

彩图 22
《溪山钓鱼图》
1940 年

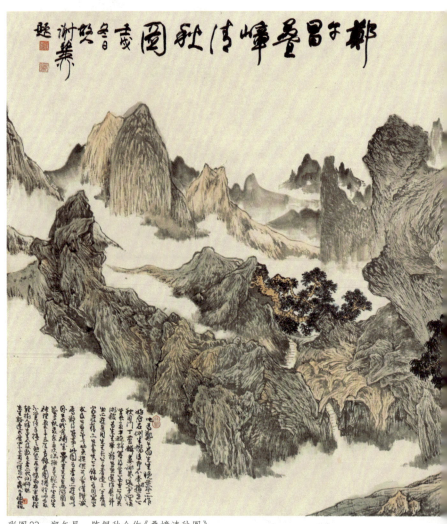

彩图23 郑午昌、陈佩秋合作《叠嶂清秋图》

彩图 24
胡亚光、郑午昌合作
《如是楼主三十五岁造像》
1948年

饮马琵琶湖

1941 年 12 月 7 日，上午十时许。

在一片蒙蒙细雨中，日军从苏州河各桥梁分路开进公共租界，街头上出现了"上海方面大日本陆海军最高指挥官"的中文布告。日军全面占领公共租界，控制法租界。

上海结束"孤岛"岁月，全面沦陷。

日军在上海实施了多次大封锁和恐怖演习。不少市民因此深居简出，待在家里听听短波广播，盼望早些"天亮"（按："天亮"是当时坊间心照不宣的流行语，即抗日战争的最后胜利）。日本浪人伪装成便衣侦探，借口搜查抗日分子或违禁物品，深夜破门而入，在市民家中肆意翻箱倒柜，攫取财物而去。"七十六号"汪伪特务在上海滩到处横行杀人捕人，作恶多端。

留在上海的普通民众，则因为物价飞涨、物资粮食短缺，生活非常困窘。要吃米，就得到跑单帮的黑市去买，黑市的米价每个月都要跳涨六七次，普通人根本无法承受。更有不少乞丐，专门守在食物摊档边上，从顾客手里抢吃的东西。

话说战争后期，上海由于物价与布匹囤积，普通市民根本无钱做衣服甚至无衣可穿。于是就出现了一种新的抢劫方式，俗称"剥猪猡"，也就是把人拖进里弄，扒下他的外衣外裤。

一日。秋夜。

惨淡的月亮已经从爱多亚路鳞次栉比的高楼顶上探出头来。光怪陆离的霓虹灯广告依然闪烁着魅惑的眼。洋人的咖啡馆里飘出浓郁的现磨咖啡豆的香味。

外滩海关大楼钟楼上，威斯敏斯特乐声，混合着沿街店铺广播喇叭里，沈俭安、薛筱卿苏州评弹《珍珠塔》嘈嘈切切错杂弹、大珠小珠落玉盘的弹唱声。

郑午昌少时，喜欢听的是老家社戏台上慷慨激昂的绍兴大板，也就是绍剧绍兴戏。后来，嵊县的"落地唱书"又演变而成"的笃班"（越剧），俗称绍兴文戏。抗战不久，嵊县老乡姚水娟率先带领越剧女班进上海。

民国二十七年（1938），也就是第二次淞沪会战结束翌年，郑午昌曾在后马路（天津路）天厢（天香）大戏院听过一出姚水娟的新戏《巾帼英雄花木兰》，园内园外上海市民抵抗倭寇的爱国热情空前高涨。

演出结束，当时上海英文版《大陆报》，盛赞"姚小姐饰的花木兰，如法国的女英豪琴妮阿克"。乡音乡情、爱国之心，无不令郑午昌感到心灵共鸣。

郑午昌一路行来，秋风吹动身上的青布长衫。

月影、灯影、树影，影影绰绰。乞丐、行人、黄包车夫、骑着单车叼着香烟的洋人等擦肩而过。

在一条小巷拐角处，昏黄路灯的阴影里，突然出现两个粗布衣衫的汉子，一左一右夹着郑午昌，低声道："勿要响，到屋里厢去。"郑午昌被这两个汉子带进小巷边的小屋，心里晓得今末（按：绍兴方言今天）碰着"剥猪猡"的人了。郑午昌听他们的声音是绍兴口音，就用浓重的绍兴话说："实我晓得实伲是啥个人，晓得实伲想做啥。勿问问是阿拉是啥宁！实我是嵊县三界的郑午昌。自家人剥自家人，就吭趣相（按：绍兴方言没意思）。"两个汉子倒有点晓得郑午昌的名头，是上海滩有名的大画家，也自觉"吭趣相"。郑午昌又对大汉说："投过（大家）到上海讨生活，勿要做强盗胚，坍了嵊县人的台。"一桩老乡"剥"老乡的"剥猪猡"奇遇，也就此收场。

前书所言，汉文正楷印书局是我国第一家制造正楷活字的印书局，堪称是郑午昌民族精神的呕心沥血之作。在抗战中，郑午昌为了表达誓死不与日本侵略者合作的民族气节，毅然亲自将印刷工厂全部毁坏。郑午昌好友陆丹林曾回忆道：

> 我和他是二十多年的文友，相知很深，并且在文艺的教育、刊物、团体等工作，同事很久。他除却擅长书画文之外，对于经济政治，也有相当的研究……十年前（1938）日本《印刷界杂志》曾著论称颂为东方印刷工具之大贡献。因此，当抗战时期，屡遭侵沪的日寇觊觎和欺压。他便不顾一切，自动地把印刷工厂全部毁坏，誓不屈伏合作。

在白色恐怖中，郑午昌毅然将倾注了多年心血的"印刷工厂全部毁坏"，终日"闭户作画读书"，拒绝与日军与汪伪政府合作。

一天，一个汉奸拿着一幅汪精卫的全身画像找上门来，要郑午昌补景。郑午昌一口回绝。汉奸仍不死心，几次三番找上门，软硬兼施。郑午昌抽了几支烟，随手拿起笔来，"那好，就补一下吧"。说罢，勾勒皴擦、浓淡转折，寥寥几笔，在汪精卫脚边补画了一块斧劈之石。汉奸素闻郑午昌诗、书、画"三绝"之名，又要求题款钤印。郑午昌正色道："此画像也罢。"汉奸再三坚持，郑午昌轻蔑地说道："画中之意，明眼人一看便知，不就是一块绊脚之石嘛。"汉奸听闻，只得悻悻而去。

上海沦陷期间，郑午昌用画笔和诗歌"以画写史""以诗记史"，留存了这一段悲惨历史。

夜望

已惯迟眠爱夜清，苍凉野色动幽情。
月华荒店惊鸡梦，灯影遥村乱犬声。
薄世居成邻米市，残年必赏到瓜棚。
露浓不觉肩头湿，何处江乡足避兵。

东家

斗米换尺布，石米得牛衣。
身上不加暖，腹中自鸣饥。
衣食难兼顾，十室九无依。
横竖值一死，挺而今为非。
东家称富贵，从此不敢归。

闻卖糖粥

中宵声拓拓，深巷卖糖粥。
家有小儿女，床头待食哭。

荒原

三月春风似画家，荒原草木亦荣华。
胭脂乱点垂樱粒，粉墨纷披作豆花。

郑午昌在上海，虽然多次发起或参加捐助义军、赈灾赈荒等义举，其实自家的物质条件也非常艰苦，甚至到了"老妻搜旧嫁，为子改棉衣"的境地。但在清贫中郑午昌依然不改其志，"贫家无他物，以画祝新春"，以"薄技"与"傲骨"，北望王师迎接"天亮"。这些，郑午昌的题画诗中亦有所记录。

寒夜即事

窗隙风成咽，林鸟夺暮飞。

老妻搜旧嫁，为子改棉衣。

题画

贫家无他物，以画祝新春。

梅竹拥顽石，相看自出尘。

寒夜

寒夜睡难稳，灯前有所思。

悲欢怜故我，起读旧时书。

病目

漆室抬头坐，神枯杂念多。

背阳含涕泪，不看破山河。

题画

两岸人家黄叶路，一帆风雨白沙滩。

晚听江潮暮听猿，舟车战后不嫌烦。

陆丹林曾在《郑午昌——著作等身的画人》文末，记叙了一宗关于郑午昌的"文字狱"："当时我已迁居香港，他有诗寄怀我和叶誉虎、简琴斋：'薄技犹堪支傲骨，虚名不敢交清流。'就是描写那时的景况与心情的。有一次，因为题赵叔孺的画马诗，竟触怒日寇，几次的搜捕，险遭不测。恰值日阀崩溃，胜利来临，这宗文字狱，才无形中停顿。"

那么，就来还原这宗文字狱吧。

赵叔孺出身于官宦世家，清末诸生。五岁时就爱好书画，有神童之称。据说他八岁时，父亲大宴宾客，席间赵叔孺当众挥毫画就嘶风骏马，第二天就有媒人来定亲，留下了一段"画马娶妻"的佳话。

赵叔孺在岳父家，遍观所藏精品，专心致志钻研唐宋元明古迹，苦学金石书画，后终成一代古物收藏家。其书斋名"二弩精舍"，得名于赵家珍藏的蜀汉遗弩。赵叔孺先后做过几任小官，但其性情淡泊，三十八岁之后就从官场隐退，携眷定居沪上提篮桥。广交朋友，以篆刻字画为生，时人尊为金石学泰斗。赵叔孺的"二弩精舍"，与吴湖帆的"梅景书屋"，张大千昆仲的"大风堂"，郑午昌的"鹿胎仙馆"同为沪上书画名家讲堂。赵叔孺门下弟子六十多人，沙孟海、方介堪、陈巨来悉出其门下。

中国文人自古就有画马的传统，而在国破家亡、历劫山河的抗战期间，马画更是文人心中"柳营春试马，虎帐夜谈兵"以及"驾长车，踏破贺兰山阙"的一种精神寄托。记得"甲午同庚千龄会"成立那年，郑午昌与郑岳曾合作一幅《骏马脱重衔图》扇面。在小骨竹青面的扇面正中，郑岳画一扬鬃脱衔、奋蹄嘶风的黑白水墨奔马。郑午昌则在小骨竹肉面，题诗道：

联步趋丹陛，分曹限紫微。
晓随天仗入，暮惹御香归。
白发悲花落，青云羡鸟飞。
圣朝无阙事，自觉谏书稀。
玉垒天晴望，诸峰尽觉低。
故园江树北，斜日岭云西。

郑午昌此诗借诗言志。"联步趋丹陛"至"自觉谏书稀"八句，录的是岑参《寄左省杜拾遗》五言律诗。岑参是唐代著名的边塞诗人，曾两次从军边塞，虽满怀报国壮志，渴望在戎马中开拓前程，只可惜壮志未酬。"玉垒天晴望"四句，摘的是岑参《酬崔十三侍御登玉垒山思故园见寄》五律诗句。玉垒山在四川境内，高峻奇险，"故园江树北，斜日岭云西"一联点出了"思故园"的主题。

赵叔孺的马，赓续宋代李公麟、元代赵孟頫一路，并且借鉴了清初宫廷画师郎世宁的西洋画法，自成一家，有"一马黄金十笏""近世之赵孟頫"之称。赵叔孺年长郑午昌二十岁，与郑午昌是浙江大同乡，亦是忘年之交。郑午昌曾题有多首赵叔孺画马诗：

题叔孺画马

万方多难正需君，雾鬣霜蹄回不群。
落笔谁能生骨肉，如今重见曹将军。

其二

金粟堆遍细柳前，嘶风踏雪逐轻烟。
论功本有云台分，骏骨还从画里妍。

题赵叔孺画马步原韵

神物西来数紫骢，吴兴写骨骏如龙。
即今大宛成王土，得此还堪夸九重。

诗中的"曹将军"即曹霸，魏武帝曹操后人，画马名手。据说某天他正在作画时，突然接到唐玄宗御旨宣其上京，无奈之下便在画

中题下"富贵于我如浮云"的诗句。上京以后的事，就是郑午昌诗中
"论功本有云台分，骏骨还从画里妍"典故的出处。

在"卖菜画展"翌年，也就是1945年，赵叔孺等八人共同创作
了《松荫八骏图》，郑午昌在款识中写道：

> 此《八骏图》系赵叔孺、马企周、殷梓湘、周乔年、
> 熊松泉、张善孖、洪丽生、张侣生八君子合作，孰雌孰
> 雄，识者当能辨之。善孖、企周、乔年先后归道山，而叔
> 孺、松泉诸君亦固乱离不克，常相聚洼记住日歡，而画
> 中八骏则永相戏嬉于绿杨芳草间，俯仰今昔，不觉感慨，
> 系之矣。午昌记。钤印："午昌"（朱文）、"好读书学击
> 剑"（白文）。

颇值得玩味的是郑午昌"好读书学击剑"的闲章。

自古闲章不闲。

借格言、警句以明志。

中国传统文人画，讲究诗、书、画、印融于一体。赏画，自当
先从印章欣赏入手，观其画者之学识、修养，品格、胸境。郑午昌
的闲章很多，在画作上钤这方印的却不多见。

郑午昌的"好读
书"众所周知，不必多
言。"学击剑"，可视
为郑午昌心中"书生仗
剑"浩然之气的表征。
国可破，志不可夺，
一旦到了民族生死存
亡的危急时候，书生

《侠情短篇》

《画苑新语》

之笔就是利剑。郑午昌公子郑孝同证实，自己确曾看到父亲屋子里悬挂有一把剑。

20世纪30年代，是旧派武侠文学蔚成气候的年代。比如宫白羽的《十二金钱镖》，台湾学者叶洪生曾做过如下描述："当时正值抗战军兴，华北沦陷区人心苦闷，渴望天降侠客予以'神奇之救济'……其中有一介书生，困顿风尘，百无聊赖，乃以'倒撒十二金钱'手法，胡乱打出"十二金钱镖"。"现在已经很少有人晓得，郑午昌早在民国七年（1918）就曾在上海《国际协报》上连载发过侠情小说《香筠小史》，开篇是："溪边居民，有杨二者，不知何许人。有妹名三娘与居，好酒仗义，觥觥然有燕赵之风……"

郑午昌与许多中国文人一样，自有一种"琴心剑胆"，甚至还有一个不为人们提及的"侠骨义胆"故事。民国二十二年（1933），郑午昌在《新中华》的《谈薮：画苑新语》中写道：

> 清季党人邹容，因《苏报》之役瘐死狱中，亲友无敢往吊者。时季平刘先生（按：革命志士刘季平）居华泾（按：上海华泾乡），毅然独出，窃收其骨，葬之园中，园即先生所居，自署曰"黄叶楼"者也。于是义声震海内，人皆知有江南刘三（按：刘季平自署江南刘三）。先生能诗，善书，分隶之精，独步当代。尝为余书四尺屏，古茂圆劲，远过濠叟（按：清代书法家杨沂孙，以篆书著称于世）。余亦为作《黄叶楼图》，并题一绝句云："黄叶萧萧万木稠，纸窗一疏认防秋。归来湖海犹豪气，人物江南数此楼。"盖先生任监委，弹劾不避权威，有直肃声。

郑午昌文中提及的刘季平，是老上海华泾乡人，早年就以诗文名于世。后在《南社点将录》中位列第七，人称"天雄星豹子头林冲"。刘季平曾官居国民政府监察委员，刚直廉洁"有直肃声"，其"生平尚气谊，重然诺，与人肝胆相照，人多喜与为友"。曾为郑午昌书"古茂圆劲"之"四尺屏"，郑午昌亦曾为其作《黄叶楼图》，绝句中有"归来湖海犹豪气，人物江南数此楼"，赞赏之情溢于言表。刘季平因"清末仗义营葬邹容之事"而义声布天下。章太炎、于右任等人感于刘三义行侠气，纷纷作诗投赠。

由此观之，读书人和剑侠的理想与精神从来就是一脉相通的。郑午昌在《松荫八骏图》款识中提及的"先后归道山"的"善孖、企周、乔年"亦都是"读书人"爱国志士。

张善孖善画虎，其名作《怒吼吧，中国》画面中，一群象征中华民族的群虎，勇猛地扑向那轮法西斯的"落日"。题款曰："雄大王风，一致怒吼，威撼河山，势吞小丑！"1938年底，张善孖被派遣出国进行抗战宣传与抗日募捐，但由于过度辛劳，导致健康恶化而去世，终年五十八岁。

马骀，字企周。抗战时期不但作画义卖支援前线，还亲赴战地写生，创作出《临敌不惧，勇冠三军》等一批歌颂爱国英雄，鼓舞抗日士气的美术作品。民国二十六年（1937），日机轰炸上海，独生子遇难致死。马骀忧愤成疾，去世时年仅五十一岁。

话说抗战胜利前夕的一天。

一个日军高官拿来赵叔孺的一幅《牧马图》，要求郑午昌题诗。

郑午昌打量画面，见是一位汉人装束的牧马人在湖边洗马，即知赵叔孺本意，遂在画上题诗道："绥远城外歌放牧，琵琶湖上洗春风。"

此二句自有深意。

当年，绥远抗战的三战三捷，堪称是"全国抗战之先声"。在延安的毛泽东曾高度评价道："四万万人闻之，神为之王，气为之壮。"

后来，马占山率领的东北挺进军始终与八路军协同作战，日寇闻之心骨寒。

琵琶湖，可称是日本的母亲湖。在日本战国时期丰臣秀吉城堡，织田信长的安土城，德川家康大将井伊家彦根城，登高就可望见琵琶湖。落日残照里的这些古城，印刻着枭雄们的执着以及对于天下的野心。

绥远城，是日寇的胆寒之地。

琵琶湖与富士山这"一山一湖"，同被视为日本的象征。

"琵琶湖边洗战马"，强烈地表达了郑午昌收复失地、直捣黄龙的抗日决心。

所幸，郑午昌虽经日军"几次的搜捕，险遭不测"，但由于及时"避至郊外"，以及陆丹林所说的"恰值日阀崩溃，胜利来临，这宗文字狱，才无形中停顿"。

郊外，嘉定钱门塘。

郑午昌乡居，避难之所。

植梅钱门塘

上海境内，有一条发源于太湖瓜泾口汇入黄浦江的河流——吴淞江。

吴淞江自西向东流经苏州、昆山、嘉定、青浦以及上海市区。在嘉定境内交汇的一条河流，名叫顾浦。顾浦南受吴淞江之水，流经嘉定望仙桥，复入钱门塘境内。

先说望仙桥。

望仙桥，东西横跨顾浦河。

桥，至今犹存。可见桥柱顶端刻纪年佛像，石柱两侧刻有楹联，其南为"星文遥泻汉；虹势尚凌虚"，其北为"西望瑶池降王母；东来紫气满函关"。两联摘唐代诗人张文琮《赋桥》、杜甫《秋兴》诗句，悉扣一个"仙"字。

望仙桥初时名叫"望鲜"桥。"望鲜"二字，描绘的是此地先民清晨溯流远去，撒网捕鱼，在暮色苍茫、两岸袅袅炊烟中，满载新鲜鱼虾而归、杨柳岸边、青石桥上，一家老小在"腥风一篑"中翘首盼迎亲人平安归来的水乡风俗画面。

而"望仙"之名，则源于流传在当地的一个神话传说。相传，铁拐李某天经过此桥被一名渔夫识破真身，便从衣袋掏出几粒仙丹道："且记仙丹好处，有使死鱼烂虾起死回生之灵。"之后，常有人在桥上等候仙人再次出现，于是"望仙"之名就盛传开来。

望仙桥北去里许，枕河顾浦，有钱门塘。

钱门塘得名，一说源自吴越王钱镠为疏浚太湖水系，曾亲自视察顾浦并在此地下驾，"钱门塘"之称也由此而来。史书记载，钱门塘在南宋嘉定年间，就已是一个商业繁荣，具有相当规模的市镇。说到市面的热闹繁盛，王鸣盛曾有诗说此地"夜火钱门市，春潮郭泽塘"。

钱门塘的水路交通十分便利，多有手摇木船与脚划船。民国初年开通了航船，后来开通了汽船运客。郑午昌在《钱门偶得》一诗中写道：

自成村集绕河边，东立竹篱接水田。
聚散人声朝午市，高低帆影去来船。
几家佃户完柴米，是处茶寮半堵烟。

相隔一桥风景异，绿杨树下任牛眠。

诗中，水乡风光如画。

村集边，有河水环绕。朝午市集，人声聚散。河水倒映着来来去去的民船，高高低低的白帆。一桥隔岸，绿杨树下有牧童傍着水牛入梦乡。

"朝午市"，说的是那条始建于宋元时期，东西走向的钱门塘街。全长二百余米的弹格路石子街上，大小商行次第排开……叫卖声揽客嘈嘈杂杂，赶集人头挨挨挤挤，酒肆里飘出鱼香、肉香、蒜香、土烧老酒香，一阵接一阵袭来诱人食欲。

"几家佃户完柴米，是处茶寮半堵烟"，钱门塘的茶馆业曾经相当兴旺，远近到此赶集的乡民，在买卖收摊后，最喜欢歇脚的地方应该就是茶肆了，泡一壶老茶头，再拿出自家屋里厢老婆摊的面饼，茶香伴着葱香，一顿午饭也就这样打发过去了。

钱门塘，地处嘉定、昆山、太仓三界；郑午昌老家嵊县，地处越地绍兴、嵊县、上虞三界，甚是巧合。明清易代之际，曾有不少江南士族迁徙到钱门塘。据县志载，钱门塘虽地僻镇小，有清一代正途出身的生员就近五十人，儒风颇甚。

郑午昌夫人朱颜女史是钱门塘人。朱氏祖上，是当地有名的伤科医生，为行医方便，沿顾浦河建了一排朝西向房屋。水路四通八达，来船去客十分便利。

老屋门前，柳树含烟，高低成林，枝枝叶叶牵人情思。几株老榆树参天蔽日，熏风里榆钱成串似雪。不远处，是一大片水光映天的稻田。清早，不知远方的哪棵树底叶间隐隐传来咕咕的布谷鸟叫声，"布谷，布谷"似乎在催人早早下田。农忙季节，插秧的农人唱起嘉定田歌，此呼彼应，十分热闹。

宅后，一片茂密的竹林，尽显婆娑画意。河滩上，可见一片不大的慈竹园。柳荫竹影间，长长的青石板水桥，伸向水面，十数级石阶。晨光暮色里，两三妇人汲水捣衣，一声声起落打破乡村的宁静。

20世纪30年代初，郑午昌与朱颜成婚。

婚后，寓居上海市区与钱门塘两地。郑氏夫妇于每年暇时，携子女从市区乘火车到安亭，下站后乘船，经望仙桥至钱门塘。那船乌黑，有棚，近似绍兴乌篷船。船老大是钱门塘本地人，因航船以摇铃为号，俗称"摇铃船"。摇铃船每天上下午各开一班，送钱门塘旅人到安亭坐火车，接下火车的客人回钱门塘。

船行水上，缓缓穿过望仙桥船洞，水光潋滟、上下跃然。过了望仙桥，已看得到钱门塘，家就在眼前。郑午昌放眼两岸风景，情不自禁口占一首《过望仙桥》：

> 古市河沿绕，过帆屋顶移。
> 望仙仙不远，只在日斜时。

日斜之时，即可归家，而远离尘嚣小住之"家"，不啻是画桥流水杨柳岸的世外"仙乡"。

朱颜出嫁后，仍居朱家老宅，服侍父母。邻屋是叔叔居所，后因叔叔移居别处，朱颜遂将叔叔的房子盘了下来。故老宅基上一半是朱家，一半是郑家。郑午昌曾有《莺巢偶得》（二首）描写此地清贫却宁静幸福的居家生活：

（一）

> 荒园一角夕阳斜，旧屋翻新妇意奢。

为补庭泥留种竹，不糊窗纸好看花。
齐檐云影帆过浦，入座风香稻接笆。
暂息劳形归似客，如曾相识树啼鸦。

（二）

安排儿女别床眠，新换枕衾意自虔。
帘卷花枝窥绰约，帐延灯影语缠绵。
梦回不觉檐啼鸟，依恋何妨炊断烟。
强起临妆频索问，一年几月几团圆。

20世纪40年代中期，朱颜在老屋后面盖了一间砖木结构的小屋，小青砖，白粉墙。屋内的地板、天花板悉用杉木。陈设简朴，一床靠北墙，画桌置南窗下。屋外，筑一"水门汀"（水泥）甬道通前面老屋。屋南，辟一空地莳花种草筑池，植有木瓜、天竺、水仙、蜡梅、蒲草。小池清浅，鱼动藻移。屋后，老香樟树开枝散叶，风过处簌簌有声。

郑午昌将这间小屋取名为"惜真别署"。因从画室窗口望去，即可见顾浦河上舟楫往来，风樯不断之"齐檐云影帆过浦"四季景色，又名"数帆楼"。郑午昌在《江上归帆图》（见彩图25）中题诗曰："江上春风添柳色，登楼日盼远帆归。"无论身处何处，在郑午昌心里始终有一片剡溪的柳岸与顾浦的帆影。

今人所见郑午昌《献岁如意图》，就写于数帆楼。

但见得古朴梅瓶中，数株蜡梅枝褐花疏，一株天竺挺秀墨叶红果。梅瓶旁，斜倚墨竹，横卧灵芝，数球水仙硕叶黄花，题识曰："戊子（1948）春六日弱龛老人写于数帆楼。"献岁如意，郑午昌此时已然看见了全国解放的曙光。去岁，华东野战军于孟良崮全歼敌第七十四师，人民解放军总部公开提出"打倒蒋介石，解放全中国"的口号，鼓舞人心。时年9月，东北野战军即发起辽沈战役攻克锦州。随后，人民解放军又发起淮海战役、平津战役，大军渡江解放全中国指日可待。

数帆楼南面窗前，正对面有一棵枝叶繁茂的老梅树，高五米有余，约五人合围。历经风霜，藤葛缠绕。

此树，为朱氏祖上清代所植檀香蜡梅。古人多有诗赞："晴日烘开小蜜房，紫檀心里认蜂黄。""君不见万松岭上黄千叶，玉蕊檀心两奇绝。"经专家鉴定，此株檀香蜡梅为稀有品种，叶片呈深黛之色，花形大，素心圆瓣。内轮花瓣具淡紫红晕或斑点，盛开时花瓣似钟样展开，香味浓郁，甚至连树枝都有檀香味。花开时节，一里之外就能够闻到阵阵清香。

至民国，老宅内所植檀香蜡梅有二十余株，蔚然成园。据郑孝同回忆："父亲每次回钱门塘老宅，总要仔细观察河边的柳树和院子里的老蜡梅。尤其对这棵蜡梅树情有独钟，常带我去剪摘蜡梅花和天竺等回屋里写生。"

每年春节期间，郑午昌夫妇将收集的檀香蜡梅花朵，卖给钱门塘小镇上的药店，这笔收入可过年亦可"旧屋翻新妇意奢"。檀香蜡梅的奇特之处，在于只开花不结籽，靠压条的方法繁衍。郑午昌在抗战胜利和中华人民共和国成立后，曾两次亲自移栽蜡梅树。郑孝同回忆道："因蜡梅花入药，镇上中药铺收购，邻居村民都很羡慕，我弟弟和表哥便将蜡梅树苗分送给大家。"村里，几乎家家都移植有郑家赠送的檀香蜡梅。

21世纪初，当地政府鼓励村民扩大蜡梅种植，此地遂被人称为"蜡梅村"。其后，政府更将"午昌梅"发扬光大为蜡梅文化产业，建成占地一千五百亩的蜡梅园。每年冬天，满目金黄灿烂，游人如

郑午昌钱门塘故居小屋

钱门塘数帆楼梅林

织。此为后话。

中国古人历来视梅、兰、竹、菊为花中"四君子"。踏雪寻梅、咏梅赋诗、赏梅品画，皆是极风雅之事。北宋诗人林逋，后半生隐居西湖孤山，"以梅为妻，以鹤为子"，在中国文学史上留下了一段"梅妻鹤子"的佳话。两宋间，米元章、扬无咎都是画梅的高手。元代的水墨梅花更是风行一时，王冕、孙从吉等都是名手。明清时期，又出现了陈善、金农、郑燮等画梅名家。

著名美术评论家俞剑华，对郑午昌写梅尝有"别饶冷隽之致"六字之评。

郑午昌早年曾画有一幅《老梅图》：劲发虬龙之势，拔地腾空，梅枝顿挫顺逆不着片叶，只在画幅下部的梅枝细处，圈几朵疏梅，花蕊如丝如缕。集元好问诗句并题："和气休论岁欲丰，北窗原自有清风。任枝留得稀疏朵，到处相逢是雪中。"署年"一九三〇冬日"，钤印两方，一朱一白。

俞氏"别饶冷隽之致"的"郑梅花"，竟然勾连起一段郑午昌早年的情事。

今人翻捡郑午昌旧作，确曾见有不少梅画梅诗，可称始终伴随其并不长的人生，且用情最深。如"石不能言花解语"之《梅石图》；"自怜颜色好，故向雪时开"之《暖香图》；"半春怀抱向谁开"之《暗香浮动图》等。

梅园

东山毕竟属名花，桃去梅来横又斜。
策杖记曾频索笑，雪香深处到荣家。

墨梅

美人留素影，林下月方明。

相见还相忆，江城笛声里。

红梅

命岂红颜薄，春风倚艳妆。

终为高士妇，冷落笑菊娘。

郑午昌在《述怀三律》中，更有"人海深浅成独往，烟云两袖对横流""自觉因忙翻习懒，每教朋旧暗生愁""百亩华津证蝶梦，十篇诗句定梅缘"之句，令人心生怀想。

美人者谁？

红颜薄命是谁？

蝶梦梅缘又指何人？

"投我以木桃，报之以琼瑶。匪报也，永以为好也！"《诗经》里的爱情故事并非遥远。

话说郑午昌民国初年就读于杭州府中时，曾与寓居西湖上的陆蕙倩女士以艺相知。两人诗画皆善，诗词唱和往来，情重意真。陆蕙倩素喜梅花，两人时常相伴，踏雪孤山寻古梅，吟宋代隐士林和靖"疏影横斜水清浅，暗香浮动月黄昏"诗句。

初恋是如此的美好，陆蕙倩写梅诗相赠曰："春风依旧到侬家，此是人间第一花。正月孤山山下路，何当踏雪看横

《写梅寄怀郑午昌》陆蕙倩诗

斜。"(《写梅寄怀郑午昌》)

郑午昌亦有诗词回赠:

写美人寄怀蘅倩

别无心事怕登楼,楼外青山见润州。

落叶幽阶人独立,虫声如雨月如钩。

(按:后刊载于《国画月刊》1935第一卷第三期。)

步梦窗韵怀蘅倩

帐延瘦影,窈窕横月疏掩。缟袂压春,宫鬟生艳。迎笑靥,记圣湖回缆。风沙撼,远笛芳讯淡。　旧时眉浅,昏黄愁照鸾鉴。隽怀不减,寒鄢清溪滟。香暗云屏染,长对饮,耿素心点点。

(按:西湖,故明圣湖也,周绕三十里。)

郑午昌"投桃报李"以美人,无奈陆蘅倩后因暴雨得疾不治而卒,葬于民国五年(1916)。惜佳人早殒,天人永隔,郑午昌遂心生"烟云两袖对横流""记圣湖回缆""隽怀不减"之喟叹。

郑午昌所画仕女,多仿唐人仕女图。如民国二十八年(1939)所作之《竹林仕女图》,民国三十五年(1946)仿清康、乾年间康石舟(康焘)仕女画笔意之《仙人乘槎图》。观郑午昌《仕女图》应是怀陆蘅倩所写,题识调寄《少年游》:

画楼深映小屏山。帘幕护轻寒。比翼香囊,合欢罗帕,都做薄情看。如今已误梨花约,何处滞归鞍。待约青鸾,彩云同去,飞梦到长安。

调寄《少年游》。弱龛词人郑午昌写意。钤印:"郑昶之

画楼深映小屏山　帘幕护轻寒　比翼香裳含欢罗帕
都做薄情眉妩令已误梨花约何事滞归鞍待约青鸾
彩云同去飞蓬到长安　词寄少年游　敬德词画宫□

《仕女图》

印""午昌""鹿胎仙馆"。

此阕《少年游》原是宋代词人陈允平填词，清婉绵丽。郑午昌借陈氏诗词抒己心意，待月画楼，思念故人。曾经誓约，比翼合欢，曾经携手少年游。何曾想到，如今"已误梨花约"，更那堪西厢秋冷小屏山"帘幕护轻寒"。无奈何几回梦里，约青鸾伴彩云，到长安。

陆蘅倩去世八年后，也就是民国十三年（1924）浴佛节（农历四月初八），郑午昌感怀故人画《双柳簃图》（见彩图 26）。"双柳簃"是陆蘅倩西湖上所居。画中，但见蒲草落庭，湖石瘦漏卧地，双柳挺秀出云，柳枝垂垂醉春烟。

郑午昌《双柳簃图》的构图，仿清代画家松江改七芗改琦"连理枝万年馆"的那幅仕女。郑午昌继承了改氏仕女画纤弱柔静的审美意象，只不过是将改氏青绿山石，一变为水墨山石；舍弃改氏画中的细竹嫩杏，以满纸烟柳映衬双柳簃中佳人。落墨洁净，用笔纤巧，敷色淡雅。但见得柳荫轩窗下，竹帘轻卷，黄花梨刀牙板圆腿画桌，置歙石小圆砚，一纸素笺。端坐之女史，黛眉樱唇，薄衫轻盈，清秀雅丽，握管凝思之情态怡然。

写柳画美《双柳簃图》，寄托思忆故人深情。郑午昌的一段题跋更是痛彻心腑：

> 蘅倩陆氏喜为诗，学梅圣俞，寓湖上，所居曰"双柳簃"，丙辰大暑，送余渡泉唐，遇暴雨，得疾，卒不起。比余返杭南屏，抔土已埋玉人。初为生离，竟成死别。俯仰人天，心伤何如。既别，图悼尔志怅万一。乃复作此，永对夕晨。甲子浴佛节，剡溪郑昶。

从题跋我们可以得知，陆蘅倩喜学诗词，宗北宋诗人梅尧臣（按：宋诗“开山之祖”），诗风淡远平实，意境含蓄。然而，郑午昌与陆蘅倩的恋情应该也就是五年左右的时间。陆氏因在民国五年（1916）大暑送郑午昌赴泉唐，中途遇暴雨而得病，返回杭州不久就去世了。待得郑午昌返杭“生离竟成死别”，陆蘅倩已身葬南屏山麓。八年后，郑午昌追忆故人遂画《双柳簃图》，“俯仰人天，心伤何如。既别，图悼尔志怅万一”。从此，无奈憾以此图与佳人“永对夕晨”。不禁令人回想起郑午昌好友陆丹林、谢玉岑的爱情故事。

画完成四年之后，也就是民国十七年（1928）冬日，《双柳簃图》在宁波同乡会“秋英会第一次书画金石展览会”上展出。

金秋时节，菊黄蟹肥。秋英会，是一个以赏菊、饮酒、品蟹、作画、题字、赋诗的书画家聚会团体。那年，秋英会同人联合上海书画名家数十人，有黄宾虹、郑午昌、张善孖、张聿光、曾农髯、马孟容、王师子等人，每人出近作五件，共三百余件，共陈四室。俞剑华在《秋英先参记》中写道：“余尤爱午昌之《双柳簃图》，所画美女清秀绝伦。”翌年，《双柳簃图》入选“第一届全国美展”。

丁丑年（1937）郑午昌摹写陆蘅倩梅画，书其梅诗以怀故人。

画中老梅粗干，细枝挺立，数朵红梅点缀其间。整幅画面极其典丽清雅。款识：“春风依旧到侬家，此是人间第一花。正月孤山山下路，何当踏雪看横斜。”其后的数行小记为：“此系亡友蘅倩女史写梅，寄余津门所题诗也。流光如电，忽忽十余年，春风依然，孤山在望，踏雪看花，谁复与共？兹摹其画并书其句，仿佛置身双柳簃间。丁丑春正月午昌。”钤印：“郑昶之印”“午昌习苦”“鹿胎仙馆画记”。

一句“午昌习苦”，便令人泪目。

天人两隔，谁知相思苦。在陆蘅倩赠诗三十年后，郑午昌赠友人森斋先生《此是人间第一花》画的题跋中，再次引用陆蘅倩此诗并感怀道："忆卅年前蘅倩写梅，寄余津门诗也，事如昨，世已换，安得情魂雅结，化为连理梅相映山林耶。"情思之深凝于笔端。

郑午昌学生王弱男，深知恩师情伤，在《芜草漫缀》中写道："郑午昌先生诗、书、画三绝，海上名家也。去秋偶得机缘，辱承忝列，录为子弟。公余知暇，勉学进修，亦先哲毋荒毋怠意耳。呈诗三章……其三为：'信诗书生愿未赊，清姿幽趣影横斜。冰心侵骨雪霜里，试写人间第一花。'"

《此是人间第一花》

1945年，抗战胜利。

郑午昌怀故人写《五福迎春图》（见彩图27），但见得白梅、红梅、绿梅、墨梅、粉梅，春意闹枝。《一夜梅花疑是君》，绿梅图，满目新绿，生机盎然。并录宋代诗人"贺梅子"贺铸伤古怀今之词《小梅花》于其上：

思前别，记时节，美人颜色如花发。美人归，天一涯，娟娟姮娥，三五满还亏。翠眉蝉鬓生离诀，遥望青楼

《一夜梅花疑是君》
1945年

心欲绝。梦中寻，卧巫云，觉来珠泪，滴向湘水深。

愁无已，奏绿绮，历历高山与流水。妙通神，绝知音，不知暮雨朝云、何山岑？相思无计堪相比，珠箔雕阑几千里？漏将分，月窗明，一夜梅花忽开、疑是君。

乙酉郑午昌。

1949年。郑午昌客西湖孤山，忆及昔年与陆蘅倩踏雪寻梅往事，写《倚翠香影图》。但见得水墨山石之上，端坐一位青丝细眉，凤眼樱唇的胜花佳人，团云绯色罗衫与山石后数丛红竹相映成辉。郑午昌题识曰：

惊心劫火及林菹，赤帜风翻认汉家。遥望锦城晴耀日，初归紫塞艳披霞。浓匀醉色非关酒，嫣弄娇姿却胜花。未许吴江愁冷落，添香人袖隔窗纱。成荫有日莫嫌迟，垂老犹堪艳入时。谁道山林无锦绣，总疑霜露是胭脂。传情羞及宫沟事，坐看爱于桃李枝。一抹红楼灯影乱，不教结子也相思。客西湖孤山之麓，赋此并为之图。己丑。郑午昌。钤印："郑昶私印""午昌所作""鹿胎仙馆"。

惊心劫火后的汉家赤帜席卷云天，紫塞披霞。奈何，奈何。吴江流水万千愁，添香佳人皓袖竟隔绿纱窗，霜露翻疑是胭脂。心头犹记，湖上盟约，"不教结子也相思"。在郑午昌心头，陆蘅倩永远是那枝"人间第一花"。

梅柳情殇。一梦若此。

第八章
雄鸡一唱东方红

争羡东风第一枝，曾经冰雪有谁知。

——郑午昌题画诗

白日青天满地红

时间，总是被两个遒劲的刻度标记：一是有节序的年轮，二是有文字、影像的历史。

时光的记忆，闪回到1945年。

就在德国法西斯宣布无条件投降的两个月后，中、美、英三国政府公布了《波茨坦公告》，要求日本政府立即宣布所有日本武装部队无条件投降。

8月6日，美国在日本广岛投下第一颗原子弹。

8月8日，苏联对日宣战。

8月9日，美国在日本长崎投下第二颗原子弹。

日本外相东乡茂德，紧急求见首相铃木贯太郎和海相米内光政，陈述接受《波茨坦公告》的理由。

日本内务大臣木户幸一，进宫向天皇裕仁奏陈结束战争的必要性，旋与内阁首相铃木贯太郎就具体问题进行商谈。

日本最高战争指导会议也随即召开，研究接受《波茨坦公告》等诸多问题。

尽管，中国人民十四年抗战的硝烟已经散尽，鲜血已凝成碧。

但1945年那一个晚上的一纸电文，犹如响彻云霄的惊雷，至今在我们耳边激荡。五十年后，《纵横》杂志社编辑了一期特刊，邀请了贾巨川、杨耀健等亲历者写下了重庆与延安庆祝抗战的纪实。

此处，不妨用电影镜头再次回放，重庆、延安以及上海三地那一夜的光影，仿佛三组平行蒙太奇，永远定格在了中国抗战史的胶卷里。

8月10日。十七时三十五分。

重庆。

盟军总部收听到东京由外相东乡茂德代表日本政府发出的英语国际广播，称日本接受《波茨坦公告》。

蒋介石以浓重的宁波口音，立即要求中宣部国际宣传处核实消息。重庆中央广播电台，率先以中波频道首先广播了日本"乞降"的消息。

重庆各大新闻媒体，争相予以披露胜利的喜讯。

中央通讯社的灰墙上，即刻贴出了"日本投降了"的巨幅号外。

《国民公报》加急印制的号外，最先送到城区，市民抢购一空。

中央通讯社的几位记者驾着三轮车驶向街头，狂敲锣鼓。

餐馆老板即刻推出"普天同庆""金瓯一统"等新川菜。

防空探照灯齐放，将市区照耀得如白昼一般。

数十万名市民连夜涌上街头，载歌载舞，拥塞了交通。

监察院长于右任作词《中吕醉高歌·闻日本乞降》："万家爆竹通宵，人类祥光乍绕。百壶且试开怀，镜里髯翁不老。"

延安杨家坪。

新华社突然接收到一则由路透社传来的特急消息，标题是："日本侵略军投降了！"标题下，是日本政府通过瑞士、瑞典两个中立国转中、美、英、苏四国，表示愿意接受《波茨坦公告》电文。

新华通讯社的窑洞里一片欢腾。毛泽东用浓重的湖南口音，要求同志们注意收集其他国际通讯社的消息。

突然，从驻延安美军观察组的院子传来一连串冲锋枪声。随即，美军吉普车飞速驶出，加入游行的人群。

延安的夜，火炬、秧歌、口号响成一片，野火漫天通红。

诗人艾青写就《人民的狂欢节》。诗人萧三夜不成寐，赋诗《延安狂欢夜》。

上海。

"秋老虎"的余威尚在。

山东路。汉文正楷印书局股份有限公司。

郑午昌站在办公室大玻璃窗前，燃起一支三炮台香烟，一缕缕轻烟的沉浮，一如此时颇不平静的心情。

前几天的新闻里说，苏联人已经打到东北，美国空军在日本岛上投下了两颗原子弹。就在今天上午，重庆与苏联将签订某种条约。

窗外。上海的夜璀璨如常。敞篷汽车上的绅士带着白俄舞女出市区到郊外兜风避暑；卖报的报童从隔壁河南路棋盘街"报馆街"一路叫了过来；风驰电掣驶过救火会的一辆消防车……

马路上突然乱了起来。聚集的人越来越多。听得见有人在高喊："东洋赤佬投降了，日本人投降了！"

鞭炮声响成一片。

翌日。

延安。王家坪八路军总部连续发布六道命令，要求各解放区武装部队向敌伪所占地区和交通要道展开积极进攻，包括要求冀热辽解放区部队向东北进军，迫使日伪军投降。

重庆。蒋介石连下命令，让国军"积极推进"，而令共军不得"擅自行动"。朱德和彭德怀立即致电抗令："你给我们的这个命令，不但不公道，而且违背中华民族的民族利益，仅仅有利于日本侵略者和背叛祖国的汉奸们。"

上海《申报》当晚刊登多条消息称：

"日本大本营昨发表苏满边境区战况：库页岛一部苏军开始进攻。"

"日陆相阿南布告全军：要求全体将士于如是之困难状况下，为护卫神州之圣战而战，曜明全体陆军铁石之决意。"

"梨本宫守正王（日本皇族）就任帝国在乡军人会总裁，召见乡军会长井上几太郎大将，特赐令旨，谕以临旷古之难局，一新愤激，应举总力倾注于战胜之一途。"

"日情报局总裁亦助励全民：美英军最近对日空袭激化……希望国民忍耐敌之暴虐轰炸，以义勇奉公精神迈进，泃堪庆贺。美英最近使用新发明之新式炸弹，加惨祸于一般无辜老幼妇童。又9日与日本有中立关系之苏联，亦参加敌方阵营，单方宣战后，即对我加以攻击，我军即对此邀击，不容敌人轻易侵寇，今日已临最恶之势态。"

接下来的三天，上海这个五方杂处的通商大埠，各种传言极为炽烈。

为应付各种突如其来的社会问题，伪上海市市长周佛海通过新闻发布会要求市民，"务宜力戒浮躁，严守国民纪律，尤不准趁机获取暴利"。

市府随即邀请沪社会领袖，为确保民生治安问题商讨实施办法。

市民协会召开紧急理事会，建议市府安定金融等办法。

警局立刻实施特别戒严"对形迹可疑者进行盘诘，要求必要时将实施宵禁"。

军警当局重申，"因查目今尚在严重之战争状态"将继续严格执行灯火管制，"尤其娱乐场所，均须严格实施，灯光绝对不得有所泄漏"。

保甲人员亦立刻召开紧急会议，议决协力维持地方秩序问题。

伪上海市市政府秘书长罗君强，在8月12日《申报》上发表《敬告上海市民书》称：

> 自从本月10日晚间，各方广播放送日本的和平消息以后，苦于八九年战祸的上海市民，不免惊喜若狂，这也是人之常情，原不足怪。但是据我所知道的，11日这一天的情况，有些人感情过于冲动，做出一点越轨的幼稚的行动，恐怕也难免有少数流氓地痞，利用群众激昂的情绪，故意滋生一些事端，冀图浑水摸鱼，趁火打劫……市府会同保安司令部动员全体警察，保甲人员，及自警团，以至保安都察大队和保安特务团，分区分段严密维持秩序。

言及市民亟待了解的日本"乞降"之事，罗君强表示：

"11日下午六时半，本人代表周（佛海）市长会见现地日本军松井司令官，承他告诉我截止谈话时为止，他亦只听了一些广播的消息，并未接得东京政府或驻华总军司令部任何关于和平的训令。"

"我们平心想想：百万大军出国远征，在没有奉到本国最高统帅机关的正确命令以前，能够放下武器贸然停止战争吗？市民诸君：须知'此时'战争状态并未停止，'此地'仍然是日本军的占领区，如果不能认清现实，轻举妄动，你能不吃眼前亏吗？"

上海日本陆军司令部，则在上海各大马路上张贴布告："禁止市民悬旗喊口号，敲锣打鼓，当街放花炮。"马路上，横跨军刀的日本巡逻宪兵严阵以待。据《新华日报》对上海时局的报道称，"到12日，敌寇在交通要道架设机枪，五步一岗，十步一哨，不许市民悬挂国旗"。

镜头转回东京。

8月13日下午二时十分，日本外相东乡茂德进宫，谒见日本天皇。

8月14日，日本天皇裕仁赐命政府，对中、美、英、苏四国通知接受《波茨坦宣言》。同时，颁赐"大昭"，宣示接受四国共同宣言之不得已，并将于15日正午躬亲广播大昭。

据东京中央社电："日皇15日正午广播，并为使全国人民普遍能收听起见，凡白皮书无电流之地方，特别临时供给电流，此次广播并非仅对日本国内，且对大东亚各地亦同时转播。又悉，日皇广播后，继之有铃木首相广播以及日政府关于大东亚战争现阶段有极重要发表。同时全日本各报纸一律延迟时间出版，俾便于日皇广播后，立即刊载是项新闻，传达各读者。"

重庆。

在日本天皇广播"大昭"前的一个小时，国民党总裁、国民政府主席兼军事委员会委员长蒋介石亲临重庆中央广播电台，发表了亲自手拟的《抗战胜利对全国军民及全世界人士广播演说》，浓重的宁波口音随着电波传向四面八方。深夜，蒋介石在当天日记中写道："惟有虔诚感谢上帝赐给我的伟大恩典和智慧。"

上海。

下午四时三十分。郑午昌守在收音机前，凝神细听上海广播电台女播音员用吴语播报的日本无条件投降新闻："各位听众，各位听众，美国总统杜鲁门刚刚了啦（在）四点钟下半日（下午）宣布日本正式无条件个投降。现在重报一遍，美国总统杜鲁门了啦四点钟下半日宣布日本正式无条件个投降。杜鲁门美国总统又话，盟军各个部队全守命停止进攻日本，杜鲁门美国总统又话美国麦克阿瑟将军将被委任为占领日本的盟军最高统帅。"

延安。

《新华日报》发表了《日寇接受无条件投降之后》社论。翌日，中央社讯："蒋主席胜利之日播讲，正义终于胜过强权，感谢国父指引，军民牺牲。世界已因互尊互信而团结，民主合作可实现永久和平。"

上海滩。

中、美、英、苏四国旗帜在人海里挥舞翻卷。

锣鼓声、鞭炮声、汽笛声，震耳欲聋。

无论是大马路还是石库门弄堂，到处可以看到庆祝的人群。烟花爆竹店被抢购一空。糖果店的食品供不应求。各种各样带有"V"

字的物品成了抢手货。一幅幅庆祝胜利的标语亮了出来："抗战胜利万岁""世界和平万岁""普天同庆，当庆当庆当当庆；举国若狂，且狂且狂且且狂"……

一座座雄伟壮观的彩牌楼拔地而起。

南京路上，由颜料商人出资的巨大拱门，上书英文大写的"V"字。

为纪念"一·二八"淞沪抗战将士而建的"大场纪念坊"，悬挂起"光复河山，重见天日"的素色横幅。

爱菲亚路口，赫然立起"胜利门奠基纪念"的石碑。

上海滩的夜空。

璀璨的彩牌楼辉映霓虹。

家家户户拉开灯火管制时密不透风的窗帘，看街头人头攒动。

"远东第一高楼"国际饭店门前，军用卡车上坐满了美国大兵。

投降的日本军人在各处据点拆除碉堡。

国军士兵忙着撤除铁丝网和路障。

一辆辆卡车满载从日军军营里解救出来的难民。

已经打烊的汇丰银行大门口，坐着刚刚进城的难民，准备在此过夜。

马路上不时驶过载着日军俘虏的卡车。

黄浦江码头，排列着被集中遣返回本土的大批日本军人与难民。

美国军舰甲板上的水兵，背着大枪悠然自得地嚼着口香糖来回走动，向岸上的行人喊着："哈罗，哈罗！"

1945年9月3日。

中国人民抗日战争胜利日。

根据国民政府颁布的《庆祝胜利实施办法》，各地举行为期三天的各界"庆祝抗战胜利大会"。

普天同庆的十天后，郑午昌、吴湖帆、汪亚尘、梅兰芳、秦清曾等人，在康平路一号李祖夔"适可居"参加甲午同庚千龄会雅集，畅叙劫后光复的喜悦之情。越年正月十五，甲午同庚千龄会复在马斯南路（今思南路）梅兰芳"梅花书屋"举行雅集，真个是"曾经冰霜有谁知"，待如今"请看此花灿烂时"。

1945年10月10日。

上海隆重举行庆祝抗战胜利大会。九时整，鸣炮一百零一响，全市工厂、学校、寺庙、轮船、汽车等，同时鸣放汽笛或燃放爆竹。汽笛声、钟磬声、欢呼声，相互应和，响彻云霄。

欢庆声中，以"联络上海画人研讨学术、协助国家文化宣传建设新中国之艺术精神为宗旨"的上海画人协会正式成立。理事长是郑午昌"鹿胎仙馆"弟子王宸昌，常务理事蒋孝游、理事娄咏芬以及候补理事谢伯子、候补监事贝聿诏等，悉为"鹿胎仙馆"门下。

翌年3月，隶属上海市文化部门的上海美术学会成立。学会以"组织美术机构，联络感情，研讨艺术，实为当前所必要"为宗旨，首届理事有：郑午昌、汪亚尘、马公愚、郎静山、唐云、姜丹书、蒋孝游、刘海粟、王师子、陆丹林等人。

丙戌岁初。

上海光复后喜迎第一个春节。到处可以看到胜利的旗帜，到处可以听到辞旧迎新的爆竹声。

春耕里。石库门。

嵊州的绿茶已经沏好，茶烟袅袅。三炮台烟蒂在烟灰缸里刚刚被掐灭。

郑午昌铺纸研墨，挥毫写就《鸡鸣图》。图中的金鸡延颈长鸣，"朱冠玉珰，彤素并施，纷葩赫奕，五色流离，殊姿艳溢"。郑午昌意犹未尽，在画上欣然题诗一首：

> 卧薪八年雨复风，金鸡破梦一声雄。
>
> 匹夫有责大家起，白日青天满地红。

知止老人获赠此画，欣喜之余，在《郑午昌作鸡鸣》一文中写道：

> 剡溪郑午昌先生，隐商而邃于国画。抗战八年来，坚贞自守，兴到吟诗，生活艰辛，不以为苦。胜利后，人慕其高风，求画者户限为穿。余与先生，甲午同庚，前岁雅集，尊为马首，虽平居落落，未尝有杯勺之雅，而交相切偲，所谓君子之交淡如水者，非吾两人之谓也？
>
> 近荷惠锡法，绘《鸣鸡图》一帧，应青阳于复旦，忽鹄立于而凤停，拊翼赞时。复以生花妙笔，写丽藻之诗，爱国心殷，跃然纸上。（余）效《鸡鸣图》曰：和平矣！胜利矣！国梦初醒，民责加重，收拾破残，筹谋建设，前途远大，后日艰辛，握既得之光荣，求未来之幸福，努力前进，争为前驱，则民族胜利，始可久持，世界和平，方能永保，愿贡野语，借作鸡鸣。际此鸡去犬来，腊尽春回，郑先生可谓代表五德公作临别赠言，鸡鸣戒旦，有心人其一诵之。（《快活林》1946年创刊号）

那么，这位知止老人是谁？

从手头的资料来看，最有可能的应该是孙智敏。

孙智敏是浙江杭州人，算是郑午昌的大同乡，光绪二十九年（1903）的进士，入翰林院编修，宣统元年（1909）任浙江图书馆会办。辛亥后任建德、龙游两县知县，又任杭州高等学校监督、浙江省立两级师范学堂监督。

前书已表，浙江省立两级师范学堂的前身是杭州府中，郑午昌在那里读了五年书。入学时学校的监督是邵伯炯，三年后经亨颐为监督。如此推算，孙智敏任浙江省立两级师范学堂监督时，郑午昌毕业已经有五年多的时间，他们应该是后来在上海才有了交往。

孙智敏的斋号叫知止居。其擅书法，所书均清代通行之馆阁体，方整清秀，字如其人。孙智敏著有《知足居文存》《知足居诗存》《知足居联语录存》等。郑午昌杭州府中美术教员姜丹书曾评价孙智敏："书出钟、王，略参李邕，最工端楷，巨细皆能，老而不失娟秀。老年居沪，以鬻书为生。"算算时间，孙智敏获赠《鸡鸣图》那年应是六十五岁，的确可自称为"知止老人"。

丙戌正月初五。

郑午昌写《岁朝清供梅石图》。款识为："岁朝休业北窗无事，用隔岁剩墨秃笔写以自遣，觉奇逸之气横溢楮墨间，窃喜我精神生活愈老愈健也。丙戌正月初五日郑午昌时年五十有三。"

郑午昌沉浸在神州光复的欢愉之中。

《秋林云涌图》（见彩图28）以色代墨，喜悦之情跃然纸上。秋林成片，杂以疏密朱紫及墨色苔点。一抹远山，以花青色渲染。山峰顶处赭色成着，秋云漫涌。整幅画面朗润明快。

《江山秋爽图》画中层峦叠嶂扑面而来，山石奇崛险峻。飞瀑、流泉、劲松、红叶，青绿墨赭，浑厚苍茫。山崖下，一舟挂帆待远航。临水山坡，两位隐者安坐对晤笑谈古今事，所幸无恙待从头收拾旧山河。旁侧，有童子扇炉备茶，有闲人临溪垂钓，有高士执杖观流感慨逝者如斯。一派岁月静好光景。

然而"想中央，盼中央，中央来了更遭殃"，这是当时颇为流行的一首新民谣。国民党接收大员们一到上海，疯狂抢收敌伪军政机关及产业；带着抗战夫人强占民房，公开贪污受贿；国军伤兵挥舞拐杖打人抢劫，稍有不从则以没收"敌产"加以威胁；地痞恶霸自称是"地下党"纷纷加入劫收狂潮，开口闭口便是"老子抗战八年……"条子（金条）、房子、车子、位子、女子，"五子登科"的段子随即在坊间流传开来。

蒋介石"世界已因互尊互信而团结，民主合作可实现永久和平"的讲话言犹在耳，国共《双十协定》《关于停止国内军事冲突的协定》墨迹未干，解放战争爆发。

在郑午昌作《鸡鸣图》短短的一年时间里，上海的物价飞速上涨，各类罢工、劳资纠纷频繁发生，当局则出动军警进行镇压，大肆追捕、暗杀中共地下党和党外进步人士。

丙戌除夕。

屋外鞭炮声如枪声一般鸣响。郑午昌感时恨别"心已怯烽烟"，爆竹声入耳竟觉心惊，只得以诗句遣怀：

> 未能免俗又过年，卖画钱分压岁钱。
> 低语诸孙休放爆，阿翁心已怯烽烟。

转眼到了丁亥年（1947）。

又是一个正月初五。郑午昌写《墨梅修竹》自遣，款识为："贫家无他物，以画作新春，梅竹拥顽石，相看自出尘。丁亥元月初五日，郑午昌写于如是楼。"钤印："午昌所作""郑昶"。

三月。乍暖还寒的季节。

郑午昌坐困愁城，缓缓点燃三炮台香烟，看着袅袅烟雾在窗前如浮云起落聚散，低吟《齐天乐》词一阕：

半春雨丝声中过，河桥已青杨叶。断角吹寒，孤帆滞远，可是将离时节。家山梦切。对岸芷汀兰，楚骚声阕。那不还乡，杜鹃啼后更愁绝。

潇湘春色似画，剩峰斜照里，悲恨休。鹤唳空江，鸦栖旧垒，景物归来都别。羁怀暗结。怕瘦尽东风，驿梅难折。后夜西窗，镜尘添鬓雪。

五月。郑午昌为友人作《云山观泉图》（见彩图29），题识："水从天际落，云自壑间生。云下为霖雨，水东合海瀛。临崖恣俯仰，无限惓时情。"六月，作《云岩高隐图》，题识："云不离山山自尊，云山豁处是天门。人从鸟道千盘上，只见松枝睡古猿。"

据陆丹林的回忆，郑午昌在把印刷工厂全部毁坏，誓不与日寇合作之后，"自己呢，却闭户作画读书，在苦闷的时候，便涉足歌场舞榭，来消遣愤恨"。郑午昌的民族气节可见，而"歌场舞榭"只是他稍稍消解苦闷与愤恨心情的无奈之举，令人备感其痛。

晚苹的《秋萍偶伴墨鸳鸯》一文可以佐证。

说的是郑午昌晚上十时绘事结束，"每赴时代剧场听歌，遇一歌女秋萍。秋萍为故名伶之女，母老弟幼，赖清歌以赡家，善唱青衣须生诸戏，赋性恬静，伴座时，若不胜羞，或邀外出，辄婉辞之。楼主遂认为闺秀作派，益深怜之"。郑午昌时有诗赠秋萍，"然实非楼主之知己。盖楼主正抱定'不做无益之事何以遣有涯之生？'其于秋萍，亦不过萍踪偶遇，本无折花之心也"。

其实，郑午昌平生十分同情生活于社会底层的百姓，在他的诗中多有反映，譬如《为歌姬秋萍写秋海棠》《游瘦西湖为榜人画菜》《代歌者答某君（三绝）》《闻卖糖粥》等。当然，更为人熟知的当是写白菜、卖白菜义举。前书有叙，按下不表。

也就是在词中感怀的"瘦尽东风""无限惝时情"的时势下，郑午昌多次秘密地为江北新四军与解放区的印刷厂提供铅字及印刷设备，积极掩护被国民党反动派追捕的革命学生，并出巨资资助地下党营救狱中的革命志士。

书行至此，插叙一段郑午昌与外甥张大容的故事。

张大容年长后，寓居上海跟随舅父郑午昌，投"鹿胎仙馆"门下，书画造诣日深。据《中国美术年鉴》载："张大容字海若，别署芦中人，浙江嵊县人。自幼嗜学，天赋聪慧，甫三龄，以其所见，用粉笔墨炭形诸墙壁地板，无不神似。乡党有神童之目。"张大容善写芦雁，"淡逸荒疏，淋漓活泼，与边寿民相颉颃，人物师老莲（按：陈洪绶，号"老莲"），古朴浑厚，书法酷似黄道周，超然脱俗，诗宗苏州（按：韦应物，世称"韦苏州"），文法荆州，然皆能别出机杼而自成一家"。

因为张大容祖居嵊县龙山之麓，故友人赠牙印两方"与龙同窟""挟雷而行"以志生死。张大容的芦苇深得郑午昌真传，郑午昌曾在芦苇画上题款道："山水中柳固难画，芦亦非易，用笔要劲而得势，布景要密而不板，能到乱头粗服，总倾城姿态便可言画芦矣。"

张大容的身份是大上海电影院的放映员，性格温和谦恭，他在政治上反对内战倾向中国共产党，并与中共上海地下党员素有往来。一日，张大容受地下党朋友委托，营救关押在黄浦巡捕房的进步人士，需要赎金四根金条，遂上门向舅父郑午昌告援。

山东中路汉文正楷印书局。

郑午昌平时常在楼上对客挥毫，谈诗论文。

阳光透过长窗照射进屋来，照得画桌上一片明亮。

窗下，画桌左手叠放着一堆数尺长的卷轴与素宣。紫檀画桌上，摆放着水注、笔洗、墨床、兽面锦地水中丞、鱼子纹黄河澄泥砚，以及大清雍正年制粉彩山水梅瓶。那个通体赭里泛红的竹雕笔筒，刻得一幅《竹石图》，自然流畅，极富笔情墨趣，正是嘉定竹刻名家周颢周芷岩所制。据说郑孝同说父亲对毛笔的要求颇高，经常雇笔工到家督制，鼠须、狼毫、鸡颖、长锋、短锋、斗笔俱备。

郑午昌听罢张大容说明原委，立刻放下笔，拉开抽屉，两根黄灿灿的金条赫然在目。这是郑午昌多年来辛辛苦苦所积蓄的全部稿资，平时生活清贫简朴的他，此时却不惜倾囊而出。

那天，郑午昌《重崖观瀑图》立轴尚未渲染完稿，但已见得山崖拥瀑、飞瀑奔流急下之势。此图，在他去世四十六年后，也就是1998年，作为他的代表作选送参加了由古根海姆基金会策划，在美国和巴西巡回展出的"危机世纪——中国20世纪艺术中的现代与传统"展览。展览图录中，主办方以较长的篇幅介绍《重崖观瀑图》，并指出这是郑午昌"最好的山水画之一"。此为后话。

在南京的蒋介石，一边打内战，一边筹备召开所谓的"行宪国民大会"。而就在蒋介石当选总统的当天，上海法学院名为"送葬曲"的漫画一经张贴就被警方撕去，学生或被殴打或被逮捕。时任上海市长的吴国桢等将撕去的漫画作为罪证，召开新闻发布会。国民党上海市党部，要求大众美术出版社、立化出版社绘图印行所谓戡乱的连环图画文稿四十八部，遭到拒绝。这两家出版社，立即受到国民党当局的打击迫害。

是年，上海市中国文物研究会假座贵州路湖社召开成立大会。会上，推举马公愚、吴湖帆、张君谋、程中行、郑午昌为监事，还通过了建议政府追回抗战损失文物，为归原主案。

是年，《申报》另载有关于郑午昌的几件事罗列如下。

上海美术社团在文化会堂联合举行"美术节庆祝大会"，潘公展致辞阐述美丑相对之理，郑午昌讲阴阳相对之理，刘醒狮讲中西调和之理。

郑午昌所著《国画在国际之地位》长篇论文脱稿。

郑午昌、陈定山、白蕉、夏敬观、陈仲陶等组织沙龙燕集诗社。

郑午昌作品在上海第一届春季美术展览会展出。

郑午昌因书积件较多，不克应付，自即日起，暂停收件，并声明前例作废。

解放大军横渡长江，总统府青天白日旗颓然委地。

上海解放，指日可待。

叶恭绰集古诗句，写联赠郑午昌："前身应是梁江总，三绝还推老郑虔。"（按：梁江总，指梁代著名诗人江总。）

叶恭绰联上句摘自李商隐赠杜牧诗。郑午昌别号丝鬓散人，因此叶恭绰之意更在于李诗的下一联"心铁已从干镆利，鬓丝休叹雪霜垂"。意为心如铁石般坚定，胸存甲兵锋利就像干将莫邪剑刃，纵然鬓丝如霜雪垂肩也不必去伤叹悲吟。

果然，1949年前夕郑午昌毅然回绝友人出走海外的劝说，并寄画去杭州，参加杭州迎解放画展。

张大容，则在上海解放后慨然从戎，身为邓小平的机要秘书跟随解放大军进军大西南。

闻鸡晓风东方红

解放大上海的枪炮声越来越近了。

1949年5月12日，我第三野战军各部队分别向上海外围国民党守军发起进攻。国民党京沪杭警备司令汤恩伯，则用上海外围四千多座碉堡摆起了三层防御阵地，并将一千米以内的所有民房夷为平地。三野要在不伤及城市的情况下解放上海，堪称"瓷器店里捉老鼠"。此战，对双方将士而言，注定惨烈异常。

在后来的一周，上海市民急切地通过广播、报纸乃至坊间流传的小道信息获得战况。《申报》每日头版所载消息瞬息万变，如乱花迷眼。

"浦东国军两路反攻，收复重要据点多处。"

"汤总司令犒军，拨发银圆一千二百元。"

"海空军支援作战。"

"月浦刘行共军再攻不逞，南翔方面仍在隔河对峙。"

"毛森昨颁布紧急命令：外滩绝对禁止通行，船只集中吴淞口外。""国民党市党部方主委，唤起市民保卫大上海。"

"陆海空密切配合作战，浦东高桥国军奏捷，共军损失重，攻势被扼制。"

"月浦南战车出击，一鼓摧毁共军碉堡九个。"

"市长关怀米价狂涨，兴风作浪决予严惩。"

"民航客机停飞，机场安谧如常。"

"浦东国军全线出击，凭借炽盛火网奋勇作战。高桥东南收复数十据点。"

"沪西南七宝线激战。"

"中航飞出三架，央航今可恢复。"

"海空两军协助进击，浦东战事渐入高潮。"

"广播劝募劳军，各界踊跃捐输。"

"汤总司令再拨两万银圆，犒赏各舰艇将士。市民热烈慰劳负伤官兵。"

"大上海屹立无恙，能否久守端视政府决心。"

5月26日凌晨，苏州河以南的上海市区解放。清晨六时五分，

"大上海解放了"的声音通过电波回响在上海天空。

据《申报》载："枪炮声昨彻夜不绝，解放军今晨入市区。守军后撤菁华区幸保存。"然而，在苏州河北岸，敌军靠着百老汇大厦、邮电大楼等高层建筑构成交叉火力网，将苏州河各桥梁封锁了起来。经过一天一夜激战，淞沪被我军全部攻占。

上海市民无比兴奋，立即涌向街头，夹道欢迎解放大军。

《上海人民报》于午后发出号外，市民均争先购买。上海人民团体联合会会员奔赴街头向市民宣告："现在上海已经完成解放，已是我们安居乐业的开始，结束一切混乱的现象，迅速建立革命秩序，要痛痛快快地来庆祝，并且向领导我们人民翻身的毛主席和中国共产党致敬。"

上海市中心区的大世界游乐场高楼正面，悬挂出毛泽东和朱德的巨幅画像。该画，由上海美术专科学校学生在校地下党支部的部署下绘制而成。清晨，学生兴高采烈地抬着画像上街游行，敲锣打鼓，欢庆上海解放。一家出租汽车公司免费提供车辆，把两幅画像运送到大世界游乐场。

5月27日上午。我军向上海市区东北部的杨树浦地区进攻，敌军一个师在我军猛烈攻势下全部投降，整个上海战役就此胜利结束。然而，我军为了将上海整个城市完整地保存下来，付出了非常大的代价。大军入城之后，"仁义之师"的军容整肃、军纪严明，更令上海市民刮目相看，"解放军的到来，代表着美好生活的到来！"

5月28日清晨。阴风袭人。细雨连绵。

上海市民推开家门，瞬间惊讶，眼见街道两侧，竟然躺满了和衣而卧的解放军官兵。当我军官兵婉拒入室避雨的请求后，不少市民跑回家中取出所有的雨具为子弟兵遮风挡雨。一位美国记者记录下了当时的场景："中共军队军纪优良，行止有节，礼貌周到。"

"虽然有许多大厦是大开着，可以用来做军营，而中共军队仍睡在人行道上。"据说宋庆龄走上大街，眼见十万人民解放军即使露宿上海街头也对百姓秋毫不犯的那一刻，不禁叹息，"看来国民党是再也回不来了"。

上海解放。城市新生。

郑午昌从延安东路春耕里迁入南京东路美伦大楼新居。

美伦大楼是一幢爱德华新古典主义建筑，顶部两层楼高的爱奥尼式柱廊傲然于闪烁的虹霓之上。据郑孝同回忆，刚搬过来的那年他七岁。大楼门外，两楼临街的玻璃长窗中间，有两块中英文书写的"上海美术照相馆"招牌。楼道里，张贴着照相馆的海报。一楼是东海餐厅和私人诊所；二楼就是上海美术照相馆；记得三楼开过一家丽丽舞厅。他家住四楼，亦是新国画研究会的所在。

说到上海美术照相馆，绕不开一位犹太人的传奇故事。

沈石蒂，生于俄罗斯。1921年来到上海，起初在照相馆门外以擦皮鞋谋生，后来开设了上海美术照相馆，不久就声名鹊起，上海滩的富豪、名流、明星、名媛纷纷慕名而来。据说他在上海生活的三十多年时间里，一共拍摄了两万余张手工着色的彩色照片，定格了属于老上海的万种风情。

沈石蒂移民特拉维夫后，仍时常怀念着上海的旧时光：美伦大楼、外白渡桥、月份牌、石库门、大饼油条豆浆、浓油赤酱的上海菜，当然还有难以忘怀的短暂的恋爱与恋人。

20世纪的美伦大楼

他曾在以色列《新消息报》采访中说:"我一生中最灿烂的时光便是在上海,上海是独一无二的,五光十色的,我仿佛能看到她缤纷的色彩,闻到她的丰富的气味……"

就在这幢具有传奇光影的大楼里,郑午昌尽情泼洒,服务工农,服务中华人民共和国建设的五色笔墨。

为庆祝乔迁之喜,郑午昌夫人朱颜女史希望丈夫画一幅新的作品,布置新家。于是,就有了那一幅正面鸡头,头朝下尾朝上,别具一格的雄鸡图。郑午昌以隶书题"东方红"画名,题识为:

> 公鸡公鸡声何洪,喔喔几声动晓风。声随风,吹大地,起来起来莫再睡。快来工作振精神,一日之计在于晨。及时不作应自悔,社会岂容偷懒人。偷懒人比如行尸和走肉,自思何以对民族。闻鸡声,倘能即起向前事工农,懒人便可变英雄。

郑孝同说,父亲的《东方红图》(见彩图30)这幅画虽不是巨制,但构思精妙,内涵丰富,给传统题材以新意,可称是郑午昌新国画创作的代表作之一。

从画的题款中,我们也可以看到郑午昌开始倾向于通俗易懂的大众化,充分体现了新国画面向工农兵的时代特征。提到此图此题识,郑孝同至今记忆犹新:

> 又是父亲节了,这一刻,儿子特别思念您。今天有学生问我儿时与您互动的故事,看您画那《东方红图》的那一刻又清晰地浮现在脑海中。您还记得吗?那是上海解放以后的第二年,我们的家刚从延安东路春耕里迁到南京东

路的美伦大楼。母亲让您画一幅新的作品，布置新家。

您当即铺纸，我也跟着忙乎起来——往砚台里加水磨墨，因为这是我的工作。您在家作画总要我在边上磨墨，我知道其实是要我看着您作画。"这是鸡冠，这是鸡脖子上的锦毛，尾巴毛要画得长，要画得有飘动的感觉……"您边画边向我解说，不一会儿，一只正在啼叫的公鸡跃然纸上，栩栩如生。

点燃一支烟，您接着画鸡站立的那个小土墩，然后对我说："好好看我题款，看你能不能读懂。"说完，便口中念念有词地题写了……您一边写，我逐字念，遇到不认得的字，您就告诉我。写完，您问我懂不懂，我说："懂，公鸡叫了，东方红太阳升了，大家快起来劳动，不要做懒虫。"您高兴地说："好，东方红好。"于是就在款的下面题写了"东方红"三字，"我们祖国的版图，就像一只公鸡。全国解放了，就好像黑夜已经过去，天亮了。这幅画上，一只威武的大公鸡洪亮的啼叫声，就好比祖国在召唤全国人民振足精神，积极参加新中国的建设"。

您又告诉我这次画的是正面啼叫的鸡，比侧面的难画。当时的我虽然只在读小学二年级，这些浅显而又深刻的话语却一直深深地留在我的脑海里，历久弥新。父亲，在我眼里，这只鸡画得太精美了，您虽以山水画著名，但这只鸡精、气、神十足，笔、墨、韵俱佳，不输任何花鸟画巨匠。

郑午昌将这幅《东方红图》挂在新的书房里。

郑孝同说，后来此图"不翼而飞"，他也记不清楚是何原因。父亲去世后，郑孝同只要看到画鸡的作品，马上就会想起这幅《东方红图》，而且特别关注是否是正面画的鸡。

大约是1985年后的事了。一位陆姓收藏家朋友，有幸从拍卖会上拍得这幅《东方红图》。当郑孝同再次见到父亲那亲手一笔一笔示范的作品时，就像见到了久别的亲人，激动之情难以言表。惜乎天人永隔，物是人非。

《大西南进军图》

开国大典。

在《义勇军进行曲》声中，五星红旗冉冉升起。

五十四门礼炮齐鸣二十八响。步兵、骑兵、大炮、军车，三军受阅部队军威雄壮地通过天安门广场。战机凌空掠过长天。

掌声欢呼声经久不息。

天安门城楼上，毛泽东的目光穿越迢迢烟水望向大西南绵延数百里的苍莽群山，那是蒋介石在中国大陆的最后一块落脚点。其实，毛泽东早在上海解放、渡江战役胜利结束之际，就同时向四大野战军下达了新的作战任务。

毛泽东要求刘伯承、邓小平、贺龙在开国大典后，即刻率领部队远涉数千里作战，"把红旗插到西南边疆！"刘伯承、邓小平在中央军委会议结束后匆匆乘车南下，在徐州登上了西进的火车。

在不到两个月的日子里，时时有胜利的消息传到上海。

张大容怀揣着郑午昌的《中国画学全史》跟随邓小平南下。郑午昌怀想着外甥亲历长途军旅，在万马军营虎帐炬火中听儒将"夜谈兵"的场景。别后思念之情日甚，郑孝同回忆道："我表哥对我说，他把郑午昌的《中国画学全史》随军给邓政委看。他在邓家就像是一家人一样，在一块吃饭。"

也就是在那时，郑午昌养成了看地图的习惯。

地图前，郑午昌一根香烟接着一根香烟。握惯山水花鸟画的画笔，在地图上描出无数个进军的红箭头。云贵川、西康。大西南地图的方寸之间，吐纳着多少金戈铁马，不朽军魂。

原始森林。连绵雨季。

炎热的酷暑。弥漫的瘴气。

山岭崎岖，悬崖峭壁。人迹罕至，甚至数十里路不见人家。

我军不分昼夜，冒着风暴和滂沱大雨，排除一米多高的蓬草荆棘，踏过泥浆，踏过岩石，勇猛追歼败逃残敌，平均每天以一百公里以上的速度前进。暴风雨袭来，战士们用竹竿撑开被单当雨伞，嘴唇都冻得发白；桥梁被敌军炸毁，战士们跳进水里涉渡；河水涨潮，牲口不能驮着大炮过河，战士们就把炮架炮身顶在头上，常常要从淹住脖子的激流里泅渡过河。"大迂回、大包围"，二野将士就是这样一步一滑地向前急行，千里大追击，最终将红旗插遍了中国大西南。

王师凯旋。

郑午昌欣喜之余，产生了强烈的创作激情。转眼就是新的一年，郑午昌与戈湘岚、林雪岩合作完成了巨幅山水画《大西南进军图》。

郑孝同回忆道："这幅画我是亲眼见他们画的，在南京东路美伦大楼四楼我家里画的，地上铺着整张宣纸。郑午昌的山水，戈湘岚的马。那个年轻人林雪岩是戈湘岚推荐来的，他们是同事，都在上海美术出版社工作。林是画人物画的，可惜四十多岁就去世了。这幅画的

《人民日报》上的《大西南进军图》

题款：戈湘岚、林雪岩、郑午昌合画于新国画研究会画室。"

那就先说说戈湘岚。

戈湘岚，江苏盐城东台人，比郑午昌小十岁。"一·二八"事变日军进攻闸北，戈湘岚亲自编绘出版了一组军民抗战的宣传挂图，激励民众的爱国热情。八一三事变后上海成为敌伪沦陷区，戈湘岚因出版淞沪战争宣传挂图，遭日本宪兵搜捕。适逢外出会友，才得以侥幸逃过灾难。

戈湘岚是赵叔孺的入室弟子，擅画翎毛、花卉、鱼虫、走兽，尤以画马著称，郭沫若誉谓"今之曹霸""北徐南戈"。林雪岩比郑午昌小十八岁，江苏扬州人。迁居沪上后师从赵叔孺，艺益精，善画山水、人物、花鸟虫鱼，尤工仕女。

观《大西南进军图》，顿感"山从人面起"的磅礴气势。

此画凭借横式构图的优势。取高远大势，深远、平远、高远多种方法穿插使用，使画面跌宕起伏，恢宏壮观。全图崇山峻岭，重峦叠嶂，富有层次。主峰壁立千仞，直插云端，气壮山河。在设色和笔法上，继承了传统的青绿山水画法。画面无论是山水还是人物，皆描绘得细致入微，写实功力厚实。

近景。两队军马，在雄伟的大山里，汇合成一队，驮着装备，拉着大炮，气宇轩昂，沿着逶迤的山路前进，直插大山深处。表达了人民解放军勇往直前，"宜将剩勇追穷寇"，席卷大西南的主题。《大西南进军图》堪称是以中国画形式描写现实历史事件的成功尝试，参加了上海市及全国美展，后来又被《人民画报》刊登，这是对郑午昌创导新中国画的最好的肯定。

中华人民共和国。万象更新。

正如《人民日报》发刊词所写："我们的国家正在进行着大规模

的社会改革工作和经济建设工作……每天都有使得每一个人感到兴奋和鼓舞的新鲜事物。"

海南岛解放。

舟山群岛解放。

西藏和平解放，红旗高高飘扬在了喜马拉雅的山顶。

"世界保卫和平大会"胜利召开，中国广大人民开展"维护世界和平签名活动"。

中华人民共和国的第一个"五一劳动节"，天安门前举行了二十余万人的盛大庆祝游行，游行队伍的前列，高举着马恩列斯四位世界伟大导师的旗帜。

光荣归于人民英雄，"全国战斗英雄、劳动模范代表会议"在北京召开。

人民铁道建设打出了"解放军打到哪里，铁路就修到哪里"的口号，涌现出一大批如登高英雄杨连第的模范人物。

钢都鞍山，工人与技师共同研究修复炼铁试验炉的计划，炼钢炉旁钢花飞溅，超额完成国家给予的年产任务。

石景山钢铁厂高挂起"为完成每炉出铁350吨新纪录而努力"的大横幅。

抚顺煤矿工人展开各种促进恢复建设的劳动竞赛。

中华人民共和国广大妇女走上生产战斗的前线，纺织女工"红五月"生产劳动竞赛如火如荼。

上海纺织工人积极准备向青岛纺织工人应战。

全国科学家、工程师努力学习新技能，改造自然，为发展工业原动力而奋斗。

山东全境棉花丰收，农民们以种棉的丰厚利润添置了牲口、农具，改善了自己的生活。

中央人民政府通过《土地改革法》。

组织起来力量大，农民群众按自愿两利原则组织换工互助组进行生产，大大提高了生产效率。

黑龙江四合屯农民在村长王振堂的带领下组织起来，由贫穷走向富裕。

双城县劳动英雄刘庭俊，六个儿子都参加了解放军，他不但自己劳动不用别人代耕，同时还主动地帮助别人，受到了政府的奖励。

东北尚志县某村的妇女和孩子们的采葡萄队，到山里采野葡萄，增加收入，改善生活。

皖北重灾区人民生产自救，战胜灾荒。中央人民政府发出指示："各级人民政府要对救灾负起高度责任，不许饿死一个人。"

根治淮河第一期工程胜利完成。

冀西开展了大规模的沙荒造林运动，秧歌队也伴随着播种队上山，鼓舞大家的造林情绪。

在苏联专家的帮助下，国营农场成为农业机械化的先进，康拜因自动收割机的轰鸣声在麦田回响。

女拖拉机手操作一天可播种小麦三十二晌的斯特兹播种机，在东北的田野里驰骋。人民政府对农民创造的改良农具给予重视及表彰。

全国开展了轰轰烈烈的工农速成教育，河北农村利用农民的冬闲时间，推行农民业余教育。

在上海新德机械厂、造船厂和申新纱厂前后做过十年机器工人的祝忠良，连轮齿的计算方法都不会，后来却成为了学校算术课优秀生。

文化回到了劳动人民的手里，古老的太庙，成为了劳动人民的乐园。

文艺为工农兵服务，红五月创作运动全面开展。

在天津中纺二厂，长春电影制片厂赶拍《红旗歌》。

《人民画报》刊登齐白石的和平鸽、徐悲鸿的奔马。

上海工商联合会在国际饭店悬起了醒目的"全世界人民团结起来，反对美帝侵略台湾朝鲜"的大标语。

中国青年艺术剧院在北京街头演唱活报剧《纸老虎》。

中国人民志愿军雄赳赳气昂昂跨过鸭绿江。

中央人民政府发出"进一步开展抗美援朝保家卫国的运动"的号召。

被美帝国主义侵占的平壤，又重新回到朝鲜人民的手里。

东北第三机器厂车工、全国新纪录运动创始者赵国有，在给全国工人兄弟的一封信中写道："旧恨未了，又添新仇。新的侵略火焰又燃烧到我们祖国的边境。我们要拿出无比的力量，支援朝鲜人民正义的战争。"

国家发出号召，普遍开展"优待烈属军属"工作。

朝鲜。酷寒。长津湖。

衣着单薄的志愿军战士忍受着饥饿和疲劳，在厚厚的积雪中翻山越岭隐蔽接敌，击退了美军最精锐的王牌部队，收复了"三八线"以北的东部广大地区。消息传来，郑午昌深为战士们的英勇事迹感动，连夜画成《抗美援朝雪夜进军图》。

那年初夏，在全国人民以各种形式支援志愿军的热潮中，郑午昌与戈湘岚合作完成了又一幅新国画《妇女制衣劳军图》。

画面中，一位胸佩"上海家庭妇女联合会"会徽的中年妇女，脸上洋溢着喜悦的笑容，在缝纫机前赶制军衣。身边，一位白衬衫、红领巾，佩戴少先队中队干部"二条红杠"的小女孩，双手支颐，身子微倾，聚精会神地注视母亲熟练的动作。

戈湘岚女儿戈宝榛说："那年，妈妈主动从住处居民委员会接受了缝制军衣的任务。一天，我放学回家看到妈妈正在为志愿军英雄缝制军衣，感到很骄傲，不觉依偎在母亲的身边。这时，正在伏案创作的父亲顿时灵感涌现，很快画出了这幅画。"

郑午昌即兴《为戈湘岚题妇女制衣劳军图》：

> 妇女机中布，英雄身上衣。
> 情深针度密，寄远线生辉。
> 单夹慎寒暖，紧宽宜瘦肥。
> 制成挂铁甲，伫盼凯旋归。

郑午昌服务于新时代，服务于劳动人民的文化自觉，应源自在北京召开的"全国第一届文学艺术工作者代表大会"。

毛泽东亲临大会说："同志们，今天我来欢迎你们。你们开的这样的大会是很好的大会，是革命需要的大会，是全国人民所希望的大会，因为你们都是人民所需要的人，你们是人民的文学家、人民的艺术家，或者是人民的文学艺术工作者的组织者。你们对于革命有好处，对于人民有好处。因为人民需要你们，我们就有理由欢迎你们。再讲一声，我们欢迎你们。"

深受新时代鼓舞的郑午昌，积极参与创建上海新国画研究会，以及通过"上海市文学艺术工作者代表大会""全国美术作品展"、上海展出委员会的国画座谈会、上海美术界关于文人画与笔墨情趣座谈会等会议，对过去的国画创作态度进行反思，并坚定了国画家为人民服务的决心。

1950年7月，"上海市第一届文学艺术工作者代表大会"在虹口区乍浦路上的"解放剧场"召开。郑午昌在大会期间作了《国画必须革新，怎样革新？画家今后应有怎样的抱负》的学术报告。他认为，自己身为美术家，无论是山水或是人物都应该选择现实生活中的题材，描绘我们伟大时代的伟大人民正在从事的惊天动地的劳动场面，

1950年"上海市第一届文学艺术工作者代表大会"

以及国家建设巨变的风貌。他提出，国画内容应有时代性，除利用固有形式外，须随时代创造或吸收其他艺术形式来补充，但不能脱离国画的趣味。缺乏艺术形式的绘画，无论政治内容上怎样进步，也是没有力量的。

在郑午昌的新国画《水利图》中，已经可以看到出现了翻身渔民的打鱼船，芦苇荡旁边晒着的渔网，以及远处农田里的劳动农民。《江乡初夏图》（见彩图31），山上是层层的梯田，江中有渔民撒网捕鱼，阡陌间走过荷锄的农夫，一派夏日长、农事忙的好景象。郑午昌的款识通俗易懂："靠山吃山，靠水吃水，家无一人闲，地无一寸荒，才能足食全衣，免除灾难。"

《丰收图》民谣风格的题诗，如果用绍兴话读来或许更具韵味吧："庄户人家个个忙，妇女大小来相帮。撒种收稻都努力，煮水做饭洗衣裳，哎咳哟，准备输送忙。庄户人家各各忙，收割黄稻上了场，起早，抹夜多吃苦，一亩多收几斗量，哎咳哟，粮食上仓忙。庄户人家个个忙，收割上场又上仓，一家饱食不担忧，支援前线送公粮，哎咳哟，准备输送忙。庄户人家个个忙，想到灾区太心伤，提倡节食余米谷，捐给难民充饥肠，哎咳哟，自己忙了帮人忙。"真个是思想的转变带来了诗风的转变，一贯提倡"有故有实"的郑午昌

落脚在了为工农兵服务的"实"字上了。

郑午昌在新国画研究中，还在立意到对象的表达上进行了新的探索，并尝试将新时代出现的汽车、飞机、大炮等融进画中。

郑孝同回忆说："我很小的时候看到父亲画画，就喜欢抢父亲的毛笔。父亲就说：'你喜欢画就拿纸笔自己一个人去画吧。'父亲还让我妹妹坐好，让哥哥写生，我常常是弄得一身墨迹。有一次，父亲让我看他画画，边画边说：'这是竹篱笆，这是房子。这是抗美援朝战斗中被我们打下来的美军飞机。'然后，父亲在飞机上点苔，并告诉我：'颜色浅的是灰尘，颜色深的是弹孔……'"

南京东路美伦大楼。

四楼。上海新国画研究会。

郑午昌在不到三年的时间里，创造了一大批贴近新生活、讴歌新时代的新国画。

绝笔《眉寿图》

《人民画报》在1952年5月（第五期），刊登了《大西南进军图》。离郑午昌去世不到两个月的时间。大致可以推断，这应该是郑午昌生前发表的最后一幅作品。

说到郑午昌的绝笔画，则另有故事。

据沪上鉴赏名家万君超先生在《收藏 / 拍卖》（2010年第八期）所载《郑午昌的绝笔画》一文记叙："友人甲乙堂主沈迦先生曾于十年之前，在江苏扬州一家文物商店里购得一幅郑午昌《眉寿图》册页。水墨纸本，横32厘米，高33厘米。图写嶙峋漏透湖石一座，石后有一虬枝曲干古梅，诗意盎然。图右上题曰：'眉寿。鹤亭词丈八秩生辰，壬辰三月，郑午昌敬祝。'下钤朱文方印'午昌'，半白半朱方印'郑昶之印'。"

　　文中提到的"鹤亭"，是冒广生的字，因其出生广州而得名。

　　"壬辰三月"即龙年（1952）三月，是冒广生"八秩生辰"。

　　至于画中的"梅石"，谐音为"眉寿"。取《诗经》里《七月》中的"为此春酒，以介眉寿"之意。孔颖达的注疏是这样写的："人年老者必有豪毛秀出者，故知眉谓豪眉也。"因此，古人常将"豪眉"视为寿者之相。古代经典中也常见"眉寿"二字，譬如"绥我眉寿""眉寿无害""眉寿保鲁""眉寿万年"等。当然，也有学者从训诂学的角度认为"眉"字应该训为"弥"，指的是长久的意思。但无论如何，后人祝寿之词常常用《诗经》此句为贺，这也是事实。

　　冒广生是明末"四公子"冒辟疆后人，年长郑午昌二十一岁。20世纪30年代末，冒广生与郑午昌曾同为午社词人。冒、郑两人旧好，前书已述，按下不表。抗战胜利，冒广生任中山大学教授、南京国史馆纂修。1949年后，被陈毅市长特聘冒广生为上海市文管会特约顾问。

　　冒广生对中国古代典籍中的经史子集，皆有深入的研究和著述，亦是书画和文物收藏家，郑午昌常尊"鹤亭词丈"为师长，故在画的左下角特钤一方自己十分钟爱的"戴逵同乡西施同族名士美人共千秋"朱文闲章敬贺。其时，郑午昌已患病在身，所以就托好友吴湖帆将《眉寿图》带往冒家。

　　冒广生八十大寿，贺客盈门，盛况可以想见。据冒广生之孙冒怀苏《冒鹤亭先生年谱》记载："农历三月十五为先生八十生日，来宾先后计五十五人。程颂洛、王佩诤各赋诗，李拔可派人送花两盘，吴湖帆送玉瑁一持，陈巨来、许窥豹各送石章，刘海粟、吴青霞、姚虞琴各送寿画，余皆果点。先生以治羊肉面佐洋河大曲款待来宾，'不敢浪费，亦无力浪费也'。"

一个月后。

也就是1952年7月15日下午二时三十分，郑午昌因患脑溢血医治无效去世。

7月16日上午，在上海西宝兴路卫生局火葬场大殓。

甲午同庚千龄会周信芳主持追悼会。

郑午昌平生素喜南宋词人张炎，午社词友倩盒吴湖帆，步韵张炎《锁寒窗》悼念郑午昌：

> 梦到鸳楸，魂凝麝墨，寄情声外。云沉雨殡。凭说鹿胎仙里。数天中、漫嗟怨怀，小楼一语东风碎。顿移时、变起龙蛇运厄，令人消致。
>
> 真是。惊无意。怅三绝才华，悄随流水。年时愁悴。记曾倚、题门邻鬼。共知非、庚牒雁盟，千秋禊结兰心泪。殆五云、摇洒春江，扇风吹断苇。（《锁窗寒·悼郑午昌兄次张玉田韵》）

午社八秩老友疚斋冒广生，惊闻噩耗，即在日记里写道："老夫不能送，念其力疾为余绝笔作画，暇当作一挽诗传之。"后来，冒广生在挽诗中写道："竟融龙年谶，谁焚象齿身。填词才不弱，绝笔画犹新。衰老艰相送，茶毗了众因。重泉告灵照，偷活愧陈人。"

挽诗中，"龙年谶""象齿焚身""茶毗了因"皆有典故，在一定程度上表达了冒广生对郑午昌早逝背后原因的难尽之言。估计很少有人知道，冒广生挽诗中的"重泉告灵照"其实是用了一个嵊县晚清奇僧郑淦的典故。

　　说的是这位郑淦，原是嵊县长桥人，与郑午昌同族。郑淦晚清时曾在和州（今安徽省和县）任知州。清廷灭亡后郑淦弃官出家，在永嘉头陀山妙智寺削发为僧，法号灵照，竟连家人也未告知。冒鹤亭担任瓯海海关监督期间，曾到妙智寺拜访郑淦，然而这灵照僧只顾独自诵经，闭门谢客。

　　后来，冒鹤亭将自己刊刻的诗集，以及友人赠送的光绪帝棺椁前祭祀用的糕点祭礼，并修书一封派人转送给灵照。没过几天，灵照回信，赠诗四首，糕点祭礼却原物退还。也不过就是一二年的时间，灵照僧因病圆寂，寺院僧人收殓时发现遗书一册，物件若干。冒鹤亭听闻消息，感怀灵照虔心向佛、清丽诗文。悲伤之余，甚是遗憾生前未能一睹灵照僧真容。

　　怅三绝才华，悄随流水。
　　郑午昌写就的一页页中国美术史的墨香犹闻，自己却"弃一切"的一个转身，走进了中国美术史，走进了自己笔下、诗里、吟哦再三的那个桃花源里"闲看奇云养画思"。
　　是的，久居城市的郑午昌太累了。不知临终是否会记起自己《画苑新语》里的那段话：

　　　　久居城市，不免征逐，非性所宜，每以为苦。心计稍繁，学业转荒，于是诗兴扫，画债积，役役终日，无所适止。间或弃一切，登市楼绝顶，倚栏凝望，但见天际行云，奇形怪状，层出屡变，举凡海市山城，奇峰绝岛，皆得拟其景于仿佛，又若观荆、关、董、巨名迹，重冈复岭，平林远岫，目取神游，无奇不有，不觉为之怡然，几忘其身在城市中。此盖心里桃园，薄言往游，随地可逢，十年海上，借以稍畅尘怀者，独有此耳。尝登天韵楼绝顶，有句曰："最高楼阁唯余我，闲看奇云养画思。"徐大谓以此养画思甚妙，即以此养生，或亦不减曼青之学太极拳也。

郑午昌墓，今在上海嘉定钱门塘。

2023年，郑午昌一百三十冥辰清明节的前几天，郑孝同先生和我，两位朋友，踩着落了一地的蜡梅树叶，怅三绝才华，上坟去。（见彩图32）

空园寂寂。鸟声细细。

剡溪的秋帆早已远去，然游子可以安慰的是老家才通的高铁一日便可以穿过归程的客船夜半的钟声；钱门塘绿杨树下何处寻见当年牧童人牛共眠的诗意；数帆楼里亦再也不闻平生不改的绍兴乡音。然你亲手植下的檀香蜡梅，历经百年沧桑矗立半空，老干虬劲枯藤垂垂，枝头梅英暗香不绝满衣襟。

一围梅林，庇荫墓地。

一抔黄土，尽敛精魂。

此地寂寞的长眠者，却让外面的世界不再寂寞、不再荒凉。

敬上两支香烟。点燃。只不过是当年熏陶出"鹿胎仙馆"门下弟子才华与品格的绿锡包三炮台烟，换成了红中华香烟。

烟头很短。缅思很长。

尾 声

这是个偶然得之的尾声。在付印前，由于一段因缘而临时增补的文字，反倒成就了一段名副其实的"尾声"。堪称神奇。

且听分解。

黑发一去三千里路云和月，百画神归依旧剡溪少年。

2023年10月21日上午，纪念郑午昌诞辰一百三十周年"归来——郑午昌书画作品大展"在嵊州市越剧博物馆隆重开幕。

观者如堵。盛况空前。嵊州的父老乡亲，触摸到了郑午昌生命的温热；嵊州的千古河山，也因郑午昌而平添了一份文化的厚重。

翌日，从三界镇驱车返回沪。当地文联的一位朋友说，你们回程途中可以到毗邻三界的崇仁古镇看一看，正好顺路。同行的书画家张波、罗一农、张佩华诸君，恰又都是古建筑文化爱好者，自然不愿错过这个一睹迟暮美人容颜的大好机会。

停车因爱古镇晚。

崇仁古镇果然不同凡响。此地的居民，以一千七百多年前就在此定居的裘氏家族为主。崇尚仁义为本的荣耀与家风家训赫然镌刻在宗祠"孝义之门"的金匾，以及黑柱金字的楹联之上，"敬宗收族序昭穆庙焕丹楹；分户合宅敦雍睦情深义重"。这块金匾大有来头，是北宋大中祥符四年（1011）宋真宗敕赐旌表，其号义门，以励风俗。崇仁镇之名亦由此而得。

沿着大块青石板，或是鹅卵石铺就的窄窄长长的道路，穿行于旧时光。石桥水井，祠堂庙宇，老牌坊古戏台，药铺、当铺、杂货铺……当地人指认说，那条直街，就是当年的古驿道。如今不知日月地默默守候在这里，更不知何时才能唤回马帮的铃声。偶尔可见台门口的竹椅子上，弯着腰晒太阳的老妇人，手中慢慢盘着一串佛珠，从青丝到白发沐浴的依然是祖上的阳光心底的佛光。

镇中最有特色的当数门墙高大的"台门"，诸如巡抚台门，郎中令台门，文状元，武状元台门……清一色的青砖灰瓦，白墙硬山顶。眼前，就是一个建于清乾隆年间的"大夫第台门"。细看介绍，此间祖上是国学生，受职分巡厅，敕封大夫。而令我们这些刚从沈家岙"越剧小镇"赶来的人备感亲切的是，越剧"十姐妹"中著名的"老旦王"周宝奎，就嫁给了这个台门的裴氏二十五世裴耀南。

步入台门。庭院深深。

想当年，周宝奎就是从这个庭院里，步出台门，和"十姐妹"一起到上海滩，演活了贾母、祥林嫂、方卿姑妈，尤其是《碧玉簪》那段"手心手背都是肉"的传唱度，是绝对不输徐玉兰"天生掉下个林妹妹"的。

日暖青苔。老屋横陈。

信步走入一家屋里。家具陈设极精简，画案边堆叠起画册的书山，毛毡上铺着四尺整张素宣，壁上挂着的是一组刚刚完成尚未装裱的四幅小品。细看来，画的是苏东坡品茗、品荔、赏砚、邀月的雅事，白描线条敷以淡彩渲染，书卷之气盎然墨外。原来，一行人竟然在不经意间，闯入了主人的画室。

正自品评间，一位花发微卷、黑框眼镜，态度和蔼可亲的画家走进屋来。寒暄一番，方知画家却不姓裘，姓张名顺忠。土地改革的时候分到的这几间屋子，受教于李震坚老师。他在此地一画就是五十年，古镇民间故事的壁画、墙画就是他的手笔。他画连环画，也画佛像画，当然画得最多的还是与嵊州有关的题材，绍兴美术家协会副主席张继钟和他同宗。罗一农兄说："太巧了，这次郑午昌大展就是张继钟他们绍兴文理学院艺术学院一手操办的。"张佩华兄接着说："我们昨天看的画展，今天是慕崇仁古镇名头而来的，和你偶遇算是三生有幸，都是同道中人。"

张顺忠说，张继钟前不久来过这里，我特地为纪念郑午昌画了一幅郑午昌人物画，致敬嵊州走出去功勋卓著的前辈。张波兄笑着说："你眼前的这位王老师是上海作家，刚刚完成了十八万字的《郑午昌传》。你们俩一个画郑午昌，一个写郑午昌，今日见面真是缘分。"张顺忠连声说道："你们等一歇，我到那屋子去找一找，找找。"

待得捧了画来，在壁上挂了卷轴，只见八平尺画面上，传统山水皴擦勾染笔法的中景，山峰巍峨、树丛挺立，烘托出一袭玄色长衫、迎风伫立的前景人物。尤其传神的是，借鉴西洋人物画的郑午昌坚毅的神情，笔笔精到，栩栩如生，正是郑午昌"浥露含霜不染尘""画不让人应有我"的风姿风骨。张顺忠告诉我们，郑午昌的照片很难找，画郑午昌的人几乎没有，这幅画自己花了整整一个礼拜的时间。自己这几天不在画室，明天就要外出写生，今天见面果然是难得的缘分。（见彩图33）

临别之时，张顺忠再三嘱咐我道："等书出版后，一定要给我寄一本。"

如此，我把《郑午昌像》从嵊州携至沪上。

与我日日对晤。

郑午昌像

郑午昌创作书画时留影

江上春风添树色 登楼日影遂帆樯

丁亥夢禪画

彩图25
《江上归帆图》
1947年

彩图26
《双柳簃图》
1924年

彩图27
《五福迎春图》
1945年

彩图28
《秋林云涌图》
1946年

彩图 29
《云山观泉图》
1947 年

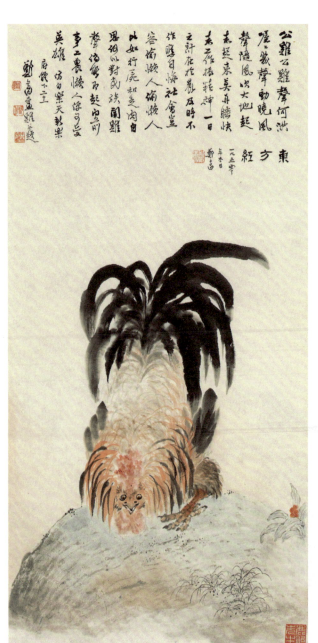

彩图 30
《东方红图》
1950 年

彩图31
《江乡初夏图》
1950年

彩图 32　作者与郑孝同先生在郑午昌故居前合影

彩图 33　作者一行在《郑午昌像》前留影

导读问答

1. 郑午昌去世大约有多少年了？

嗯。算一算日子，应该有七十多年。郑午昌是1952年去世的，那一年这个世上还没有我。五年以后的1957年我才出生。

2. 你原来研究的方向是郑午昌吗？

不是。我从小就想当一个作家，从来没有想过要当画家，不可能把郑午昌作为研究方向。当然，这不妨碍我对书画的兴趣。只可惜当时能见到的都是"工农兵"题材，那也是"文化大革命"后期的事了。给我印象最深的有：杨之光以广东马安煤矿女工为原型的国画《矿山新兵》；黄胄的国画《海岛女民兵》；潘嘉俊描绘解放军女话务员狂风暴雨中抢修电缆的油画《我是海燕》；还有就是沈嘉蔚的油画《为我们伟大祖国站岗》。

3. 那时有没有见过郑午昌的画？

没有。"文化大革命"期间有一年元旦，父亲市区的好朋友送了一本在当时比较稀有的挂历，是十二位画家的花鸟、山水。封面的那幅画记得很清楚，唐云的写意荷花，红与黑的记忆。好像还有应野平、李可染，其他哪些人记不得了。反正没有张大千，没有吴湖帆，没有郑午昌。

4. 那就是说，在写这本书之前，你对郑午昌一无所知？

这倒也不全是。我是后来陆陆续续从几位前辈的闲谈知道有郑午昌这个人，也仅仅是一个模糊的概念。

5.《郑午昌诗词集》你应该看过吧？

是的。是郑孝同老师为父亲出版的，送了我一本。郑午昌的黑白照片给我留下了很深的印象。

6. 后来呢？

没有后来。老师送的书我当然会看，但也只是礼貌性地翻翻而已。因为自己本身工作忙，有许多公文，教育科研论文的事。郑午昌之于我，一直是一个民国大咖的存在。但我听闻，近年来上海吴昌硕纪念馆、韩天衡美术馆都举办过郑午昌纪念画展，尤其是郑氏祖孙三代的画展还办到了联合国。应了一句话，见或不见，他总在远方的某处等待。

7. 那是什么原因促使你为郑午昌写传？

大约是六年前吧，郑孝同老师嘱我："威尔，你应该写写郑午昌，资料我会提供给你。"我在《自序》中已经交代过了，这里就不展开了。

8. 有意思，老师给学生布置命题作文了？

老师抬举，学生自当遵命。但因那年我尚未退休，工作也多，所以迟迟没有动笔。记得是两年后的一次朋友聚会吧，郑老师来催作业了，"威尔，郑午昌写得怎么样了？"如今想想蛮有趣，此情此景，和郑午昌当年何等相似。

9. 有点渐入佳境感觉了啊。能说来听听吗?

经亨颐,是郑午昌在杭州府中读书时的校长,后结庐杭州白马湖畔"长松山房",嘱郑午昌为之图。郑午昌因"人事牵累,忽忽两阅寒暑,未曾着笔"。后来,经亨颐寒之友社邀何香凝、郑曼青、张大千等人作消寒会,一见郑午昌"辄索此图",郑午昌"循又复阅月,而始克报命"。

10. 郑午昌主要生活在民国。民国距离我们一百十几年,郑午昌进上海也有一百多年。对你来讲有哪些困难?

这对我来讲,的确是个问题。首先是手头要写的东西也很多,其间的煎熬主要是由于思维总是不停地在不同的话语系统里面转换。写工作总结是一种话语系统,科研论文又是一种话语系统,而人物传记则是另一种话语系统。逻辑理性和旧事钩沉感性的频繁交叉互换,常常令人身心俱疲,更何况面对的是自己不熟悉的、百年前的民国。

11. 这倒也是。那你是怎么来解决的呢?

记得当年童自荣提起为《佐罗》配音的事,配假总督他得穿上软拖鞋找感觉,配佐罗他就穿硬底皮鞋。现在不是流行一个词叫"沉浸式"吗?"沉浸式"阅读、"沉浸式"展览。我戏称这次写作为"沉浸式"写作。

12. 有意思。很想知道你的"沉浸式"写作状态是怎样的?

说白了,就是给自己营造一个写作的氛围。我平日写东西,办公室里是有流水声的,就是流水器里发出的瀑布声。写《郑午昌传》,首先是多了一种声音,就是老式唱机唱盘上,放上一张老黑胶LP唱片,比如百代公司出版的白光、周璇、姚莉等人的唱片。当唱针缓缓划过黑胶唱片的那些"杂音"，带给我的是一种旧时光的"临场感"。

13. 哦。除了老唱片带来的沉浸感。还有吗？

有的。我在办公室的两片墙壁上，挂了许多老上海的照片以及《申报》。满眼发黄的老照片、旧报纸，尤其是那些乱花迷眼的黑白铅字广告、新闻、市井轶事……在这样的氛围中，真的会一下子就把人拉入民国，沉浸其间。

14. 这本书叙事的脉络是什么？

前面所说的《郑午昌诗词集》附录有《郑午昌生平大事记》，我这本书基本上以此为脉络。只不过是在郑午昌书著、公开发表的文章，郑孝同老师的回忆以及阅读相关史料的基础上予以充实内容。当然，在时间序列上与传统的编年史按时所叙的惯例还是有点区别的。我的思路是以郑午昌"生平大事"来串联。

15. 这本书的定位是什么？

这个问题蛮重要的。首先，我是本着站在一个相对客观的立场。郑午昌不用我来拔高，郑午昌本身的高度就足以令人仰视。这本书没有对话，没有虚构的情节，我写不来小说。虽然不能如古人说的"无一字无来处"，但至少是"无一事无来处"。其次，这本书也不是纯粹研究郑午昌的学术著作。如果一定要说有"学术含量"，那也是在郑午昌自己的著作里，或者是同道好友、评论家笔下所带给人的"学术性"。

16. 应该还有"历史性"吧？

这是自然的。人物和其所处的历史大背景是分不开的。郑午昌那代人"乱世流离""救亡图存"的身世本就自带一种历史的"厚重感"。郑午昌出生那年，中日甲午战争结束，清政府被迫和日本签订《马关条约》。其后，八国联军侵华战争、九一八事变、七七事变、"一·二八"淞沪抗战、八一三淞沪抗战……抗战胜利后，又经历了内战，直至中华人民共和国成立。

17. 这本书里有很浓的时代感，给人以"代入感"，你是如何考量的？

在时代这个大背景中，不同的人或人群有不同行为方式。比如"郑午昌卖菜画展"的义举，在别人的文章里都是作为"孤例"存在的。其实，郑午昌同时还有几首沉郁顿挫、忧时伤乱的《应灾捐杂作》《题芋菜图》等都可以参看。当然，这也仅仅是"赈灾事件"中的一个"点"。

18. 也就是说，还应该从"面"的角度来体现大事件？

是的。我想说的是，更值得我们关注的，是河南"无县不灾"，全省"赤沙原野无食物，树皮剥尽草根没""卖儿卖女处处见，人食人肉悲惨苦""冻死饿死无计数，到处都见饿死骨"背后，国难兵荒交乘的原因。而沪上各界纷纷发起的义举使"郑午昌卖菜画展"更具立体感。用时下流行的一句话就是，"你不是一个人在战斗"。

19. 能不能具体说说？

灾情传到上海，上海立刻开展了一波又一波的急赈义举。诸如："海内名家书画展""蜜蜂画征集书画助赈""鄂赈会驻沪办事处书画筹赈""上海筹募各省水灾急赈会妇女组书画助赈展""佛画助赈展览会""现代名画展"等，其间亦都可见郑午昌鞍马奔张的身影。《申报》消息："现代名画展尤以符铁年、郑午昌、钱瘦铁、陈小蝶等人作品最受欢迎。"其实，在全国各地都掀起了一股急赈义举的热潮，这是一个更大的"面"。

20. 这本书除了写郑午昌，还写了他的"朋友圈"？

不错。郑午昌有诸多身份，书画家、教育家、出版家、社会活动家等，这本书也是以郑午昌一个又一个的"朋友圈"活动来展开的。除了上述的千龄马会，还比如：巽社、寒之友社、九社、午社、蜜蜂画社，乃至"鹿胎仙馆"等。

21. "群像"中的个体其实是很难写的，你是如何处理的？

这对写作的人来说的确是一个考验。这些人，本身就是一部书，自可成传，如创建与执掌中华书局三十年的陆费逵，教育家、书画家经亨颐，"一代词宗"夏承焘等，且都对郑午昌有提携之恩。还有些人自带传奇色彩，如人称"天雄星豹子头林冲"的刘季平，后因"清末仗义营葬邹容之事"而义声布天下。小时候看《水浒传》最迷的就是里面的人物描写。这些人，用金圣叹的话来说都是"上上人"。

22. 你书里借鉴了施耐庵的笔法？

金圣叹点评水泊梁山一百零八将，称个个都"有性情，有气质，有声口"，也就是今天说的"辨识度"。真佩服施耐庵的妙笔，如"林冲花枪挑了酒葫芦，顶着大雪，迤逦背着北风而行""只见松树背后雷鸣也似一声，那条铁禅杖飞将来，把这水火棍一隔，丢去九霄云外，跳出一个胖大和尚来"，白描手法勾画，形神兼备。

23. 你的笔下，是如何来处理这些人物的？

我几乎为每一个出场的重要人物都写了人物小传。尽量以小细节来刻画人物个性，让人一下子就记得住。比如杭州府中，徐志摩的浪漫乐天；郁达夫的颓唐孤独；经亨颐为李叔同的"加盟"条件化缘，"为每位学生配一架钢琴"；郑午昌受业恩师张相"常在听戏中揣摩戏曲的声调音韵，辨析细微，通其变化，以为著述"；中华书局陆费逵的"新婚轶事"，以及亲自手批"张相准退休，不准离休"；巽社浙江名士王季欢的"易服出逃"；马公愚"愤然辞职蓄须以鬻字为生"，甚至是郑孝胥"夜起"的习惯……

24. 你在这本书里有许多插叙的手法，有何考量？

嗯。这算是一种叙述方法吧。以前，江南一带的人都是喜欢听苏州评弹的。小时候随父母亲进书场听书，长大后仍乐此不疲，究其原因之一在于评弹艺人的纵横交错的叙述方法。纵向，当然是指单线叙述的顺序。而横向，则是指每次有新的人物出场，都会有一番描述，甚至由新的人物勾连起一段故事来，起到丰富内容、拓宽广度的作用。

25. 好像苏州评弹里有"未来先说、过去重提"的说法？

是的。我在书里借鉴了评弹艺术所特有的"未来先说、过去重提"的方法来进行前后呼应。听书是很吊人胃口的，比如《珍珠塔》里写陈翠娥小姐从堂楼上下来，就是那么十来步的楼梯，说书先生可以说上一个月，而听者乐在其中。苏州评弹的细腻之处就在这里。

26. 我关注到书里有好几个地方写海关大楼的钟声，是有意安排的吗？

的确是的。上海设立英租界是1845年，即建"江海北关"。九年后英法美三国成立联合租界。1893年建外滩海关大楼。1925年重建新大楼，钟楼的大钟是仿照伦敦议会大厦的大笨钟而铸，每隔十五分钟就会传出威斯敏斯特洪亮的钟声，一遍遍敲打着远东不夜城半殖民地的无眠。这段历史，我们是不能忘记的。直至1949年后海关大楼传出"东方红"的乐声。

27. 不时出现的钟声，是否类似于"警钟"？

不错。钟声仿佛时时在提醒国人自强自立"还我河山"。郑午昌好友陆丹林曾在1947年的《中国生活》杂志上回忆："当抗战时期，屡遭侵沪的日寇觊觎和欺压。他便不顾一切，自动地把印刷工厂全部毁坏，誓不屈伏合作。自己呢，却闭户作画读书，在苦闷的时候，便涉足歌场舞榭，来消遣愤恨。"

28. 郑午昌的民族气节可见。"歌场舞榭"其实是稍稍消解苦闷与愤恨心情的无奈之举，令人"备感其痛"。

《申报》记者晚萍的《秋萍偶伴墨鸳鸯》可以印证。说的是郑午昌晚上十时绘事结束，"每赴时代剧场听歌，遇一歌女秋萍。秋萍为故名伶之女，母老弟幼，赖清歌以赡家，善唱青衣须生诸戏，赋性恬静，伴座时，若不胜羞，或邀外出，辄婉辞之。楼主遂认为闺秀作派，益深怜之"，且时有赠诗，"然实非楼主之知也。盖楼主正抱定'不做无益之事何以遣有涯之生？'其于秋萍，亦不过萍踪偶遇，本无折花之心也"。其实，郑午昌对生活于社会底层的百姓的确是十分同情的，书中多有记叙。

29. 你认为郑午昌所做的哪几件事为中国美术史做出了重大的贡献？

用郑孝同老师的话来说是"东风着一"。概括起来说也就是三个"第一"。一是1929年的《中国画学全史》。这本书是中国人自己撰写的第一部中国美术史著作。所以蔡元培先生就说它是"中国有画史以来集大成之巨著"，那年，郑午昌三十五岁。二是同年发起成立的蜜蜂画社，有专家研究，蜜蜂画社是中国第一个有章程、有研究文化目的的组织。三是成立汉文正楷印书局，集资搞中国人自己的楷书字模。国民政府教育部还规定中小学教材里面一定要用汉文楷书。直到现在，电脑里的正楷字模也是在这套字模的基础上发展起来的。

30. 的确了不起。郑午昌的哪几句话给你留下的印象最深？

"画不让人应有我。"用当今的话语，应该算是郑午昌的名人名言。我发现，几乎在所有研究郑午昌的文章里都会引用这句话。其实，郑午昌还有三句话更重要。一是"国画寄托了中华民族的精神，极应发扬光大"；二是"坚持传统文化，我们要像前线打仗的战士。中国一个画家不要把自己仅仅看作是一个画画的，要有责任心和民族精神"；三是"国画实具缔造世界和平的感化力，极易传播"。

31. 同感。这些话体现了郑午昌强烈的使命感。郑氏后人又是如何继承和发扬的呢？

郑孝同老师幼承家学，后又得海派大师陈佩秋先生指点，书画皆善。深耕教苑三十有年，门下桃李芳菲。多次赴东南亚国家、乌克兰、美国、德国等国办展、讲学，将中华优秀传统文化种子广播于海内外。其子郑人刚，于乌克兰基辅美术学院求学八年，将郑氏"清厚"融于西画、水墨，求新求变不失传统。现为乌克兰驻沪总领事馆文化顾问。尤其是在2016年，"世界和平感化力——郑午昌、郑孝同、郑人刚精品书画联合国特展"，在美国纽约联合国外交官展厅展出，联合国副秘书长南威哲先生写来贺信。足以告慰盼望世界和平的郑午昌。

32. 你认为郑午昌在你心中是一个怎样的人?

重情重义之人。比如,收藏家诸宗元的藏书楼在火灾中化为灰烬,一夜黑发尽白头,大病一场。病起后,将所撰七十二首七言绝句取名为《病起楼诗》,并嘱郑午昌绘立轴《病起楼图》。诸宗元获之欣喜,"意欲再索一手卷"。然而诸宗元所托,竟成了郑午昌日后的一件憾事。

33. 什么"憾事"?

诸宗元卒于火烧藏书楼后的第三年。郑午昌闻之憾道:"丹林谓贞壮病革(危)时,犹问《病起楼》横卷成未?噫!余以懒散,致区区翰墨,有负故人生前,抱憾何如!然季子有剑,誓践宿诺,所痛者,不能起我贞壮一见耳!"最终,郑午昌"还慰深情重一诺"完成了诸宗元生前的心愿。

34. "季子有剑,誓践宿诺",中国文人修炼的品格。你书中还写有一段谢玉岑"托孤"的事,也十分感人。

正是。郑午昌与谢玉岑是寒之友社、午社社友,蜜蜂画社组织者,堪称至交。谢夫人三十三岁不幸辞世,为寄托哀思,谢玉岑特请张大千、郑午昌各画一幅《天长地久图》,张大千画《百荷图》,悬挂于夫人灵前。三年后,谢玉岑病逝。临终之时,托孤自幼失聪的公子谢宝树于张大千。因张大千云游行踪不定,谢宝树后列郑午昌"鹿胎仙馆"门下,"艺乃大进"。二十三岁就在上海青年会举办首展,大获成功。多年后,郑午昌在《为伯行补夜赏海棠图并题步原韵》后记中不无感慨道:"当时赏花者八人,而汀鹭、玉岑、名山皆先后谢世矣。"不忘故人,读来倍增哀伤。

35. 你认为郑午昌在现代还有多大的影响？

这个问题提得很好。我认为，姑且不论郑午昌在国画界"郑杨柳""郑白菜"的鲜明风格，或是"郑虔三绝是传人"，再或是中国山水画的诸多画论。用陈佩秋的话来说，郑午昌是继吴昌硕、任伯年之后的海派绘画的领军人物。这话相当精确。1999年推出的领导干部读经典丛书，十六本书里就有两本是郑午昌的，《中国画学全史》与《中国美术史》。可见郑午昌在今日的价值。

36. 最后一个问题。这本书的受众有预设吗？

应该是有的。总的来说，研究郑午昌的学者，尤其是将郑午昌列为博士、硕士论文选题的不在少数，因为郑午昌的书著就在文献资料里。但这些研究性的东西，无疑是小众化的。而完整写郑午昌一生的传记，至少我没有见到。现在的年轻人可能知道徐悲鸿、齐白石，但知道郑午昌的不会多。其实，在20世纪40年代郑午昌的山水画造诣与张大千、吴湖帆、贺天健已形成四足鼎立之势。我的初衷是，以"可看性"的方式让更多的人了解一个血肉饱满的郑午昌。

37. 起到一个"补课"的作用？

尽管如此，书中宏大的历史背景以及牵连起的众多人物、事件，对青年朋友们来讲也是一种阅读挑战。我的一个朋友看了这本书后说："这本书差不多可称是'半部民国美术史'了。那么广阔的历史背景，那么多的重要事件，那么多的风云人物。以前真的不晓得。看来，的确要补一补民国这堂课。"果真如此的话，我也可以告慰九泉之下的郑午昌了。

参考书目

［1］（清）王元臣主持，（清）董钦德、（清）金炯编纂：《康熙会稽县志（校注本）》，中国文联出版社，2024 年版。

［2］嵊县志编纂委员会编：《嵊县志》，浙江人民出版社，1989 年版。

［3］徐建融、刘毅强主编：《海派书画文献汇编》（第一辑），上海辞书出版社，2013 年版。

［4］吴湖帆著，梁颖编：《吴湖帆文稿》，中国美术学院出版社，2004 年版。

［5］《〈良友〉画报丛书》编委会编：《良友：民国上海生活素描》，上海科学技术文献出版社，2015 年版。

［6］中国人民政治协商会议全国委员会文史资料研究委员会编：《文化史料丛刊》（第四辑），文史资料出版社，1983 年版。

［7］《纵横》杂志社编：《纵横》，2005 年第八期。

［8］周其厚：《中华书局与近代文化》，中华书局，2007 年版。

［9］沈其旺：《国立艺专（杭州）美术课程价值取向研究》，江苏大学出版社，2019 年版。

［10］穆欣：《进军大西南》，中国人民解放军云南军区政治部，1950 年版。

［11］张绪谔：《乱世风华：20 世纪 40 年代上海生活与娱乐的回忆》，上海人民出版社，2009 年版。

［12］郑逸梅：《艺林旧事》，北方文艺出版社，2019 年版。

［13］郑逸梅：《文苑花絮》，中州书画社，1983 年版。

［14］杨逸：《海上墨林》，华东师范大学出版社，2009 年版。

［15］倪斯霆编：《旧文旧史旧版本》，上海远东出版社，2012 年版。

［16］昕平：《从上海发现历史：现代化进程中的上海人及其社会生活1927—1937》，上海人民出版社，1996 年版。

［17］姜庆共、刘瑞樱：《上海字记：百年汉字设计档案》，上海人民美术出版社，2014 年版。

［18］上海市文化运动委员会，王扆昌等编纂：《中国美术年鉴 1947》，上海社会科学院出版社，1948 年版。

［19］茅盾主编：《中国的一日 1—4》，生活·读书·新知三联书店出版社，2012 年版。

［20］王震编：《20 世纪上海美术年表　1900—2000》，上海书画出版社，2005 年版。

［21］刘伟冬、黄惇主编，夏燕靖执行主编：《苏州美专研究专辑》，南京大学出版社，2012 年版。

［22］上海市嘉定区档案馆、章丽椿编著：《嘉定觅痕：20 世纪 40 年代嘉定县古镇市容拾忆》，2016 年版。

［23］陈伯熙编著：《上海轶事大观》，上海书店出版社，2000 年版。

［24］郑逸梅著，朱孔芬编选：《郑逸梅笔下的书画名家》，上海书画出版社，2002 年版。

［25］徐志摩著，潘倩编：《徐志摩翰墨辑珍》（二卷），中央编译出版社，2014 年版。

［26］陈从周编：《徐志摩年谱》，上海书店出版社，2008 年版。

［27］俞筱尧、刘彦捷编：《陆费逵与中华书局》，中华书局，2002 年版。

［28］周博：《字体家国——汉文正楷与现代中文字体设计中的民族国家意识》，《美术研究》2013 年第一期。

［29］王艳明：《郑午昌〈顶湖感旧图〉——陆丹林与韩逸冰情殇掌故考实》，《艺术生活》2018 年第一期。

［30］邢昊：《民国上海绘画社团研究（1912—1937）》，河北大学 2020 年博士学位论文。

致 谢

感谢恩师郑孝同先生对我的信任与托付，并为本书的写作方向提供了具体的指导意见，以及郑午昌生平故事与大量珍贵的图片资料。感谢嘉定区博物馆林介宇先生、嘉定区档案馆顾建青先生为我提供了丰富的民国时期报刊杂志电子版资料，使本书有了真实的史料支撑。感谢本书参考、征引书目，甚或是由于我疏忽而未曾署名的朋友们。感谢嵊州裘高太先生、张继忠、郑北南先生以及徐俪拉尼女史给予的支持和帮助。

感谢汪卫平先生、尹昊先生、张波先生，能够耐心地阅读我在每一章完成后发去的初稿，并及时将意见反馈给我。感谢丁怡女士对全书不厌其烦、细致的校对工作。感谢姚伟先生为我的书在付梓之前的审阅、纠错。

在此，我还要感谢上海书画出版社总编田松青先生，对本书出版的精心策划与大力支持。出版社责编、美编等同仁的辛勤付出，为本书增色不少，一并表示诚挚的感谢。

最后，感谢始终关注我这本书写作进程的所有朋友们，你们的支持是我在工作之余断断续续完成本书的动力。

谨以此书，献给郑午昌先生。

图书在版编目(CIP)数据

郑午昌传 / 王威尔著. -- 上海：上海书画出版社，
2025. 8. -- ISBN 978-7-5479-3631-3

Ⅰ. K825.72

中国国家版本馆CIP数据核字第2025HW8020号

郑午昌传

王威尔 著

责任编辑	金国明　吕　尘
审　读	雍　琦
责任校对	黄　洁
封面设计	陈绿竞
技术编辑	包赛明

出版发行	上 海 世 纪 出 版 集 团 ⑤ 上海书画出版社
地址	上海市闵行区号景路159弄A座4楼
邮政编码	201101
网址	www.shshuhua.com
E-mail	shuhua@shshuhua.com
制版	上海商务数码图像技术有限公司
印刷	上海展强印刷有限公司
经销	各地新华书店
开本	889×1194　1/32
印张	11.5
版次	2025年8月第1版　2025年8月第1次印刷
书号	ISBN 978-7-5479-3631-3
定价	78.00元

若有印刷、装订质量问题，请与承印厂联系 电话：021-66366565